Andreas W. Mytze

Ottwalt

Leben und Werk des vergessenen revolutionären deutschen Schriftstellers. Im Anhang bisher unveröffentlichte Dokumente.

Verlag europäische ideen
Berlin 1977

CIP-Kurztitelaufnahme der Deutschen Bibliothek

Mytze, Andreas W.

Ottwalt: Leben u. Werk d. vergessenen revolutionären dt. Schriftstellers.- Berlin: Verlag Europäische Ideen, 1977.
ISBN 3-921572-35-5

Druck: mylet, 3402 Dransfeld

Ottwalt ca. 1936
Foto: Tretjakow

Inhalt

1. Einleitung

Seit 1973 beschäftige ich mich mit Ernst Ottwalt. Erinnere ich mich recht, war Alfred Kantorowicz der Auslöser. Sein wichtiger Bericht über Ottwalt, zuerst abgedruckt in Kantorowicz' Buch "Deutsche Schicksale" (Wien 1974), erschütterte mich. Dort erfuhr ich, wohl zum ersten Mal, wie es einem kommunistischen Schriftsteller ergehen kann, der nach 1933 vor der Gestapo flüchtet, um ein paar Jahre später in die Mühlen einer stalinistischen Terrorjustiz zu geraten.

1936 in Moskau verhaftet, starb Ottwalt 1943 in einem sibirischen Lager, kaum 42 Jahre alt. Das Todesdatum blieb lange Zeit unbekannt. Erst 1958 erhielt Ottwalts Frau, Waltraut Nicolas, vom sowjetischen Roten Kreuz die Todesnachricht. In ihrem Buch "Viele tausend Tage" (Stuttgart 1960) hat Waltraut Nicolas, diese tapfere und mutige Frau, über ihre leidvollen Bemühungen geschrieben, Authentisches über das Schicksal ihres Mannes zu erfahren. Doch die Sowjetunion und die Deutsche Demokratische Republik hüllten sich in Schweigen - von wenigen Ausnahmen abgesehen.

Die noch am Leben gebliebenen ehemaligen Freunde und Schriftstellerkollegen Ottwalts konnten oder wollten nicht helfen. Einige waren, wie in diesem Buch belegt wird, zu tief in die Verbrechen der stalinistischen Epoche verstrickt, als daß sie bereit gewesen wären, ihre Vergangenheit zu opfern, indem sie saubere Verhältnisse in dem jungen Staat DDR schufen. Die Entstalinisierung tat sich dem Augenschein nach vor allem in der DDR sehr schwer und ist im Grunde bis heute nicht geleistet.

Man muß nach den Gründen der äußerst späten Rehabilitierung Ottwalts in der DDR fragen. Bestimmte Personen, mit denen Ottwalt befreundet oder gut bekannt war, hatten offensichtlich kein allzu großes Interesse an der Renaissance dieses "proletarischen" Schriftstellers im "sozialistischen" Teil Deutschlands. Hatten diese Menschen, ZK-Mitglieder der SED und in hohen Regierungs- und Kunstgremien sitzend, so viel Macht, Ottwalt-Publikationen in der DDR jahrzehntelang zu blockieren? Gab es auch persönliche Animositäten?

Es mag sein, daß der in der Stalin-Ära konstruierte Vorwurf, Ottwalt sei Gestapoagent gewesen (ein landläufiger Vorwurf der 30er Jahre, um Zweifelnde und Kritiker des sowjetischen Systems zu denunzieren), sich ungünstig auf die allgemeine Ottwalt-Rezeption in der DDR auswirkte.

Erst im Jahre 1977 hat sich der Aufbau Verlag in der DDR entschlossen, Ottwalts Erstlingsroman "Ruhe und Ordnung" (1929) herauszubringen - in Lizenz vom Verlag europäische ideen. Zwei Erzählungen Ottwalts waren bereits 1968 in einer Aufbau-Anthologie ediert worden: "Der Unmensch" und "Porträt eines Generals".

Zurück zu Alfred Kantorowicz. Nach der Lektüre seines Ottwalt-Berichts (der im wesentlichen auf dem oben zitierten Buch von Waltraut Nicolas fußt) fragte ich bei Kantorowicz an, wo ich mehr über Ottwalt erfahren könnte. Kantorowicz schrieb mir am 24.5.73, die letzte Nachricht über Waltraut Nicolas sei die Todesanzeige vom 21.10.62. Da zeichneten Ilse Bartels (die Schwester der Gestorbenen und Ottwalt-Schwägerin), Hanna Kühn geb. Bartels, Richard Bartels und Elisabeth Bartels-Troje. Kantorowicz: "Vielleicht helfen diese Angaben."

Sie halfen. Denn anhand dieser Namensliste ist es mir gelungen, Ende 1973 den (relativ spärlichen) Nachlaß von Ernst Ottwalt ausfindig zu machen: in Hermannsburg in der Lüneburger Heide, wo auch das Begräbnis von Waltraut Nicolas stattfand und wo bis 1975 Ilse Bartels wohnte, die mir bereitwillig alle Auskünfte gab und mir die noch erreichbaren Materialien (etwa die Briefkorrespondenz ihrer Schwester) zur Verfügung stellte.

Soweit einiges über die Vorgeschichte meines Buches, das ich, viel zu voreilig, schon für 1974 ankündigte, dessen Erscheinungstermin ich jedoch immer wieder hinauszögerte - auch aus (falscher?) Rücksicht gegenüber noch lebenden Personen. Nun kann und soll die Publikation des Buches nicht länger verschoben werden. Allerdings sind mir viele Stationen in Ottwalts Leben noch immer unklar. Und vieles wird sicherlich nie mehr ans Licht kommen:

Menschen, die hätten sprechen können, schwiegen (weil sie Angst hatten?). Obwohl 1973 in der DDR eine günstige Zeit zum Recherchieren war (Wechsel von Ulbricht zu Honecker), obwohl viele angesprochene Zeugen sich aufgeschlossen zeigten, begannen meine Nachforschungen im Grunde viel zu spät. Ein so wichtiger Kronzeuge wie Jan Petersen, der mit Ottwalt eng befreundet gewesen sein mußte (Ottwalt war Petersens Anlaufstation in Prag Ende 1933), starb für mich gewissermaßen vier Jahre zu früh (1969), sodaß ich auf die Äußerungen Dritter, die Petersen zitieren, angewiesen war. Die Nachforschungen in der DDR, methodisch in diesem Buch etwas willkürlich ausgefallen, bilden ein Kapitel für sich.

Mein im wesentlichen im Februar 1977 niedergeschriebenes Buch ist gewiß unfertig und lückenhaft - mehr eine Informationssammlung und erste Faktographie denn eine vertiefende Auseinandersetzung mit Ottwalts Werk, die noch aussteht. Dieses Buch möchte Anstöße zum Weiterforschen vermitteln.

Die nächsten Jahre könnten weitere Primärarbeiten Ottwalts in noch nicht bibliographierten Zeitschriften und Zeitungen zutage fördern. Die Ottwalt-Forschung steht wohl, in beiden deutschen Staaten, erst am Anfang.

Am 30.3.77 erhielt ich vom Internationaal Instituut voor Sociale Geschiedenis, Amsterdam, drei Ottwalt-Beiträge aus der "Deutschen Zentral-Zeitung" von 1934, die in dem von mir herausgegebenen Band "Schriften" (1976) noch nicht berücksichtigt werden konnten. Sie sind im Anhang abgedruckt.

Im April 1977 sandte ich einige Exemplare meines fast fertigen Manuskripts an einige mir wichtige Literaturwissenschaftler mit der Anfrage, ob ich meine Arbeit in der vorliegenden Fassung veröffentlichen sollte. Bernt Richter und Hans-Albert Walter äußerten starke Vorbehalte, vor allem dahingehend, daß meine "unbewiesenen Vermutungen, Verdächtigungen und Spekulationen" (Walter) an die Praktiken von DDR-Wissenschaftlern erinnerten. Einige Passagen korrigierte und strich ich daraufhin. Doch aus prinzipiellen Überlegungen wollte ich an meiner Darstellung festhalten: daraus erklärt sich auch die Beibehaltung der Informanten wegen der stärkeren Glaubwürdigkeit. Ein zustimmender Brief Hans Mayers ("unbedingt publizieren") stützte meine vorübergehend schwankend gewordene Publikationsabsicht.

Ich bitte alle Leser und Interessierte, mich auf Fehler und Ungereimtheiten in diesem Buch aufmerksam zu machen. Die vorliegende Edition ist auch als permanentes Gespräch zwischen Verfasser und Publikum gedacht - im Sinne Ernst Ottwalts, der so grauenhaft zugrunde gehen mußte. Konstruktive Kritiken könnten in eine spätere Neuauflage miteinbezogen werden.

Berlin, 8. Mai 1977

2. Herkunft, Jugend

Ernst Gottwalt Nicolas (der sich später Ernst Ottwalt nannte) wurde am 13. November 1901 in Zippnow (Pommern) geboren. Sein Vater hatte in Wildau bei Dahme (in der Mark Brandenburg) eine Pfarre. Pfarrer Heinrich Nicolas, der, in langer Ahnenreihe, ebenfalls aus einem pommerschen Pastorenhaus stammte, war ein "kluger, aufrechter und von überzeugender Frömmigkeit erfüllter Mann", wie mir Ottwalts Vetter Friedrich Mattenklott am 4.8.73 berichtete. Heinrich Nicolas soll in jungen Jahren dem Alkohol verfallen gewesen sein, was zum Verlust seiner damaligen Pfarre geführt habe. Ottwalts Vater wurde dann "Betriebspfarrer" beim alten Geheimrat Bolle, der seinen Milchvertrieb mit entlassenen jungen Strafgefangenen, den berühmt gewordenen Bolle-Jungen, durchführte. Heinrich Nicolas wurde anschließend Blaukreuzler und hat angeblich nie wieder einen Tropfen Alkohol zusichgenommen.

Ottwalts Mutter Martha, geb. Moehr, war eine "resolute Pfarrersfrau, die auch eine gute Küche zu führen verstand und Pfarrerhaus sowie Garten in musterhafter Ordnung hielt" (Mattenklott). Der Ehe entstammten vier Kinder, drei Söhne und eine Tochter. Ernst war der Jüngste. Die beiden älteren Brüder fielen im Ersten Weltkrieg. Zu seiner Schwester Anneliese verband Ernst Ottwalt innige Zuneigung. Sie beging Ende der 20er Jahre Selbstmord aus wirtschaftlichen Gründen - ein schwerer Schlag für den Bruder und auch für die Eltern.

Wo Ottwalt seinen Schulbesuch begann, ist bisher nicht geklärt. Feststeht aber, daß er zweieinhalb Jahre in der Prima des Stadtgymnasiums zu Halle a.S. zubrachte, wie aus dem erhalten gebliebenen Zeugnis der Reife, ausgestellt am 15.9. 1920, hervorgeht. Daß er im Februar 1920 durchs Abitur gefallen ist, schildert Ottwalt in seinem Roman "Ruhe und Ordnung" (S.147,247).
Beim zweiten Anlauf schafft er es: "Sein Betragen war gut, sein Fleiß im ganzen gut." "Gut" wird ihm bescheinigt in Religionslehre, Deutsch, Griechisch und Turnen. "Sehr gut" bekam er für Gesang. "Genügend" war er in Lateinisch, Französisch, Geschichte und Erkunde, Physik und Handschrift. "Nicht genügend" in Mathematik.
Im Reifezeugnis ist ferner vermerkt, daß Ottwalt das Gymnasium verlasse, um "Schauspieler zu werden" (so die handschriftliche Eintragung). Das Zeugnis ist gezeichnet von einem Königl. Kommissar, einem Vertreter des Magistrats, einem Gymnasial-Direktor und Studienräten.

Der 28jährige Ottwalt schildert in "Ruhe und Ordnung", wie er sich als 18jähriger fühlte: "Ich kann mich an die Schule nicht gewöhnen. Irgend etwas in mir ist in den Märztagen dieses Jahres (1919) zerbrochen. Ich weiß nicht was. Aber ich fühle, daß ich nicht mehr derselbe bin, der ich war. Ich leide nun fast körperlich an meiner Bedeutungslosigkeit." (99)
Ottwalt liest Nietzsche und Schopenhauer in dieser Zeit. "Nachts sitze ich manchmal und schreibe Hymnen in Zarathustras

Melodie. Aber am nächsten Morgen bin ich müde und traurig. Dann pöbele ich in der Schule einen Lehrer an, und mir wird besser." (101)

Um seine "Bedeutungslosigkeit" zu überwinden, stellt sich Ottwalt während der Schulzeit in den Dienst rechtsreaktionärer Militärs. Er wird "mit Leib und Seele Spitzel". Sein Leben hat "wieder einen Inhalt". Mit seiner neuen Tätigkeit verdient er viel Geld. Die bespitzelten Organisationen sind gewerkschaftliche Verbände, die Kommunistische und die Unabhängige Partei. Auch Versammlungen der S.P.D. werden von Zeit zu Zeit besucht. (112)

Für das Studium in Jena benötigte Ottwalt ein polizeiliches Führungszeugnis. Aus diesem geht hervor, daß Ottwalt vom 8.4.1918 bis 24.9.1920 und vom 19.10.1920 bis 12.4.1921 in der Stadt Halle gemeldet war und in dem ihm bescheinigt wird, daß "in den polizeilichen Listen eine Strafe nicht verzeichnet ist". Stempel der Polizeiverwaltung, Halle (Saale), den 15. April 1921.

Vom 27. Mai 1921 bis zum Ende des Wintersemesters 1921/22 hat sich Ottwalt als Student der Rechte an der Universität Jena immatrikuliert. Überliefert sind das Abgangszeugnis und das Belegbuch, aus dem hervorgeht, daß Ottwalt im Sommersemester 1921 u.a. "Einführung in die Rechtswissenschaft" (bei Hedemann) und "Friedrich den Großen" (bei Stoy) hörte. Weitere Dozenten waren Hipperdey, Rosenthal, Schmidt und Jerusalem. Der Elan aus dem Sommersemester ließ sich auf den Winter offenbar nicht übertragen. Durchgestrichene Passagen im Belegbuch deuten an, daß Ottwalt mit dem Studium nicht zurechtkam. Oder konnte sich der Pfarrerssohn das Jurastudium aus finanziellen Gründen nicht (mehr) leisten? Das Abgangszeugnis der Thüringischen Landesuniversität Jena ist am 25. April 1922 ausgestellt.

Im Anschluß an das abgebrochene Studium führte Ottwalt ein sehr unruhiges Leben. Vetter und Freund Friedrich Mattenklott vermittelte Ottwalt im Juni 1922 eine Stelle als Lehrling in der kleinen Privatbank Gebrüder Veit & Co, die in Berlin W. 56 ihren Sitz hatte und bei der Mattenklott damals arbeitete. Dort hielt es Ottwalt bis zum Februar 1923 aus. Mattenklott: "Er ergriff, ohne mich von seinem Entschluß unterrichtet zu haben, die Flucht. Sein Vater fuhr ihm in die bayerischen Berge nach und holte ihn nach Wildau zurück. Er hat ihn gerade noch vor einem gesuchten Freitod bewahren können."
Mattenklott berichtet weiter, daß Ottwalt dann einige Zeit sehr zurückgezogen bei seinen Eltern lebte und anschließend nach Düsseldorf ging, wo seine Schwester als Lehrerin tätig war. Ein Zeugnis der Hohenzollern Aktiengesellschaft für Lokomotivbau in Düsseldorf-Grafenberg bescheinigt Ottwalt, daß er vom 25. September 1923 bis 30. Juni 1924 "in unserem Büro der Kesselschmiede beschäftigt" war. "Die ihm übertragenen Arbeiten, wie Lohnabrechnung, Verwaltung des Zwischenlagers sowie Werkstattsterminverfolgung hat er zu unserer Zufriedenheit ausgeführt. Seine Führung war einwandfrei. Der Austritt erfolgte wegen der notwendig gewordenen Einschränkung unseres Personalbestandes."

Was Ottwalt danach unternahm, ist nicht in allen Einzelheiten bekannt. Erst 1927 hatte Mattenklott wieder Kontakt zu seinem Vetter. Ilse Bartels berichtete mir am 28.6.73 brieflich über diese Zeit, daß Ottwalts Wunsch bei Schulabschluß gewesen war, Schauspieler zu werden. Irgendwann in der Zeit zwischen Juni 1924 und September 1927 sei es Ottwalt gelungen, einige Monate Schauspielunterricht bei Agnes Straub zu nehmen. Doch das mißlang "wegen eines persönlichen Zerwürfnisses" mit Agnes Straub.
Ottwalt hat, nach Ilse Bartels, in der zweiten Hälfte der 20er Jahre in Berlin zumeist von Arbeitslosenunterstützung gelebt. Er las viel und fing an, sich theoretisch mit dem Marxismus auseinanderzusetzen.
Und erneut besorgte der rührige Vetter Mattenklott Ottwalt einen Job, diesmal als Redakteur im Grieben-Verlag, Berlin W 35, Lützowstr. 28. Auch hier hielt es Ottwalt, der sich mit Reiseführern zu beschäftigen hatte, nur relativ kurze Zeit aus: vom 16. September 1927 bis 1. Mai 1928. Das vom Verlag am 18.5.28 zugesagte Zeugnis wurde jedoch erst am 3.3.41 ausgestellt, jetzt auf Betreiben von Waltraut Nicolas, die, ihr Mann befand sich in stalinistischer Haft, soeben aus der Sowjetunion zurückgekehrt war und alles daran setzte, das Schicksal Ottwalts aufzuhellen. Der Grieben-Verlag kam der Bitte von Waltraut Nicolas wiefolgt entgegen: man bescheinigt ihr, daß man Ottwalt "als einen intelligenten, vielseitig gebildeten und tüchtigen Mitarbeiter kennen und schätzen gelernt habe. Herr Nicolas besaß - wie mir noch gut in Erinnerung ist - eine weit über sein Alter hinausgehende Reife des Urteils, das er mit einer stets sympathisch wirkenden Wärme der Empfindung vorzutragen wußte. Hilfsbereitschaft und Geradheit seiner Gesinnung haben ihm damals auch unter seinen Mitarbeitern viele Sympathien erworben."
gez. K. Feldmann.

In dieser Zeit lernte Ottwalt seine spätere Frau Waltraut, geb. Bartels, kennen, die seit 1924 mit Mattenklotts jüngerem Bruder verheiratet war. Waltraut löste sich aus der Ehe, als sie in Ottwalt "den Partner ihres Lebens erkannt zu haben glaubte" (Mattenklott).
Nach langem Zögern hat Mattenklotts jüngerer Bruder seine Frau freigegeben, sodaß Ernst Gottwalt Nicolas und Waltraut Agnes Elisabeth Bartels (geb. am 5.1.1897 als Tochter des Pfarrers Clemens Bartels) am 8. März 1929 den Ehebund schließen konnten. Der erhalten gebliebene Ahnenpaß von Waltraut Nicolas bezeugt, daß die Ehe auf dem Standesamt XII a, Berlin, Turmstr., Register Nr. 103 (1929) geschlossen wurde. (Ein Faktum, das im Kapitel Herzfelde Bedeutung gewinnt.)
Mattenklott berichtet, daß die Ehe sehr glücklich war und Freunde den Eindruck hatten, daß hier zwei Menschen zueinander gefunden hatten, die füreinander bestimmt zu sein schienen.
Ihr schriftstellerisches Talent benutzte Waltraut Nicolas, um sich bei der "Deutschen Allgemeinen Zeitung", einem Berliner Weltblatt bürgerlich-liberaler Richtung, als Gerichtsberichterstatterin zu bewerben. Sie glaubte damit nicht nur ihr Budget erhöhen zu können, sondern auch im Rahmen des Möglichen politische Tendenzen ihres Mannes wie auch ihre eigenen in diesem Blatt zur Geltung bringen zu können.

In der Praxis sah das dann so aus, berichtet Mattenklott weiter, daß Waltraut Nicolas sich nach jeder in Frage kommenden Gerichtsverhandlung mit ihrem Mann in einem Café traf und sich von ihm, der Jura studiert hatte, beraten und bei der Formulierung helfen ließ. Viel später erst hat sie dem damaligen DAZ-Feuilleton-Chef Paul Fechter gestanden, daß sich hinter dem "Gajus" des Gerichtsberichterstatters nicht sie, sondern im wesentlichen ihr Mann verborgen hatte. Fechter hat dies humorvoll aufgenommen.
Zu dieser Zeit hatte das Ehepaar Nicolas ein Zimmer in der Paulstraße, in der Nähe des Gerichts in Moabit, wo "sie wohl einige Jahre" wohnten, wie Mattenklott vermutet. Mattenklott: "Immer wieder mal wechselten sie die Wohnung. Sie haben einmal vierzehn Tage bei mir in Schlachtensee in einer Mansarde gewohnt. Dann haben sie wieder ein anderes Zimmer gehabt. Sie lebten stets unter schwierigen ökonomischen Bedingungen."

3. Die Sonette

1973 fand ich bei Ilse Bartels in Hermannsburg neben dokumentarischem Material (Taufschein, Zeugnisse, Ahnenpässe) auch handschriftlichen Nachlaß Ottwalts: Gedichte, Sonette, einen Prosatext ("Heilige Natur"), ein Dramenfragment, Zeichnungen und zwei Lautenbücher mit eigenen Kompositionen.
Ottwalts Lyrik stammt aus den Jahren 1924-1928. Es scheint nicht bekannt, ob davon jemals etwas veröffentlicht wurde. Vermutlich schrieb der junge Ottwalt diese Texte eines Zweifelnden, Verzweifelten lediglich für die Schublade.
Die meisten Gedichte sind ohne Datierung: "Heimweg", "Schauer", "Der Kreuzträger", "Offenbarung". Das Gedicht "Leben" stammt vom 26.Oktober 1924 - das früheste Zeugnis dichterischen Wirkens Ottwalts (Nicolas').
Das Gedicht "Einst" trägt die Datierung (mit anderer Tinte) 1926. Ein Sonett ohne Titel, beginnend mit der Zeile "Da des verlornen Sohnes Heimgedenken", ist vom 27. Mai 1928 datiert.
Der 13teilige Sonettzyklus "Die Brücke" liegt in zwei Fassungen vor, von Waltraut Nicolas mit 1928 datiert. Bleistiftnotizen und -korrekturen deuten auf eine dritte Fassung dieses umfangreichen Zyklus hin.
Eine "Ballade" trägt den mit Bleistift geschriebenen Vermerk: Ernst G. Nicolas Berlin-Lankwitz Mozartstr. 22

Auf einem mit Zeichnungen versehenen Blatt finden sich, mit Bleistift geschrieben, folgende zwei Strophen:

Wie wär /?/ es mir als einst im Tod verstehen,
Wozu uns frommt Spiel, Freude, Glück /?/ und Not
Warum wir leben, irgendeinem Tod
Gleichgültig /?/ und stumpf entgegengehen -

Wir werden's nie als erst im Tod verstehn
Warum Schmerz wild aufsteilt /?/ aus Liebesküssen,
Daß zwei sich lieben und sich weh tun müssen
Und fremd und traurig voreinanderstehn.

Einsamkeit, Schmerz, Tod, Unruhe durchziehen Ottwalts Lyrik in diesen Jahren des Suchens und der Haltlosigkeit. Erst die Gemeinsamkeit mit Waltraut Nicolas und die Hinwendung zum Marxismus scheinen Ottwalt neuen Glauben und Sicherheit zu geben.

Einst

Einst stehen wir ganz einsam und allein.
Einst trennt uns Öde, mitleidlose Ferne.
Einst wird dies alles nicht mehr sein,
und durch die Nacht hin frösteln trübe Sterne.

Und doch - wie Abendfriede hold

und Hoffnungsdämmer morgendlicher Freuden
strahlt fern das Glück durch sattes Gold
verwelkter Lust, seltsam vergangner Leiden.

Es hebt die schlanken nebelkühlen Hände
erinnrungsschwer mit tröstender Gebärde:
Gram weicht und Not, Glück ohne Ende
bleibt ewig, ewig - wie das Leid der Erde.

Und schwere Melodien ziehn,
trunken von Süße, Tanz und Wallen
und werden schluchzen, seufzen, glühn
und streicheln. Leis - wie Regentropfen fallen.

Den Sonettzyklus "Die Brücke" hat Ottwalt 1926 geschrieben und offenbar mehrmals umgearbeitet. Die Frömmigkeit des Pastorensohnes dominiert in diesen frühen jugendlichen Ergüssen. "Gott" und"Sünde" sind die zentralen Leitworte. Einsamkeit, Sehnsucht nach dem anderen (ein appellatives Du durchzieht die Strophen), Angst und Tod läßt Ottwalt vorüberziehen. "In Deinem Arm" denkt Ottwalt an eine Dirne, "bei der ich dumpfe Stunden zugebracht" (Relikt aus Ottwalts Freikorpserlebnissen?). Ottwalt fragt nach dem Gott, der die Brücke zum geliebten Wesen schlagen soll, und zwar "durch diesen Schlund, der wie die Hölle gähnt / Und höhnisch trennt, was sich verbunden wähnt". Das 13., das Schlußsonett verklingt eher resignierend:

Ist's nun vorbei? Ist denn nun Alles gut?
Ist dies der Traum, den nie ein Morgen endet?
Das blaue Glück, das Gottes Hand uns sendet,
Auf dem der Schimmer seiner Gnade ruht?

Wird nie nun mehr die wilde Glut
zu irren Feuerbränden sich entfachen?
Nie mehr zu böser Wirklichkeit erwachen
Der Einsamkeiten mörderische Flut?

Kehrt nie nun mehr die bange Frage wieder,
Wie lange noch in diesem Licht wir gehn,
In dem kein Zweifel uns mehr weh kann tun

Und jede Angst gestillt? Wir wissen's nun,
Ob wir dies Alles gleich niemals verstehn:
Gewißheit taut in Gnaden auf uns nieder.

Die Sonette vom neuen Dichter

I.

Er kann nicht mehr bacchantisch trunken schwanken,
kann kaum den Fuß zu müdem Wandern heben,
nur unterm Fluch der Sehergabe leben,
grausam gepeitscht von fressenden Gedanken.

Wo noch die Welt sich hell der Blüten freut
und Jubelhymnen an die Schönheit hallen,
sieht vor der Knospe er zu Boden fallen
verfault die Frucht, im Lachen schon das Leid.

Sieht er den Tod, den tiefsten Grund der Dinge,
Ziel aller Zeit, groß, grau und ganz
in lächelnder Erhabenheit.

Und fühlt allein den starren Kreis der Ringe
sich schließen zu dem Totentanz
der sinnlosen Vergänglichkeit.

II.

Nichts andres bleibt ihm mehr als das Gefühl,
daß diese Zeit sich überschnell vollendet,
daß bald die letzte Seelenmengung endet
in dieser leeren Tage wirrem Spiel.

Zu wissen, daß des Geistes Schöpferkraft,
- nichts anderes bleibt ihm nun mehr als dies -
die einst Ziel, Krone und Erfüllung hieß,
sich ratend selbst ihr eignes Grabmal schafft

und stirbt im Kampf mit den entmenschten Mächten,
in dem ein schwacher Schmerzensschrei vergellt.
Die neue Zeit setzt prahlend neue Rechte,

Ursinn versank mit der versunknen Welt,
und trauernd lebt der letzte der Gerechten
Dichtung als Traum in ganz verlaßnen Nächten.

III.

Soll er sich selbstbesessen unterfangen,
durch gellenden Prophetenschrei zu schrecken
die Welt? Aus ihrem Schlaf sie wecken
und überschütten sie mit Not und Bangen?

Soll er die Schönheit neuer Götzen preisen,
die ihm mit Hebeln, Kurbeln und Turbinen,
mit Rollen, Rattern, Schnurren der Maschinen
gefräßig drohn, knechtisch mit Schmeichelweisen?

Chaotisch wirbeln Ohnmacht und Erbarmen,
grausame Halle, Nacht und leeres Wort
um ihn und seine arme Dichtung.

Er stürzt ekstatisch mit weitoffnen Armen
sich in die Lüge, und sie reißt ihn fort
zum Jubelschrei der Selbstvernichtung.

IV.

Nein! Nicht Jammerweisen heimwehtoll
sind's, die er stöhnt: Gelassen im Gemüt
singt er sich selbst ein echoloses Lied
und weiß sich Glücks und letzter Weisheit voll.

Der Weisheit, deren glühnde Fackel brennt
hoch über Wissen und Erkenntnisringen,
die Harmonie zu Gottes Lied zu klingen
als dieses Daseins reichsten Segen kennt.

Es wird sein Himmel niemals ganz entsternt sein,
er wird nicht seine Stirn an Mauern rennen
des Unabänderlichen und wird nicht mehr klagen.

Mag noch so weit die Zeit von Gott entfernt sein -
er wird im Wahnsinn tiefsten Sinn erkennen
und stolz und freudig Ja! zu seinem Schicksal sagen.

Die beiden Lautenbände mit eigenen Kompositionen enthalten folgende Vertonungen:
Die ferne Laute (Richard Dehmel), Tod in den Gassen (Maurice von Stern), Dunkler Tropfe (Christian Morgenstern); alle im April 1926 entstanden.
Das zweite Lautenbuch enthält:
Die scharze Laute (O.J. Bierbaum), Traum durch die Dämmerung (Bierbaum), So tiefen Grund... (Anna Ritter), Das Gespensterschiff (Gustav Falke), Nocturno (Hemmann Hesse), Vorfrühling (Hugo von Hofmannsthal), Legende (Ossip Kalenter), Verirrt (Theodor Storm), Märchen (Falke), Müde (Storm), Mädchenlied (Bierbaum), Unter den Linden... (Walther von der Vogelweide), Hochzeit (Carl Busse).

Mattenklott berichtete in diesem Zusammenhang, daß Ottwalt ein "ausgesprochen musisch veranlagter Mensch" war, der nicht nur dichtete, sondern auch, wenngleich ohne ausreichendes kompositorisches Wissen, viele poetische Schöpfungen zeitgenössischer Dichter wie Walter Mehring, Max Hermann-Neisse und Richard Dehmel vertonte und zur Gitarre vortrug. Mattenklott: "Die Verbindung von Intellektualität mit künstlerischer Phantasie faszinierte mich damals sofort."

4. Malik, KPD, Brecht

Wann genau, wo und unter welchen Umständen Ottwalt Bertolt Brecht kennenlernte, scheint bis heute ungesichert. Festzustehen scheint, daß Brecht (und möglicherweise auch Wieland Herzfelde) einen enormen Einfluß auf den drei Jahre jüngeren Ottwalt ausübte. Dies geht nicht zuletzt aus der Schilderung Mattenklotts hervor: "Die Begeisterung, mit der er uns von diesem Mann erzählte, ließ erkennen, daß er nun im Begriff stand, seine bisherige bürgerliche Vergangenheit hinter sich zu lassen. Er war nun überzeugt, daß der Marxismus die Gesellschaftsordnung der Zukunft bestimmen würde, und er stellte sich in den Dienst dieser Idee. Aus dem liebenswerten, wenn auch etwas haltlosen Sucher der Jugendzeit war nun ein gereifter, sich eines klaren Ziels bewußter Mann geworden." Brecht habe ihn zu sich selbst finden lassen, resümiert Mattenklott. In enger Fühlung zu Brecht und Wieland Herzfelde habe sich Ottwalt nun ganz seiner schriftstellerischen Tätigkeit zugewandt.
Ilse Bartels kommt zu ähnlichen Schlußfolgerungen in der Beurteilung Ottwalts. Sie und ihre Schwester Waltraut Nicolas waren "auf ähnlichen Wegen zu den gleichen Überzeugungen" wie Ottwalt gekommen. "Man mußte in dieser Zeit des aufkommenden Faschismus einfach etwas tun, und wir glaubten, das nur in der KPD tun zu können, darum traten wir der Partei bei." Welche Konflikte Ottwalt vor seiner Zuwendung zu den Kommunisten hatte, sei vielleicht am besten aus seinen Sonetten zu ersehen, "in denen sich überdeutlich die Qual eines Menschen spiegelt, der seinen Weg noch nicht gefunden hat"! (Ilse Bartels) Später sei ihm sein Weg nicht mehr von Zweifeln verstellt gewesen: Ottwalt wurde, so I.Bartels, ausgeglichener und glücklicher, "weil er ein Ziel vor sich sah und wußte, daß sein Mittel das Schreiben sein mußte".
Zu Ottwalts Freundeskreis in diesen endzwanziger Jahren zählt Ilse Bartels neben Brecht und Herzfelde auch John Heartfield, Helene Weigel, Hanns Eisler, Alfred Kantorowicz, Wilhelm Sternfeld und Günther Weisenborn.

Den Bruch mit seiner eigenen (als reaktionär empfundenen?) Vergangenheit signalisierte der 28jährige Schriftsteller durch die Schaffung eines Pseudonyms (das dann später der Gestapo die Nachforschungen erschwerte): Ernst Ottwalt statt bisher Ernst G.(d.i.Gottwalt) Nicolas. Unter dem neuen Schriftstellernamen Ernst Ottwalt veröffentlichte der Malik-Verlag 1929 das Erstlingswerk "Ruhe und Ordnung" mit dem Untertitel "Roman aus dem Leben der nationalgesinnten Jugend". Man kann wohl davon ausgehen, daß Ottwalt zum Zeitpunkt dieser Veröffentlichung bereits Mitglied der KPD war - nachweisen ließ sich der Parteibeitritt jedenfalls bisher nicht. In dieselbe Zeit dürfte Ottwalts Beitritt in den Bund Proletarisch-Revolutionärer Schriftsteller (BPRS) fallen.
Selten hat ein Schriftsteller so radikal mit der eigenen Vergangenheit abgerechnet wie in "Ruhe und Ordnung" - sodaß eine genau erkennbare Zäsur wünschenswert wäre: also der Zeitpunkt

der Bekanntschaft mit Brecht, die Niederschrift und der exakte Publikationstermin dieses ersten Romans. Ferner wäre zu fragen, wer(und in welcher Form) auf Ottwalt eingewirkt hat, das Buch einer gescheiterten Jugend, eines kollektiven Schuldkomplexes zu schreiben.

Unter seinem bürgerlichen Namen Ernst G. Nicolas hat Ottwalt am 20. März 1929 das letzte Mal einen Text veröffentlicht: den Report "Zwei Jahre Arbeitshaus", erschienen in der "Berliner Volkszeitung", einem sozialistischen Wochenblatt (?). In dem engagiert geschriebenen sozialkritischen Text geht es um die in der "bürgerlichen" Gesellschaft Gestrauchelten, die sich in Berlin-Rummelsburg in "korrektioneller Nachhaft" zu bewähren haben.
In dem Band "Schriften" finden sich sieben Ottwalt-Arbeiten aus der "Berliner Volkszeitung" dokumentiert:
"Notberufe" (BVZ 20.9.28), "Zweikampf", "Zigeunerlager", "Fachschule für...", "Geheimnisse des Müllkastens", "Verbrechen und 'Verbrechen' " sowie der bereits erwähnte Beitrag über das Arbeitshaus.
Man kann davon ausgehen, daß beim Sichten der Jahrgänge 1928/29 der "Berliner Volkszeitung" weitere Ottwalt-Texte nachgewiesen werden können.

5. Ruhe und Ordnung

Der 1929 im Malik-Verlag erschienene und von John Heartfield ausgestattete erste Roman Ottwalts "Ruhe und Ordnung" beginnt mit folgendem Vorspann:

> Dieser Roman ist ein wahrheitsgetreues Protokoll eigener Erlebnisse; keine Seite beruht auf freier Erfindung. Die Form des Romans wurde lediglich gewählt, weil hier nicht Schuld oder Verhängnis bestimmter Einzelpersonen dargestellt werden soll, sondern das Bild jener Nachkriegsjugend, die sich die nationale nennt. Die Gefühle, Meinungen und Taten dieser Jugend sind weder an eine bestimmt deutsche Stadt, noch an ein bestimmtes (? Ereignis?) jener Jahre gebunden, die uns vom Ende des Weltkriegs trennen. Nicht Einmaliges und Zufälliges wird in diesem Buch geschildert: Es läuft ein roter Faden von den Novemberkämpfen über München, Kapp, Mitteldeutschland und Oberschlesien bis zu den Bombenattentaten der jüngsten Vergangenheit.
> Ich half diesen Faden spinnen. Dieses Buch soll ihn zerreißen helfen.

Die Fabel des Buches könnte man so wiedergeben:
In der Ich-Perspektive eines 19jährigen Gymnasiasten berichtet der Autor, wie die rechtsnationale Jugend in Halle und Umgebung auf den blutigen Kapp-Putsch reagiert. Gegen Ende des Romans wechselt der Erzähler seine Position: zunächst Mitarbeiter der "Ordnungskräfte" (er leistet Spitzeldienste in KP-Veranstaltungen) empört er sich später darüber, daß die Putschisten milder abgeurteilt werden als die kämpfenden Arbeiter. Das soziale Elend der ausgebeuteten Arbeiter (der "Latjer") bewirkt im Erzähler-Ich eine ideologische Wandlung.

Und so stellt die Verlagswerbung das Buch im Berliner "Tagebuch" vom 16.11.1929 vor:

> Ein Primaner aus Halle wird zusammen mit vielen anderen Gymnasiasten und Studenten im November 1918 Zeitfreiwilliger, um die revolutionären Arbeiter niederschlagen zu helfen. Gestern noch Kinder, - fühlen sie sich plötzlich Männer, die das Geschick des Vaterlandes mitbestimmen. Ein paar Monate später: zurück auf die Schulbank. Aber die "entschlossenen und gewandtesten Kerle der Kompanie werden bald darauf - zum Überlegen läßt man ihnen gar nicht Zeit - gut entlohnte Spitzel des Garnison-Kommandos und der "deutschen Wirtschaftshilfe". Ohne Skrupel - ja voller Stolz und Begeisterung: es geschieht ja fürs Vaterland - bespitzelten sie Arbeiterorganisationen aller Art... Dann kommt der Kapp-Putsch. Wieder steckt man höhere Schüler in Uniformen. Wieder wird Blut vergossen - viel Blut diesmal. Für wen? Für Kapp-Lüttwitz? Für

> Ruhe und Ordnung? Für die Regierung Ebert-Noske? - Die Jungens wissen es selber nicht recht. Gleichwie, auf alle Fälle gegen die Arbeiter, gegen den Bolschewismus... Und wieder haben die Knaben "das Vaterland gerettet". Diese Knaben aber, nun schon zu alt und zu erfahren für die Schulbank, sind aus der Bahn geschleudert. Hunderte, Tausende gehen vor die Hunde: tauchen unter in den legalen und illegalen vaterländischen Bürgerkriegsformationen, abgeschnitten vom tätigen Leben, bis sich mal wieder Gelegenheit findet, zu kämpfen für... Ruhe und Ordnung.

Der mitteldeutsche Aufstand des Jahres 1921 wird mit Hilfe von Reichswehrtruppen und Schutzpolizei niedergeworfen. Eine große Anzahl Arbeiter wird im Leuna-Werk gefangen genommen, nachdem man die Fabrik ausgiebig mit schwerer Artillerie beschossen hat. So heißt es auf S. 285, aufgezeichnet wie eine Chronik, ohne innere Beteiligung. Dann die Reflexion:

> In den Ferien, die diesem Intermezzo bei der Schutzpolizei folgen, verreise ich. Halle kaum im Rücken, befällt es mich wie eine Krankheit: ich beginne über mich und mein Tun nachzudenken, über alles, was ich in den letzten drei Jahren erlebte. Dunkel und schmerzlich erkenne ich, daß ich die Brücken hinter mir zerstören muß, daß ich verloren bin für den Weg, der einem "jungen Mann aus gutem Haus" vorgezeichnet ist.
> Warum kann ich diesen Weg nicht wie alle meine Freunde und Verwandten ruhig gehen? Warum muß ich überall nach Sinn und Ziel fragen? Warum fühle ich mich trostlos, fremd und verlassen unter diesen Menschen, die doch "meinesgleichen" sind? Zu denen ich doch gehöre?
> Gehöre ich wirklich noch zu ihnen? Habe ich noch etwas mit ihnen gemein? Wecken die tönenden Worte, die mich mit ihnen verbinden, nicht schon seit Jahr und Tag ein stummes Echo des Zweifels in mir?
> Ich habe zu früh und zu lange für Ruhe und Ordnung gekämpft, nun kann ich in dieser Ordnung - zwischen Saufgelagen, Weibern und Mensuren - nicht mehr leben...
> (287)

Schon im nächsten Kapitel sagt Ottwalt, daß er im folgenden Semester nicht wieder nach Halle zurückgeht. Er bittet von Jena aus seine Burschenschaft um Entlassung. Trotz des Ausscheidens aus der Korporation kommt Ottwalt von seiner Vergangenheit "nicht so schnell los". In jeder neuen Universitätsstadt, in die er übersiedelt, trifft er alte Bekannte, die ihm nicht glauben wollen, daß er ein anderer geworden ist. (288)

Ob Ottwalt in anderen Universitätsstädten ein ordentliches Studium aufnahm , ist bisher nicht nachgewiesen.

Im letzten Kapitel von "Ruhe und Ordnung" trifft der Erzähler mit seinem ehemaligen Freund und Kriegskumpel Webach zusammen: "Jahre sind vergangen". Die Episode fällt etwa ins Jahr 1925. Das entscheidende Gespräch zwischen den beiden Jungen:

> "...wofür haben wir eigentlich 'unsern Mann gestanden'?"
> "Das weißt du nicht?" fragt Webach sehr erstaunt. "Für unser deutsches Vaterland und unsre Ehre! Dafür haben wir unser Leben aufs Spiel gesetzt und unser Blut vergossen."
> "Ach Webach, wir haben getrunken, Karten gespielt und viel Geld verdient. Und manchmal haben wir auch auf die Arbeiter geschossen. Aber wozu, - heute weiß ich es, aber damals habe ich es nicht gewußt."
> "Wir haben doch Ruhe und Ordnung erkämpft und Deutschland vor dem Chaos gerettet!"
> "Wir haben die bestehende Gesellschaftsordnung vor dem Untergang geschützt und fühlten uns wohl in der Unruhe, die wir im Kampf für Ruhe und Ordnung hervorriefen."
>
> "Bestehende Gesellschaftsordnung, - du redest ja wie die Latjer! Wir schützten unser Vaterland, das Deutschtum, Kultur..."
> "...und das Privateigentum. Mißbrauchen ließen wir uns. Wir haben für Ideale gehalten, was nichts als gefährliche Phrasen waren, die uns das wirkliche Leben versperrten und unsere Seelen vergifteten." (303/304) ...
> (Ottwalt:) "Ach, wenn es so einfach wäre! Wenn es hier nur um gute oder schlechte Menschen ginge! Aber du willst nicht sehen, was du tust. Du bist verstrickt in Vorurteile, die dir Abstammung und Erziehung aufgezwungen haben."
> "Hör' auf! Das kenne ich schon: an allem soll das System schuld sein. Dieser jüdische Schwindel zieht bei mir nicht! Du bist zum Verräter geworden, und nichts weiter."
> "Wenn du es so nennst: ja. Ich bin zum Verräter geworden an einer Klasse von Menschen, deren Zeit bald vorbei ist. Und ich freue mich noch, daß ich den Mut dazu gefunden habe."

"Ruhe und Ordnung" erschien erstmalig 1929 im Berliner Malik-Verlag in einer Auflage von 15.000 Exemplaren. Die 320 Seiten kosteten kartoniert 2,80 Mark, Leinen 4,80 RM. Den Druck besorgte J.B. Hirschfeld (Arno Pries) in Leipzig.

1972 kam "Ruhe und Ordnung" als Taschenbuchreprint bei Paco-Press Amsterdam heraus: so jedenfalls steht es im Impressum. Das Malik-Signum blieb in dieser Ausgabe zwar erhalten, der Hinweis auf den Originaldruckort fehlte indes. Als Vertriebsvermerk druckten die Nach- bzw. Raubdrucker in die Ausgabe: Hagen Vertrieb, 1 Berlin 15, Postfach 311. Preis DM 6,-. Der vermutlich fiktive Verlagsort (Amsterdam) sollte allem Anschein nach von dem tatsächlichen Herstellungsort (wahrscheinlich Bundesrepublik oder Westberlin) ablenken, um urheberrechtliche Nachforschungen zu erschweren. "Ruhe und Ordnung" dürfte vom Hagen Vertrieb in mehreren tausend Exemplaren auf den (vorwiegend linken) Buchmarkt gebracht worden sein - wie auch Ottwalts zweiter Roman "Denn sie wissen, was sie tun" (1931), der für DM 6,80 (später 7,80) angeboten wurde. Heute sind beide Ottwalt-Raubdrucke wie vom Erdboden verschluckt. Die einschlägigen linken Buchhandlungen zucken die Achseln: vergriffen...

Am 2.11.29 bringt die Berliner Zeitschrift "Das Tagebuch" eine "Selbstanzeige" Ottwalds: man druckt den Vorspann aus "Ruhe und Ordnung". Ob der Malik-Verlag dafür zahlen mußte? Am 16.11. erscheint eine weitere Anzeige unter der Rubrik "Neue Malik-Bücher/Herbst 1929" und am 21.12. wird Ottwalt im "Tagebuch" rezensiert. Dieses Buch eines Gewandelten sei "sehr fesselnd", eine "schlichte, unagitatorische Erzählung".- Eine weitere zeitgenössische Besprechung sei zitiert. Die kommunistische "Internationale Presse-Korrespondenz" (Berlin) schreibt am 14.3.1930, signiert von N.Str.: "Es gibt kaum ein Buch am Büchermarkt, das die Gefühle, Meinungen und Taten der nationalgesinnten Nachkriegsjugend treffender schildern würde." Vor allem entrolle der Verfasser ein "ausgezeichnetes Milieu" des Studentenlebens, von Schule und Lehrern. Vaterländische Gesinnung, leere, hohle Phrasen würden gedroschen, Kastengeist spuke umher. Künstlicher Abscheu vor dem Arbeiter werde erzeugt. "Die 'geistige' Vorherrschaft der Bügelfalte sitzt in den Gehirnen. Völkische Lehrertypen marschieren auf, mit verkalktem Sinn. Beschränktheit und Unteroffiziersmanieren: Erzieher der deutschen Jugend."
Noch ein Zitat aus der IPK: "Ein Dokument tierischer Gemeinheit, die nur Abscheu und Ekel erregen kann, sind die Seiten, wo der Verfasser die Erschießung eines gefangenen Arbeiters vor den Latrinen beschreibt. Es ist die Erkennungsmarke des deutschen Unteroffiziersgeistes."

Werner Türk schreibt in der Stuttgarter "Literatur" (1929/30): " Ruhe und Ordnung ist ein Tatsachenbuch. [Kein Kunstwerk. Sondern ein aus dokumentarischen Wirklichkeiten zusammengezimmerter Roman.] Eine ausgezeichnete, sozialpsychologische Studie, die nicht nur unterrichtet, sondern auch klärt."
Die von mir in eckigen Klammern gesetzten Sätze sind bezeichnenderweise bei der Verlagswerbung unter den Tisch gefallen.
Vgl. S. 405 von "Denn sie wissen was sie tun", 7.-10. Tausend, April 1932.
Axel Eggebrecht vergleicht in seiner Besprechung für die in Berlin erscheinende "Literarische Welt" Ottwalts Buch mit dem "Freiwilligen Stenbock" von Graf Alexander Stenbock-Fermor. Ein junger baltischer Adliger und ein Hallenser Gymnasiast schilderten ihre Erlebnisse aus jener Zeit, da die sechzehn-

jährigen Söhne aus guter Familie bedauerten, daß der Krieg zu Ende sei, ehe sie ihn erlebten. Und deshalb jede Gelegenheit ergriffen, um Krieg zu spielen. Beides sind nach Eggebrecht Tatsachenbücher. Zweimal erlebe man den raschen Verwandlungsprozeß eines Pennälers in einen Landsknecht. Bei Stenbock gehe die Sache etwas gründlicher und handfester vor sich. Die Kämpfe gegen die Bolschewisten in Lettland seien schlimmer gewesen als die Schießereien gegen die Leuna-Arbeiter. Dafür bringe Ottwalt mehr Details und habe von Anfang an die größere Skepsis gegen die Schweinereien, an denen er teilnehme.
Eggebrecht wirft Stenbock das "völlige Fehlen jeglicher Konsequenzen" vor: "Stenbock sieht alles, beobachtet vortrefflich, kann schreiben - und w i l l nicht Partei ergreifen. Ottwalt tut das. Gerade durch die vorsichtige, beinahe stille Art, wie er seinen Erinnerungsroman ausklingen läßt, wird die völlige Wandlung fühlbar. Zwei sehr verschiedene Leute haben zwei verflucht aufrichtige Bücher über eine verruchte Zeit geschrieben." (LW 50/1929)

Alfred Kantorowicz hält in Zehrers "Tat" (April 1930) das Buch "als Dokument so wertvoll, wie viele Kriegsromane." Es sei mit einer "sachlichen und ehrlichen Leidenschaft" geschrieben, die sich um der Wahrheit willen nicht fürchte. Ottwalt habe noch rechtzeitig, wie viele, wie die Besten, die damals mitmachten, erkannt, daß es keine nationale Sache sei, "sich etwa als 'Arbeiterkiller' zu betätigen. Und er hat wieder den Nachweis erbracht, daß aus einer 'nationalen Bewegung', die aus Schlagworten, Biertrinken, Rauflust und Arbeitslosigkeit zusammengesetzt war, nichts werden konnte."

6. Jeden Tag vier

Am 19. November 1930 hat im Berliner Wallnertheater Ottwalts Bergarbeiterdrama "Jeden Tag vier" Premiere. Die Piscator-Bühne beauftragte Friedrich Neubauer mit der Inszenierung. Der Bühnenentwurf stammte von Elfriede Liebthal. Die Musik komponierte A. Mildner. Am Flügel saß Franz Osborn. Die Besetzungsliste verzeichnete folgende Namen:
Edith Angold, Bertl Eisenberg, Lilli Eisenlohr, Ilse Fürstenberg, Lilli Schönborn, Lotte Löbinger, Ellen Widmann, Rudolf Alcher, Karl Balkie, Reinhold Berat, Adolf Fischer, Heinz Greif, Walter Jung, Karl Simon, Jakob Sinn, Werner Kopich, Hans Schäfer, Kurt (Curt) Trepte, Albert Venohr, Kurt Werther.

Der soziale Stellenwert der Aufführung ist durch Hinweise des KPD-Organs "Die Rote Fahne" v. 19.11.30 wiefolgt charakterisiert:

> Als einziges Theater in Berlin hat die Piscator-Bühne gestaffelte Garderobenpreise eingeführt. Die Garderobenpreise für den II. Rang sind auf 20 Pfennig ermäßigt.
> Die Piscator-Bühne stellt jeden Tag etwa 200 Karten für Arbeitslose kostenlos zur Verfügung. Die Ausweise erhalten die Erwerbslosen bei ihren Verbänden. Gegen Vorzeigen dieser Ausweise an der Kasse werden die Freikarten ausgehändigt. - Organisiert sofort Gruppenbesuche. Gruppenkarten zum Einheitspreis von 1,20 M. pro Platz. Einzelkarten 1,70 M. pro Platz gegen Vorzeigung der Mitgliedskarte proletarischer Organisationen.

Am 23.11. findet, an einem Totensonntag, eine Sondervorstellung zugunsten der Opfer der letzten Bergwerkskatastrophen statt, wie ich einer handschriftlichen Notiz von Curt Trepte entnehme, der mir im Januar 1974 zwei Faksimile aus der "Roten Fahne" zur Verfügung stellte.

In ihrer Ausgabe v. 19.11. druckte die "Rote Fahne" einige Auszüge aus dem Stück, die Erschütterung hervorrufen. Ein Sanitäter berichtet ("Auf dem Friedhof..."):

> Sanitäter: In die Gräber sind sie neigesprung...die Weiber ...fünf, zehn...zwanzig!...fuffzich!!...Hunnert!!! Rin...rin...mitten rin in'n Dot...In die Gräber sind sie neigesprung...ham sich festgehalten an den Särgen, die Weiber...Geschrien ham se...ni mehr loslassen wollten se... Aber die liegen da...die wachen ni uff...die heeren nischt mehr...die heern ni mehr die Weiber flennen... die fühlen nischt mehr...kee Angst...kee Hunger...

In der Szene "Der Wert des lebendigen Kumpels" kommt es zu folgendem Gespräch:

Frau Hoppe: Da seht ihr's, was 'n Mensch wert is...das hier, das war amal a Mann, der kunnt eenen in 'n Arm nehmen...der kunnt eenem a Kind machen...das hier war amal a Junge...gefreut hat sich die Mudder, wie es is angekomme mit 'm ersten Geld...a Mann, a Junge... Dreihundert Mark...Das is übrig geblieben...Hundertfuffzich Mark für jeden...Hundertfuffzich Mark kost a toter Kumpel...

> Frau Kramer: Und a lebendiger Kumpel is ni amal wert, daß man 'n guten Abend sagt, wenn er die Mitze zieht... Mei Mann (weinend)...mei Mann ham sie nausgeschmissen uff der Grube...wie solln wir leben...was soll...danach fragt uns keener...a lebend'ger Kumpel, der is kee roten Pfennig wert...bloß a Doter...a doter Kumpel kost hundertfuffzich Mark...Ich versteh die Leute ni...ich kanns ni verstehen...Warum warten sie, bis erst hundertfuffzich Mann sind verreckt...Warum is denn jetzt uff eemal Geld da...? Warum?
> Frau Hoppe: Mei Mann hat sich die Hand abgequetscht... eene Mark vierzig Krankengeld...und nachher ne Rente von Sticker vierzig, fuffzich Mark...
> Die alten Holzen: Wie mei Mann is unten geblieben in der Grube...im Jahre sechsundneunzig...fuffzehn Mark hab ich im Monat Rente gekriegt...fuffzehn Mark...und nu is uff eemal Geld da...
> Frau Hoppe: Für uns nich...! Nich für uns...Hier, wo hundertfuffzich sind uff eemal verreckt, da sind se uffgewacht, die Großen...da hat ihnen das Gewissen geschlagen ---da wollen sich loskoofen von der Sinde...von der Schuld ...Eemal sind sie in sich gegangen...habt kee Angst: 's wird so bald ni widder vorkomm'...'s bleibt alles beim Alten. Heute kost a doter Kumpel noch hundertfuffzich Mark...in a paar Wochen ist er gar nischt mehr wert...

Der Wortlaut des gesamten Dramas gilt als verschollen. Auch gibt es bis heute kein Material, das Auskunft geben könnte über die Genese des Stückes. Hatte Ottwalt Schwierigkeiten bei der künstlerischen Bewältigung des Stoffes? Die Niederschrift dürfte zwischen Juli und Oktober 1930 erfolgt sein. Am 9.7.30 begann die Unglücksserie: 151 Tote bei einer Kohlensäureexplosion im Kurt-Schacht der Wenzelausgrube Neurode. 263 Tote bei einer Schlagwetterexplosion in der Grube Alsdorf am 21.10.-99 Tote im Maybachschacht bei Saarbrücken am 25.10.
Die Dramatisierung eines derartigen Stoffes mußte Ottwalt reizen. Bereits in "Ruhe und Ordnung" sind auffällig viele Dialoge geschaltet, sodaß der sozial engagierte Neudramatiker hier sein dialogisches Talent einmal voll ausprobieren konnte.

Am 21.11.30 veröffentlicht die "Rote Fahne" eine Kritik ihres Chefrezensenten Durus (d.i.Alfréd Kemény, 1895-1945), die wegen ihrer prinzipiellen Bedeutung für Ottwalt hier fast vollständig widergegeben ist:

...Das wertvolle Bergarbeiterdrama ... kämpft gegen die Trägheit der Herzen und Gehirne, hämmert in realistisch packenden und erschütternden Szenen dem Bewußtsein ein, daß es sich in Neurode, Alsdorf und Maybach nicht um bloße Unglücksfälle, sondern um die zynischen Morde eines fluchwürdigen Systems gehandelt hat.
Ottwalt...gibt in seinem Bergarbeiterstück die Probe einer ausgesprochenen dramatischen Begabung.
Es ist ein zeitnahes, aktuelles Stück; stark in der sozialen Problemstellung der Klassengegensätze: Grubenarbeiterschaft - Grubenkapital; mit wertvollen Ansätzen zur Dramatisierung eines reportagemäßig wirklichkeitsstarken und wahrheitsgetreuen Materials. Ein "wahrheitsgetreues Abbild tatsächlicher Verhältnisse", wie es der Autor selbst betont.
Ein wahrheitsgetreues Abbild mit einem Mindestmaß von Nüchternheit und Rührseligkeit. Man kann zwar sagen: die Folge der ersten Bilder ist in der Komposition etwas lose; es entsteht also zum Teil eine mehr revue- als theatermäßige Wirkung, was der dramatischen Einheitlichkeit des ganzen Stückes nicht zugutekommt; man hätte durch eine straffere Zusammenfügung der Einzelteile die dramatisierte Wirklichkeit noch konzentrierter und elementarer wirken lassen können. Aber Einzelszenen, wie das dritte Bild im Schacht 400 Meter unter der Erde mit dem typischen Berg mannstod und das letzte Bild in der Behausung der Bergarbeiterwitwe Frau Götze sind von einer derartigen dramatischen Gestaltungskraft
tischen Gestaltungs- und Wirklichkeitskraft, von einer derartigen Echtheit des "Milieus", wie wir es bisher innerhalb der deutschen revolutionären Arbeiterdramen noch kaum erlebt haben.
Nichts von Schemen...die Kumpels leben, sind w i r k l i c h e Kumpels: ihre Frauen, eine Waschfrau, Arbeitslose, der Direktro, ein Bankbeamter, alle sind sie "aus dem Leben herausgeschnitten". Etwas verzeichnet die Direktorfrau: ihre Wohltätigkeit, ihre Besorgtheit um die Kumpels ist nicht typisch, ist klassenmäßig nicht genügend begründet.
Die Piscatorbühne hat im Wallner-Theater (in der Regie von Friedrich Neubauer) eine sehr wesentliche, außerordentlich wichtige, hochaktuelle Aufführung der Bergarbeitertragödie von Ottwalt herausgebracht. Eine Aufführung ohne großen technischen Apparat: mit den geringsten technischen Mitteln wird ein revolutionärer Explosivstoff der Wirklichkeit stark im Ausdruck und in der Wirkung übermittelt. Eine Aufführung ganz ohne Prunk, ohne jede Spur einer auf nicht proletarische Besucher eingestellten Repräsentation.
Hier wirkt die Wirklichkeit auf der Bühne ohne jedes abschwächende technische und theatralische Beiwerk (mit Ausnahme der Sprechchöre, die von einer falsch verstandenen und falsch angwandten "Literatur" nicht frei sind).
Die proletarische Wirklichkeit des Bergarbeiters mobilisiert hier die Gefühle und die Erkenntnisse

> der proletarischen Theaterbesucher gegen die mörderische Wirklichkeit des Kapitalismus.
> Die Piscator-Bühne hat sich zu einer eindeutigen revolutionären Arbeiterbühne, zu einer Bühne des klassenbewußten Proletariats entwickelt.
> /.../ Abgesehen von einigen kleinen Mängeln - die Sprechchöre müßten klassenmäßig härter, weniger pathetisch sein, in der Parlamentsszene dringt der kommunistische Redner nicht durch - ist die Aufführung ausgezeichnet. Eine sehr erfreuliche Entwicklung der Piscatorbühne. Es handelt sich hier um eine szenisch außerordentlich aktive, ideologisch vollständig eindeutige Form der revolutionären Propaganda, die auf die breitesten Arbeitermassen sicher eine unwiderstehliche Wirkung ausüben wird. Der Beweis wird erbracht, daß man mit dem geringsten Aufwand große Wirkungen erzielen kann; man muß nur die revolutionäre Tendenz der Wirklichkeit szenisch wirken lassen. Sehr zu begrüßen ist, daß die Piscator-Bühne ein neues, nicht mehr formales, sondern inhaltlich revolutionäres Ensemblespiel eines gesinnungsmäßig einheitlichen Schauspielerstabes entwickelt. Eine großartige Aufführung, die von jedem Werktätigen in Berlin unbedingt besucht werden muß.

Eine andere Meinung über die formalen Qualitäten des Stückes hat der Kritiker des "Berliner Tageblatts", Bur. In der Morgenausgabe v. 20.11.1930 schreibt Bur., daß der Stoff "nicht bewältigt" sei. "Der Zweck heilige die Mittel, heiligt er auch die dramatisch einfältigsten Mittel? Schwarz steht wieder gegen Weiß, Nur-Gut gegen Nur-Böse, simpelster Holzschnitt. Vater Baumert und Vater Hilse im Bergwerk, die Erde Schlesiens brennt unter ihren Füßen; aber um wieviel aufrührerischer, erregender, zur Abwehr sammelnder ist jedes Wort von Hauptmann in den 'Webern' als ganze Sätze von Ottwalt." Vielleicht dürfe man das garnicht vergleichen, schreibt Bur. weiter, vielleicht entscheide besser das Publikum, das, die traurigen Ereignisse noch im Kopf, sich erregen und ergreifen ließe und durch lauten Beifall zu verstehen gebe, daß es sich geschlossen für die Front der Armen und Unterdrückten entschieden habe.
Den Reportagecharakter des Stückes stellt Bur. in Zweifel. Der Wille zur Darstellung tatsächlicher Vorgänge führe das Stück "oft nur in die bedrohliche Nähe eines Schemas, von dem das Theater sich längst frei gemacht hat."
Noch vernichtender ist die Kritik Herbert Iherings, der am 20.11. (in der"Vossischen Zeitung"?) schreibt:

> Das Stück selbst ist schwach. Es wollte sich nicht an das Mitleid wenden, sondern aufklären, anklagen. Es wandte sich aber fast nur an das Mitleid. Wehleidiger Naturalismus darf nicht der Weg sein, den Piscator geht. Aber selbst dieses mittelmäßige, rührselige und durchaus nicht ergreifende Schauspiel

versucht in Ansätzen das Schema zu durchbrechen.

Herbert Iherings Kritik ist wiederabgedruckt in: Ihering, Von Reinhardt bis Brecht, 3. Band. Aufbau, Berlin 1961, S.115-117.- Erstaunlich die Gegensätzlichkeit der beiden Kritiken von Ihering und Durus. Durus sah offenbar lediglich den Agitpropcharakter in seiner kommunistischen Parteioptik. Ihering, der sich leidenschaftlich für Brecht einsetzte, die Formfrage also hoch ansetzte, äußert in Sachen Ottwalt prinzipielle Bedenken:

> Ein schlechtes Stück, wenn man es im Zusammenhang mit Piscators Arbeit betrachtet. Ein bedenklicher Abend, wenn er einen Weg aufzeigen sollte. Aber dieser Nebenabend, der den Sonderzweck einer Feier hatte, gedacht für Bußtag und Totensonntag, ist noch bezeichnend in dem, wie und warum er versagt. (Auch die Darstellungsweise des Kollektivs, das sich beispiellos mutig durchkämpft, bedarf dringend der Korrektur. Diesmal wurde unter Friedrich Neubauers Regie formlos und distanzlos gespielt. Alles Klischee.)
> Politisches Theater ist unmöglich, wenn es nicht die Formansätze weiterentwickelt, die Piscator selbst und Brecht in den (jetzt bei Kiepenheuer erschienenen) zwei Bänden der "Versuche" angefangen hat.

7. Denn sie wissen was sie tun

1931 erscheint im Malik-Verlag Ottwalts zweites Buch: "Denn sie wissen was sie tun. Ein deutscher Justiz-Roman". Die Auflage beträgt zunächst 6000 Exemplare. Eine zweite Auflage scheint sehr rasch notwendig geworden zu sein. Im April 1932 kommt das 7.-10. Tausend auf den Markt.
Im Impressum des Buches ist als Drucker J.B. Hirschfeld (Arno Pries) in Leipzig nachgewiesen. Ein nach einer Zeichnung von George Grosz entworfenes Lesezeichen (das sich in der von mir am 20.8.73 gekauften 2. Auflage, gefunden in einem Schweizer Antiquariat für 15 Franken, nicht befand) war den Vorkriegskäufern offenbar beigelegt worden. Im Anhang des 404 Seiten starken Buches finden sich Verlagsanzeigen: u.a. Upton Sinclairs "Sündenlohn" und "Boston" sowie Theodor Pli(e)viers "Der Kaiser ging die Generäle blieben".
Am 25.1.73 kaufte ich mir in einer linken Buchhandlung eine Taschenbuchausgabe des Justizromans, ein Raubdruck ohne Angabe der Hersteller. Auf der 4. Umschlagseite sind in der Bundesrepublik inhaftierte Strafgefangene aufgezählt. Das Buch ist mit DM 6,80 ausgepreist.
Eine andere Ausgabe enthält auf der 2. Umschlagseite eine Anzeige der Roten Hilfe mit dem Titel: "Vorbereitung der RAF-Prozesse durch Presse, Polizei und Justiz", dazu die Karikatur eines flüchtenden Richters, dem man Hammer und Sichel nachwirft. Die 4. Umschlagseite enthält eine Anzeige der "Roten Robe", Organ des Südwestdeutschen Referendarverbandes mit Sitz in Heidelberg. Das untere Drittel der U 4 kann als Impressum aufgefaßt werden: Paco-Press Amsterdam 1972, Hagen Vertrieb 1 Berlin 15, Postfach 311. Eine am 2.10.76 gekaufte Ausgabe kostet bereits DM 7,80. Auch dieser Raubdruck dürfte seit 1972 - ähnlich wie "Ruhe und Ordnung" - in mehreren tausend Exemplaren abgesetzt worden sein.
Ottwalt schickt seinem Justizroman folgenden Vorspann voraus:

> Dieses Buch ist kein Schlüsselroman. Die Figur des Richters Friedrich Wilhelm Dickmann ist jedoch nur insoweit Phantasieprodukt, als zu ihr kein bestimmter deutscher Richter Modell gestanden hat. Dagegen sind sämtliche Rechtsfälle, Gerichtsverhandlungen, Urteile und Ereignisse, die hier beleuchtet werden, als Tatsachen aus den Jahren 1920-1931 belegbar. Auf Tatsachen beruhen auch sämtliche Schilderungen des inneren Betriebs der deutschen Rechtspflege. Es liegt in der Geschichte der deutschen Republik begründet, daß diese Tatsachen dem Leser zuweilen unglaubhaft erscheinen mögen. Daher bittet der Autor den Leser, sich über den Verlag an ihn zu wenden, wenn irgendwelche Zweifel an dem dokumentarischen Charakter dieser oder jener Darstellung in dem Roman auftauchen sollten. Alle derartigen Anfragen werden beantwortet durch Offenlegung des Tatsachenmaterials, auf das sich die fraglichen Stellen stützen.

Schon in den ersten Sätzen begegnet dem Leser die fast liebevolle satirische Absicht des Erzählers, der den Richter Dickmann charakterisiert:

> Eine Gestalt mittlerer Größe. Die Gesichtsfarbe frisch. Die blauen Augen blicken ruhig über zwei runde Backen in eine Welt ohne Rätsel. Die Haut des Nackens wirft zwei wulstige Falten über dem Kragen: das ist Dickmann, Friedrich Wilhelm mit Vornamen, Landgerichtsrat und Doktor der Rechte, verheiratet und Vater von zwei Kindern.(9)

"Über den Wert des Denkens" betitelt Ottwalt dieses erste Kapitel, das bereits handfest die Klassenjustiz der Weimarer Republik beleuchtet. Etwa wenn der arbeitslose Motorenschlosser Ernst Mey zu 7 Monaten Gefängnis "wegen Landfriedensbruchs" verurteilt wird.

> Sieben Monate Gefängnis, weil ein Mensch Hunger gehabt hat? Sieben Monate Gefängnis wegen einer Wurst? Nein, nicht wegen einer Wurst, sondern wegen Landfriedensbruchs, das ist ein Unterschied. Wenn heute die Hungernden zur Selbsthilfe schreiten und Lebensmittelgeschäfte plündern, dann ist die öffentliche Ordnung und die Staatsautorität in höchster Gefahr. Es soll doch dem Landgerichtsrat Dickmann niemand einreden wollen, ein hungernder Mensch müsse heute plündern, um satt zu werden. Wenn der Angeklagte wirklich Hunger gehabt hat, warum bettelte er dann nicht? (12-13)

> /.../ Dickmann hält nicht viel davon, über Dinge nachzudenken, die doch nicht zu ändern sind. Es kommt nicht viel dabei heraus. Wer ist denn der Landgerichtsrat Doktor Dickmann, daß er sich den Luxus des Denkens leisten könnte? Ein schlichter Diener am Recht, eine Gestalt mittlerer Größe. Kein Christus, der das Leid der ganzen Welt auf seine schwachen Schultern nähme.(13)

Mit 45 000 beziffert Ottwalt die in den deutschen Gefängnissen der Weimarer Republik Einsitzenden: die Bevölkerung einer größeren Mittelstadt.

> Die Ehefrau Ebersberger wurde vom Volksgericht Regensburg zum Tode verurteilt, zu lebenslänglichem Zuchthaus begnadigt und im Wiederaufnahmeverfahren wegen erwiesener Unschuld freigesprochen. Der Maurer Leister in Eisenach, der Hilfsgendarm Dujardin in Insterburg, Frau Anna Reinke in Greifswald, der Mechaniker Goetz in Augsburg, der Arbeiter Jakubowski in Neustrelitz. In sechs Jahren wurden von deutschen Gerichten sechs Unschuldige zum Tode verurteilt. Fünfmal ließ sich der kleine Schaden noch reparieren, doch Jakubowski ist tot...
> "Kunstfehler kommen überall vor."
> Dickmann weiß, was er tut. Er wendet das Gesetz an und hat nicht danach zu fragen, ob es gut sei oder schlecht. Hauptsache, daß man ein anständiger Mensch ist.(19-20)

"Denn sie wissen was sie tun" ist eine Fundgrube für das Versagen der Weimarer Justiz. Vor allem die Abhängigkeit der Gerichte von den herrschenden politischen Kräften schildert Ottwalt anhand von skandalösen Urteilssprüchen:

> Ein Arbeiter erschießt einen Kappsoldaten während des Kampfes: "Mord, fünfzehn Jahre Zuchthaus." Ein Arbeiter beschlagnahmt in einer Bäckerei Brot für seine Kameraden: "Räuberische Erpressung. Fünfzehn Jahre Zuchthaus..."(57)

Der Mordversuch an dem Minister Erzberger (157), der Mord an Rathenau (1922) mit dem unverhohlen antisemitischen Beigeschmack (90f), die Situation an den deutschen Gerichten nach dem Kapp-Putsch: all dies läßt Ottwalt Revue passieren und knüpft in vielen Motiven an seinen Erstling "Ruhe und Ordnung" an. (Dickmann hat in Jena studiert, beteiligt sich als Freikorpsmitglied am Kampf gegen die Arbeiter usw.)
Ottwalts zweites Buch endet so:

> Ja, Dickmann schließt die Augen. Er will jetzt schlafen.
> Der Lärm der großen Stadt braust fern und schwächer.
> Bald wird er ihn nicht mehr hören...
> In dieser Nacht sitzen fünfundvierzigtausend Gefangene in deutschen Gefängnissen und Zuchthäusern in Qual und Verlassenheit. Sie können nicht schlafen, lauschen auf den klappenden Schritt der Aufseher, die in den weiten Korridoren patrouillieren, und stieren auf den grellen Nebel der Bogenlampen, deren Schein ihr enges Grab mit hartem, bösem Licht erfüllt.
> Sie können nicht schlafen, weil in ihren Herzen der Haß wacht und die drohende Frage, warum das Unglück Verbrechen heißt.
> Sie starren sehnsüchtig auf das Schachbrett, das die Gitterstäbe aus dem freien Himmel schneiden. Drei Stäbe quer, sieben Stäbe hoch...
> Fünfundvierzigtausend.
> In dieser Nacht können ein paar tausend Frauen nicht schlafen. Mütter denken an ihre Söhne, Schwestern an ihre Brüder, Kämpferinnen an die Genossen...
> Vielleicht stöhnen viele jetzt vor sich hin, flüstern weinend einen Männernamen.
> Vielleicht schreit ein gefangener Mensch jetzt auf in irrer Qual...
> Dickmann gähnt. Dickmann will schlafen.
> Und tausende von deutschen Richtern werfen jetzt noch einen ruhigen Blick in das freundliche Dunkel ihres Zimmers und schlafen.
> Sie schlafen gut. Sie haben ein ruhiges Gewissen.
> Obwohl sie wissen, was sie tun. (403-404)

Man darf vermuten, daß Ottwalt dieses enorm faktenreiche Buch schreiben konnte, weil seine Frau, Waltraut Nicolas, Ende der 20er Jahre als Gerichtsberichterstatterin für die "Deutsche Allgemeine Zeitung" in Berlin Zugang zu den Prozessen hatte und sich mit Material ausreichend versorgen konnte.
Der Berner Literaturwissenschaftler Juerg Albrecht hat in einem bislang ungedruckten längeren Aufsatz über Ottwalt die

Formfrage in dem Justizroman untersucht. Ottwalt bediene sich nicht der traditionellen Form des Entwicklungsromans, obwohl auch sein Roman nicht ohne den Helden auskomme, der einen gewissen Werdegang durchmache. Mit bestimmten erzähltechnischen Mitteln unterbreche Ottwalt den Erzählfluß, womit es ihm gelinge,"die traditionellen Leseerwartungen nicht erfüllen zu müssen, die fraglose Identifizierung des Lesers mit dem Helden zu verhindern". Juerg Albrecht:

> Bereits die von Ottwalt gewählte Erzählperspektive schafft Distanz zwischen Autor und Figur, bzw. zwischen Figur und Leser: nicht die Ich-Form, die mit der formal gegebenen Einheit von Autor und Romanfigur dem Helden einen scheinbar höheren Grad an Realität und der Handlung den Anschein des 'echten Lebens' verleiht, sondern die Er-Form wird verwendet. Während das Ich von sich selbst erzählt, Handlung aus eigenem Antrieb vollzieht und auch von seinem Standpunkt aus beurteilt, ist das Er als Objekt auf ein bewegendes Subjekt angewiesen, auf den Autor. Aus dem Erzähler, der von sich selbst erzählt, ist ein Beobachter geworden, der Personen und Sachen beschreibt, aus dem Leser als Teilnehmer ein Leser als Zuschauer. (144)

Albrecht bezieht in seine Überlegungen bereits das "Problem Lukács" mit ein, das hier aus Raumgründen nicht weiter berücksichtigt werden kann. Albrechts treffende Analyse von Ottwalts Justizroman endet so:

> Ottwalts Buch - weder Roman noch Reportage - löst den Anspruch des Autors ein, dem Leser Einblick in den Charakter der deutschen Klassenjustiz zu verschaffen. Die neue Erzählmethode paßt sich sowohl dem erzählten Gegenstand wie auch dem didaktischen Zweck an: weder eine wissenschaftliche ökonomisch-politische Analyse eines Überbauphänomens noch eine fiktive Romanhandlung. Die Verbindung von Dokumentenmontage, fiktionaler Erzählung und Kommentar leistet neben der Beschreibung der Rechtspflege auch die Darstellung individueller Bewußtseinsbildung. Dem Leser wird emotionale Identifikation mit dem Helden wie auch unkritisches Nachvollziehen politischer Einsichten versagt. Die Widersprüche zwischen den einzelnen Realitätspartikeln verlangen nach Erklärung, und die Brüche zwischen den verschiedenen Erzählebenen zwingen den Leser zu immer neuen Stellungnahmen. (155)

Marianne Zeschel schreibt in einem Resümee ihrer bei Hans Mayer in Hannover in einem Seminar vorgelegten Arbeit "Der Schriftsteller Ernst Ottwalt. Literatur als Beitrag zum Klassenkampf":

> Dieser Justizroman offenbart das Recht als ideologischen Reflex bürgerlich-kapitalistischer Herrschaftsverhältnisse, er demonstriert, daß das Recht, das im Namen des Volkes gesprochen wird, real allein die Interessen der herrschenden Klasse repräsentiert.-
> Für den Leser ergibt sich als Fazit aus der Lektüre

dieses Buches zwingend die Erkenntnis, daß es in einer Klassengesellschaft kein objektives Recht geben kann, daß das Recht 'Klassenrecht' ist. (35)

Die offenbar 1972 geschriebene Analyse der Jungmarxistin Zeschel liest sich im übrigen erfreulich undogmatisch und ist genau in ihrer Analyse.

Wie wirkte der Justizroman nun auf die Zeitgenossen? Leider konnte ich bisher nur wenig Sekundärmaterial über das Buch auftreiben; die Ottwalt-Literatur kennt eine Reihe von Aufsätzen.

Eine sehr einfühlsame zeitgenössische Kritik findet sich in der "Literatur" (1931, S.342). Lutz Weltmann schreibt da über den "seit langem fälligen Roman der deutschen Justiz". Wenn Ottwalt darstelle, wie Richter Kommunisten wegen staatsfeindlicher Umtriebe verurteilen, die selbst nicht willens seien, die Republik zu schützen, "scheint er nur Parteimann zu sein". Aber Ottwalt bleibe nicht in der politischen Ebene, er sehe die Zusammenhänge "nicht flächig, sondern tief und verästelt". Es sei eine "dichterische Montage", wenn er die Geschlechtsnöte des jungen Landgerichtsrats in Pörgelau zeige und wie er sie als Mitglied der herrschenden Klasse befriedigen könne, während der ausgestoßene Landstreicher, den er zum Tode verurteilen werde, vertieren müsse und zum Lustmörder werde. Lutz Weltmann abschließend: "Ein durch seine Einfachheit zwingendes Buch, die darin aufgeführten Rechtsbeugungen sind dokumentarisch belegbar. Ottwalt hat aber jenen unerlernbaren Ton der Wahrheit, daß man ihm auch ohne Belege glauben würde."

Peter Panter (d.i.Kurt Tucholsky) schätzt das Buch in der "Weltbühne" v.2.2.32 "weniger als künstlerische Leistung denn als gute Hilfe im Kampf gegen diese Justiz". Was dem Rezensenten gefällt: "Dieser Jurist ist kein schwarzes Schwein, kein wilder Berserker, kein besonders bösartiger Mensch - er ist das Produkt von Erziehung, Kaste und System." Formal hat Tucholsky Einwände. Ohne Bosheit dürfe allen Autoren immer wieder die große französische Romanschule empfohlen werden: die Autoren "werden mir das hoffentlich nicht als Ästhetentum auslegen". Dennoch: "Ich bin für das Buch von Ottwalt und seine Verbreitung. Es geht uns alle an."

1932 führten Georg Lukács und Ottwalt in der "Linkskurve", dem Organ des Bundes Proletarisch-Revolutionärer Schriftsteller (BPRS), eine Diskussion über realistische Schreibtechniken, die, wie Marianne Zeschel schreibt, wesentlich um die Fragen der Entstehung künstlerischer Formen und ihrer Verwendbarkeit zur schöpferischen Reproduktion der Realität kreiste. Über diese Debatte ist bereits so häufig geschrieben worden, daß ich mich hier mit Verweisen begnüge.
Lukács' Artikel "Reportage oder Gestaltung?" erschien in Heft 7/8, 1932, der "Linkskurve". Ottwalts Entgegnung "'Tatsachenroman' und Formexperiment" folgte in Heft 10 und wurde nach 1945 mindestens dreimal, in Ost und West, wiederabgedruckt

(zuletzt in: Schriften, Berlin 1976); vgl. Bibliographie. Lukács replizierte dann noch einmal auf Ottwalt in Heft 11 der "Linkskurve", 1932: "Aus der Not eine Tugend".
Marianne Zeschel: "In der Zurückweisung des Experimentierens mit Tatsachenliteratur, in der Ablehnung neuer Darstellungsformen wie Montage, Verzicht auf Illusion, Wendung des Autors an den Leser mit Kommentaren skizziert Lukács seine am Roman des 19. Jahrhunderts orientierte Realismuskonzeption, die er später /.../ weiterausformulierte." (49)
Aus der Entgegnung von Ottwalt möchte ich folgenden Passus zitieren:

> Die proletarisch-revolutionäre Literatur ist nicht Selbstzweck, sondern sie soll die Wirklichkeit verändern helfen. Unsere Literatur hat nicht die Aufgabe, das Bewußtsein des Lesers zu stabilisieren, sondern sie will es verändern. Der größere oder geringere Grad dichterischer Gestaltung schlechthin kann also niemals das ausschließliche Kriterium der proletarisch-revolutionären Literatur sein. Nicht die schöpferische Methode ist Objekt der Analyse, sondern die funktionelle Bedeutung, die ein Buch in einer ganz bestimmten, von ganz bestimmten ökonomischen und politischen Einflüssen gebildeten Wirklichkeit hat.
> Wenn Lukács in seinem Artikel zu der Feststellung kommt, daß der Tatsachenroman, diejenige schöpferische Methode, deren sich etwa Schriftsteller wie Upton Sinclair, Sergej Tretjakow, Ehrenburg u.a. bedienen, als Formexperiment abzulehnen sei, dann zwingt ihn die absolute Vernachlässigung der Wirklichkeit dazu, die Begründung für diese Behauptung aus abstrakten literaturphilosophischen Theorien herzuholen, die zudem noch tatsächlich - nach der historischen Seite hin - anfechtbar sind. So gelangt Lukács letzten Endes zu der Feststellung, daß diese literarische Erscheinungsform wegen ihres - angeblich - kleinbürgerlichen Ursprungs a priori für die proletarisch-revolutionäre Literatur abzulehnen sei. (S.29/30 in: Schriften)

Bibliographie:

Helga Gallas: Marxistische Literaturtheorie. Kontroversen im Bund proletarisch-revolutionärer Schriftsteller. Neuwied 1971
Marianne Zeschel: Der Schriftsteller Ernst Ottwalt. Literatur als Beitrag zum Klassenkampf. Manuskript, Hannover 1972 (?)
Juerg Albrecht: (Über Ernst Ottwalt) Manuskript, Bern 1977

Marxismus und Literatur. Eine Dokumentation in 3 Bänden. Hrg. v. Fritz J. Raddatz, Reinbek 1969.
Elisabeth Simons: Zur Tätigkeit des Bundes proletarisch-revolutionärer Schriftsteller Deutschlands 1928-1933. Phil.Diss. Berlin (Ost) 1960.
Zur Tradition der sozialistischen Literatur in Deutschland. Eine Auswahl von Dokumenten. Berlin Weimar 1967

8. Kuhle Wampe

Folgt man Wolfgang Gersch und Werner Hecht, die 1971 für den Leipziger Reclam Verlag Filmprotokoll und Materialien zu "Kuhle Wampe oder Wem gehört die Welt" herausgaben, so ist das Filmprojekt erstmals am 8.7.1931 im "Film-Kurier" erwähnt worden. Im August 1931 sei das Drehbuch von Bertolt Brecht, Ernst Ottwald und Slatan Dudow beendet worden. Welchen Anteil Ottwalt an dem Drehbuch hatte, wird sich wohl nie mehr feststellen lassen, da ein geschriebenes, endgültiges Drehbuch zum Film nach Gersch/Hecht bisher nicht aufgefunden wurde. Überliefert jedoch sei eine Vorarbeit, die Gersch/Hecht als frühen Entwurf des Films bezeichnen. Das Typoskript vermerke keine Autorennamen, bemerken die Herausgeber. Brecht, Dudow und Ottwald werden als die vermutlichen Verfasser bezeichnet. Im Anschluß an diesen abgedruckten frühen Filmentwurf veröffentlichen Gersch/Hecht einige Texte von Brecht (aus den 30er Jahren), Hanns Eisler (1942) und Dudow (1962), wobei auffällt, daß Ottwalt darin nicht erwähnt wird - als sei er bei den Vorbereitungen zum Film nie dabeigewesen.
Wichtig wäre zu erfahren, was bei Brecht ("Kleiner Beitrag zum Thema Realismus",S.102-104 der Reclam-Ausgabe) der Jahresvermerk "30er Jahre" bedeutet. Vermutlich hat Brecht diesen Text nach dem November 1936 (Verhaftung Ottwalts in Moskau) geschrieben, also zu einer Zeit, da man über ein Opfer des Stalinismus nicht mehr sprechen wollte oder durfte. In einem anderen, Brecht zugeschriebenen Text über den Film (etwa 1932) findet sich Ottwald - offenbar als Mitverfasser neben Dudow, Höllering, Kaspar und Scharfenberg - am Ende des Manuskripts immerhin erwähnt.
Die Frage, die sich stellt: Ist der Name Ernst Ottwalts den Brecht, Dudow und Eisler nach 1936 unbequem geworden? Die frühe Mitarbeit Ottwalts an "Kuhle Wampe" bezeugen die Herausgeber der (sehr verdienstvollen) Reclam-Edition:
"Beide (Brecht und Dudow, AWM) nahmen Ernst Ottwald in die Arbeitsgruppe, denn er kannte das Milieu der Arbeitslosen detailliert, wie sein letzter Roman 'Denn sie wissen, was sie tun' gezeigt hatte." (201)
Ilse Bartels teilte in diesem Zusammenhang mit, daß ihr damals Dudow und Ottwalt das Manuskript zum Film in die Maschine diktiert hätten, und daß der Anteil Brechts an der Produktion des Films nicht so groß gewesen sei, wie allgemein angenommen werde.
Denselben Standpunkt vertrat Ernst Busch bei meinem Besuch am 30.4.74 in Ostberlin. Brechts Beitrag zum Film sei im Vergleich zu Ottwalt unbedeutend gewesen.
Demgegenüber teilte mir Werner Hecht am 6.2.75 telefonisch mit, daß Brechts Anteil an "Kuhle Wampe" doch größer gewesen sei als der Ottwalts am Film. Brechts Einfluß auf die Regie stelle sogar Dudows Tätigkeit in den Schatten. Dudow könne man als Brechts Regieassistenten bei dieser Produktion bezeichnen.

Unbemerkt blieb bisher, daß Ottwalt in einer kleinen Sequenz (in der Rolle des Staatsanwalts) als Komparse im Film auftrat.

Am 30.5.1932 wurde "Kuhle Wampe" im Berliner Filmtheater Atrium endlich für Deutschland aufgeführt, nachdem die Zensur den Film zweimal verboten hatte. Mitte Mai war der Film in Moskau gezeigt worden in Anwesenheit von Brecht und Dudow. Die Reaktion von Publikum und Presse soll in Moskau zurückhaltend gewesen sein. In Deutschland dagegen wurde "Kuhle Wampe" zu einem großen Erfolg.
In fast allen mir zugänglichen Besprechungen des Films steht Ottwalt stets im Schatten seines Freundes (?) und Mitkämpfers Brecht, obwohl beide immer gleichzeitig als Autoren genannt werden. "Der Film" v.2.4.32 nennt Brecht und Ottwalt "zwei bewährte und geschätzte Autoren"; "beide stehen links".

Das "8 Uhr-Abendblatt" v.13.4.32 zitiert einige "scharfe Formulierungen des Mitautors Ernst Ottwald" während einer Proteskundgebung der Deutschen Liga für Menschenrechte am 11.4. im Herrenhaus, auf der auch Arnheim, Olden, Ihering und Toller sprachen: "Man räumt den Dreck nicht weg, sondern verbietet, daß er photographiert wird." (soll Ottwalt gesagt haben)
Eine Woche später beteiligt sich Ottwalt erneut an einer Protestkundgebung, diesmal in den Sophiensälen, veranstaltet von der Neuen Filmgruppe, der Jungen Volksbühne und der Liga für unabhängigen Film. Thema der Diskussion: "Warum darf man im Tonfilm die Wahrheit nicht sagen?" Teilnehmer waren u.a. Brecht, Eisler, Dudow, Arnheim und Hans Rodenberg.
In der erwähnten Reclam-Ausgabe schreiben Gersch/Hecht auch über die formalen Elemente von "Kuhle Wampe", sodaß sich eine direkte Verbindungslinie zum 7. Kapitel dieses Buches ergibt.
Ein entscheidendes Ausdrucksmittel sei die Montage, die verfremdend, kontrapunktisch, mobilisierend eingesetzt sei. Der Film erzähle keine durchgehende Geschichte, sondern staffele einzelne Episoden, die deutlich voneinander getrennt seien, aber in einem direkten gedanklichen Zusammenhang stünden. Für diese Bauweise, schreiben Gersch/Hecht weiter, sei der sowjetische Film der Zeit anregend gewesen, der, von Eisenstein bis Ekk, auch auf die Montagetechnik, die soziale Motivierung, den Umgang mit dokumentarischem Material, die Typisierungen Einfluß ausgeübt habe.
"Die Montagen in 'Kuhle Wampe' analysieren dialektisch die Situation (Jagd nach Arbeit, Annis Vision, Mata-Hari-Story), und sie ermöglichen den politischen Appell im letzten Teil, der mit dem Zwischentitel 'Wem gehört die Welt?' überschrieben ist." (207)
Am 26.3.1933 wird "Kuhle Wampe" von den Nazis verboten. Im Februar 1934 läuft der Film in New York und im Sommer 1936 in Zürich.

1958 wird "Kuhle Wampe" in das Kinoprogramm der DDR aufgenommen. Der Film läuft von Zeit zu Zeit auch in westdeutschen Kinos. Ich selbst sah "Kuhle Wampe" am 16.12.73 im Westberliner Arsenal. Aus meinen damaligen Aufzeichnungen notiere ich:

"Kuhle Wampe" ist die Geschichte einer "mühsamen" Liebesbeziehung. Ein junges Mädchen, aus einer proletarischen Familie stammend (ihr Bruder stürzt sich aus dem Fenster, weil er arbeitslos ist), bekommt ein Kind von einem Arbeitslosen und will heiraten. Großes Besäufnis im Zeltdorf K.W. außerhalb Berlins. "Überlagerte" Montagen von Wort und Fakten damaliger sozialer Verhältnisse (Lebensmittelpreise). Landschaftsstilleben kontrastiert mit Worten des sozialen Aufruhrs. Auseinandersetzung in der S-Bahn mit der " Bourgeoisie".

Daten zu "Kuhle Wampe" = Vorspann zum Film:
Manuskript: Bertolt Brecht, Ernst Ottwald
Musik: Hanns Eisler
Regie: S.Th. Dudow
Produktionsleitung: Georg M. Höllering, Robert Scharfenberg
Kamera: Günther Krampf
Tonaufnahmen: Tobis Melofilm, System Tobis-Klangfilm
Tonmeister: Kroschke, Michelis
Tonschnitt: Peter Meyrowitz
Architekten: Robert Scharfenberg, C.P. Haacker
Musikalische Leitung: Josef Schmid
Orchester: Lewis Ruth
Hauptdarsteller: Hertha Thiele, Martha Wolter, Lilli Schönborn, Ernst Busch, Adolf Fischer, Max Sablotzki, Alfred Schäfer
Balladen: Helene Weigel, Ernst Busch
Weltvertrieb und Verleih Praesens Film GmbH Berlin SW 48

Bibliographie:

Kuhle Wampe oder Wem gehört die Welt? Filmprotokoll und Materialien. Hrg. v. Wolfgang Gersch und Werner Hecht. Leipzig 1971 (darin Kritiken u.a.v. Rudolf Arnheim, Herbert Ihering, Heinz Lüdecke, Bernhard von Brentano, Kurt London.- Texte v. Brecht, Dudow, Eisler, Krampf.- Bibliographie)

9. Deutschland erwache!

1932 veröffentlicht Ernst Ottwalt sein drittes Buch: "Deutschland erwache! Geschichte des Nationalsozialismus" Erstaunlicherweise nicht mehr bei Malik, sondern bei Hess & Co., Wien/Leipzig. Über dieses Verlagshaus konnte ich keine näheren Angaben bekommen. Weshalb verließ Ottwalt seinen Freund und Verleger Wieland Herzfelde? Liegt hier bereits der Zeitpunkt für die spätere Entfremdung zwischen den beiden?
In vier Teilen untersucht Ottwalt auf fast 400 Seiten Ursprung und Gegenwart der NSDAP: "Zur Biologie einer 'Arbeiterpartei'", "Bildnis eines Kleinbürgers", "Das Programm", "Der unsichtbare Nationalsozialismus". Aus dem Literaturverzeichnis geht hervor, daß sich Ottwalt u.a. mit folgenden Autoren auseinandersetzte: Adolf Bartels, Eugen Dühring, Dr. Joseph Goebbels, E.I. Gumbel, Hans Jäger, Adolf Hitler ("Mein Kampf"), Karl Kautsky, Leo Lania, Alfred Rosenberg. Ottwalt benutzte wohl die gesamte einschlägige Nazi-Literatur samt den ihm zur Verfügung stehenden Zeitschriften.
Kaum ein zweiter hat wohl so prophetisch den Weg Deutschlands in die Barbarei, in den Untergang vorausgesehen wie Ottwalt.
Daß er wegen dieses Buches einer von den Nazis am meisten gehaßten und nach 1933 von der Gestapo am meisten gesuchten Schriftsteller war, scheint heute kaum verwunderlich. Im Vorspann seines Buches, betitelt "Auf dem Wege zum fascistischen Deutschland", stellt Ottwalt die entscheidende Frage: "Kommt das Dritte Reich? Kommt die Diktatur?" Im September 1930 votierten sechseinhalb Millionen Deutsche für die Hitler-Partei. Ottwalt sieht das Ende der Demokratie kommen. "Taumel der Ratlosigkeit! Weltuntergangsstimmung über der deutschen Republik!"

> Das Erwachen hat nicht lange gedauert. Die Notverordnungen der Regierung Brüning vom 1. Dezember 1930 und vom 28. März 1931 haben das Budgetrecht des Reichstags faktisch aufgehoben. Sie haben weiter aufgehoben das Recht der freien Meinungsäußerung, die Unverletzbarkeit des Post-, Brief und Telephongeheimnisses, die Versammlungs- und die Vereinsfreiheit. Was ist geblieben von den Grundrechten der Deutschen, die in der Weimarer Verfassung verankert sind oder sein sollten? (9)

"Wenig oder nichts", ist Ottwalts Antwort. Aber noch immer nicht sei die Frage nach der Diktatur verstummt, noch immer nicht das große Rätselraten um den Nationalsozialismus, "jener phantastischen Erscheinung, die im Herbst 1930 über der deutschen Republik aufging wie ein Fanal der Apokalypse." (9-10)
Wie kann das kommen, fragt Ottwalt. Wie könne im Schock einer jähen Erkenntnis der deutsche Republikaner vergessen, daß die Diktatur längst kein fernes Zukunftsproblem mehr sei, "sondern platteste, alltäglichste Wirklichkeit?"
Ottwalt definiert den Nationalsozialismus:

> Der Nationalsozialismus ist eine der politischen Ausdrucksformen, unter der sich in Deutschland das Streben nach einem fascistischen Staats- und Wirtschaftssystem äußert, das als vorläufiges Endziel eine Epoche kapitalistischer Entwicklung abschließen soll... (11)

Ottwalt verfolgt weiter die Entwicklung vom Hochkapitalismus über den Konkurrenzkapitalismus zum Trustkapitalismus. Letzteres Entwicklungsstadium hätte zur Folge gehabt die Entpersönlichung des Unternehmertums, die Herausbildung eines kollektiven Kapitalismus, "der notwendigerweise nach einem veränderten politischen Ausdruck verlangte." Aber der Staat werde ja nicht mehr als die Verwirklichung einer sittlichen Idee gewertet, sondern mehr und mehr als das erkannt, was er sei: ein Instrument des Klassenkampfes, von der herrschenden Klasse zur Ausbeutung der unterdrückten Klasse geschaffen und benützt. In der Epoche des Konkurrenzkapitalismus, schreibt Ottwalt weiter, habe sich die demokratische Republik als diejenige Form erwiesen, "die die zweckmäßigste Anwendung dieses Klassenkampfinstruments gewährleistete. Der Übergang zum Trustkapitalismus mußte notwendi g seinen Ausdruck in einer veränderten Staatsform finden. Und das ist der Fascismus, in dem wir die dem Trustkapitalismus gemäßeste Staatsform erkennen." (13)
Im selben Vorspann wendet sich Ottwalt auch dem Kleinbürgertum zu.

> Es hat sich im Laufe der Weltgeschichte erwiesen, daß das Kleinbürgertum - als eine wenig scharf umrissene Schicht, die zwischen den Interessen zweier Klassen allmählich zerrieben wird - unfähig ist, eigene revolutionäre Energien zur Befreiung seiner Klasse herauszubilden. Jeder Versuch einer Revolutionierung des Kleinbürgertums in bewußtem Gegensatz zur revolutionären Aktion des Proletariats muß zwangsläufig dazu führen, daß die Revolutionierung des Kleinbürgertums bei der Vertretung der Interessen der herrschenden Klasse endet. (14)

Also will Ottwalt Einsicht in die Bedeutung ökonomischer Zusammenhänge vermitteln. "Wenn wir den Nationalsozialismus zu erkennen suchen als den Prozeß der Revolutionierung des Kleinbürgertums mit dem Ziel des Fascismus, so bedarf dieser Standpunkt auch heute noch eingehender Begründung." (14-15)

Gerade diese Argumentation wird in der Arbeit von Marianne Zeschel kritisiert. Ottwalts angebliche Fehleinschätzung der historischen Rolle der nationalsozialistischen Bewegung in der deutschen Politik blieb, so die Zeschel, unbestritten von der zeitgenössischen Kritik. M. Zeschel erwähnt Stellungnahmen in der "Roten Fahne" zu Ottwalts Buch.

> Kritisiert wird in diesen Artikeln die unzureichende ökonomische Analyse des nationalsozialistischen Wirtschaftsprogramms ("Rote Fahne" 18/1932) - wenngleich es Ottwalt auch gelungen ist, in seiner Darstellung die völlige Ungereimtheit des Urprogramms

der NSDAP und seiner späteren Interpretationen nachzuweisen. Außerdem wird Ottwalts Darstellung der Sozialdemokratie kritisiert, die nicht von der in der KPD propagierten "Sozialfaschismus"-Theorie ausging, sowie Ottwalts undifferenziertes Bild vom Kleinbürgertum, das in der Behauptung, die Revolutionierung des Kleinbürgertums ende zwangsläufig im Faschismus, eine revolutionäre Bündnispolitik der KPD gegenüber kleinbürgerlichen Schichten ausschloß. ("Rote Fahne" 7/1932) (62)

Vielleicht scheiterte auch in diesem Zusammenhang die Veröffentlichung des Buches im Malik Verlag. Mochte Wieland Herzfelde politische Thesen, die mit der KPD nicht hundertprozentig übereinstimmten, nicht publizieren?

Die Rezeptionsgeschichte des Buches war und ist in mancher Hinsicht beachtlich. Johannes R. Becher schätzte die Situation offenbar sehr realistisch ein, wenn er in seinem "Bericht über eine Reise nach Prag, Zürich und Paris" im November 1934 schreibt, "daß von allen antifaschistischen Schriften bei der nationalsozialistischen Studentenschaft einzig und allein (Ottwalts Buch) gegen den Nationalsozialismus gelesen wird und auf Grund seines Tones eine außerordentlich gute Wirkung in unserem Sinne hat." Aus diesem Grunde schlägt Becher vor, Ottwalt ins Saargebiet zu schicken.
(Bechers Bericht ist u.a. abgedruckt in: H.L.Arnold (Hrg.), Deutsche Literatur im Exil 1933-1945, Bd.1, Frankfurt 1974, vgl.S.55)

In seinem Ottwalt-Aufsatz hat Alfred Kantorowicz darauf hingewiesen, daß der Hauptankläger der Sowjetunion bei den Nürnberger Kriegsverbrecherprozessen, Rudenko, aus Ottwalts "Deutschland erwache!" zitiert hat. Kantorowicz' Kommentar zu diesem einmaligen Vorgang: "...diese Paradoxie gehört mitten ins Bild einer bis zur äußersten Übersteigerung verworrenen Epoche, in der sich Unrecht von gestern mit Unrecht von heute unauflöslich verschränkt. So wurde Ernst Ottwalt als Kronzeuge der Anklage /gegen die Nazis, AWM/ aufgerufen, obwohl er bereits zum Opfer derer geworden war, die das Unrecht anderer anklagten." (172)

In Kopie aus der Bibliothek des Norddeutschen Rundfunks in Hamburg erhielt ich am 28.9.74 von dem Hamburger Publizisten Bernt Richter die Ottwalt betreffenden Passagen aus "Der Prozeß gegen die Hauptkriegsverbrecher vor dem Internationalen Militärgerichtshof", Nürnberg 1947.
Auf S. 173 dieser Dokumentation findet sich, datiert 8.2.46, folgendes Ottwalt-Zitat:

> "Wir wollen", sagte Hitler, "die Auswahl einer neuen Herrenschicht treffen, der Mitleid fremd ist; eine Schicht, die erkennen wird, daß sie, auf Grund ihrer besseren Rasse, das Recht hat, zu herrschen, eine Schicht, die ohne Schwanken ihre Herrschaft erringen und behaupten können wird."
> Ernst Ottwal<u>d</u>, "Deutschland erwache" 1932, S. 353

Schlägt man die entsprechende Seite in Ottwalts Buch auf, liest sich die oben zitierte Stelle wirklich:

> "/.../Wir wollen eine Auswahl der neuen Herrenschicht, die nicht ... von irgend einer Mitleidsmoral getrieben wird, sondern die sich darüber klar ist, daß sie auf Grund ihrer besseren Rasse das Recht hat zu herrschen, und die diese Herrschaft über die breite Masse rücksichtslos aufrecht erhält und sichert."
> Der so spricht, heißt Adolf Hitler...

Man geht wohl nicht fehl in der Annahme, daß die Unterschiedlichkeit der beiden Zitate auf Interpretations- bzw. Übersetzungsschwierigkeiten oder -fehlern beruht. Vermutlich hat sich Roman Rudenko (Ende Juli 1974 ist der sowjetische Generalstaatsanwalt im Alter von 67 Jahren pension iert worden) das Ottwalt-Zitat ins Russische übersetzen lassen, und aus dem Russischen ist es dann in Nürnberg wieder ins Deutsche zurückübersetzt worden.
Von Bernt Richter stammt auch der gravierende Hinweis, daß der vor dem Nürnberger Tribunal zitierte Ottwalt nicht im Namensregister am Ende des Dokumentationsbandes auftaucht. (vgl.S.350) Eine politisch motivierte Zurücknahme eines Stalin-Opfers seitens der Sowjets oder technische Schlamperei?

Durch Bernt Richter erfuhr ich ferner, daß Ottwalts Bücher 1964 und 1965 vom Rowohlt-Lektorat (damals noch unter Fritz J. Raddatz) begutachtet wurden. Ilse Bartels unternahm in dieser Zeit einen ersten Publikationsversuch. Am 27.9.74 schrieb mir Richter, daß er "heute Argumente und Folgerungen meines damaligen Votums nicht mehr aufrechterhalten könnte". Während Richter bei "Ruhe und Ordnung" einen "starken Vorbehalt" geltend machte und sogar für eine Publikation von Ottwalts Justizroman votierte, lehnte er am 14.12.65 Ottwalts Antinazibuch für eine Veröffentlichung im Rowohlt Verlag ab.
In Richters Ablehnung heißt es:

> Eine eifervolle politische Streitschrift gegen den zur Macht drängenden Nationalsozialismus, teils als historisch-genetische Darstellung, teils als aktuelle politische Analyse aufgemacht. Ein von Wertungen strotzender, zu viel Aggressionen unfreiwillig ausdrückender Versuch, zu warnen und aufzuklären./.../
> Dieses Buch läßt in mehrfacher Hinsicht Ökonomie, Übersicht und die methodische Einsicht vermissen, daß geringerer Aufwand oft größere Wirkung erzeugt.

Soweit Bernt Richter 1965. Am 17.11.74 brachte der Sender Freies Berlin ein Ottwalt-Porträt Richters mit dem Titel "Ein kritischer Chronist des deutschen juste milieus", in dem - ohne negative Akzente - auch über "Deutschland erwache!" berichtet wurde.

Erst 1975 konnte Ottwalts "Deutschland erwache!" erneut der Öffentlichkeit vorgelegt werden. In meinem Verlag europäische ideen brachte ich das Buch in einer bescheidenen Auflage als Reprint der Wiener Ausgabe von 1932 heraus. Die Vorlage schickte mir der in Frankfurt Lebende Uraltspartakist Karl Retzlaw, nachdem ich in einer einzigen Bücherei in Berlin (der Stadtbücherei Neukölln) ein Exemplar der selten vorhandenen Ausgabe ausfindig machen konnte.
Aufgrund dieser Ausgabe sind 1975 einige verstreute Pressehinweise in folgenden Zeitungen erschienen: Badische Zeitung, Tages-Anzeiger (Zürich), Allgemeine (Düsseldorf), Luxemburger Wort, Basler Nachrichten, Nürnberger Nachrichten, Die Tat (Zürich), Westdeutsche Allgemeine, Spandauer Volksblatt.
Die "Zeit" brachte im Februar 1976 einen Minihinweis. Anzeigen für dieses Buch schaltete ich im "Tagesspiegel", "Börsenblatt", "Wiener Tagebuch" und in einigen anderen Zeitschriften - selbstverständlich nicht genug, um eine breite Öffentlichkeit für das Ottwalt-Buch zu interessieren.

Längere Besprechungen brachten (von B.Richter abgesehen) bis heute lediglich der Hessische Rundfunk am 30.3.76 (Franz Schonauer), die Frankfurter "Tat" am 23.1.76 (unsigniert) und die "Nürnberger Nachrichten" (9.6.76) bzw. "Basler Nachrichten" (13.6.76). Autor in beiden Zeitungen ist Heinz Ludwig Arnold, dessen NN-Kritik ich in den Anhang der 2. Auflage des Buches 1977 übernahm.

Nach der Lektüre des Buches will Arnold "gar nicht glauben", daß das Buch bereits 1932 geschrieben wurde: "so hellsichtig, so anschaulich, so konsequent analysiert und beschreibt Ottwalt den Nationalsozialismus..."

> Es verwundert, daß Ottwalts Analyse des Nationalsozialismus nicht schon eher neu aufgelegt wurde, und es verwundert wiederum nicht, denn Ottwalt ist Kommunist. Doch seine Untersuchung bleibt frei von ideologischer Blindheit, er arbeitet nicht deduktiv, sondern leitet seine Ergebnisse und Schlußfolgerungen aus der Geschichte des Nationalsozialismus ab und fundiert sie mit einem außergewöhnlich guten Kapitel über die Wurzeln des Antisemitismus im 19. Jahrhundert und im deutschen Kaiserreich. Dieses umfangreiche erste Kapitel "Der Antisemitismus in Deutschland" gehört zum besten, was je zu diesem Thema anschaulich vermittelt wurde.

In den größeren überregionalen Zeitungen der Bundesrepublik ist Ottwalts Buch bisher nicht besprochen worden.

10. 1933: Illegalität, Flucht, Exil

Die Nachweise über Ottwalts öffentliches Wirken in Deutschland 1932 sind spärlich. Einiges hat die Berliner Zeitschrift "Die Weltbühne" festgehalten. Am 1.2.32 meldet sie, daß Ottwalt neben Alfred Apfel, Günther Grzimek, Oberstaatsanwalt Köhler, Carl Misch, Rudolf Olden, Landgerichtsdirektor Siegert, Justizrat Werthauer und Peter Wittkowski im Langenbeck-Virchow-Haus, Luisenstr. 58, auf einer Veranstaltung der Deutschen Liga für Menschenrechte auftreten werde. Thema: "Politische Prozesse und politische Verfahren".

Die Zeit zwischen dem Oktober 1932 (Entgegnung auf Lukács in der Linkskurve) und dem September 1933 ("Die Generalversammlung", Abdruck in den "Neuen Deutschen Blättern", Prag) bleibt ziemlich im Dunkeln. Es gibt kaum nennenswerte Nachweise über Ottwalts Aktivitäten in diesem Zeitraum. Ottwalt soll Ende 1932 noch bei einer Großveranstaltung in Berlin aufgetreten sein.

Mit wem Ottwalt während der Machtergreifung der Nazis und während der hektischen Phase in der Zeit des Reichstagsbrandes (Ende Februar 1933) Kontakt hatte, ist bis heute ungeklärt. Daß er mit Genossen der KPD zutun hatte, scheint sicher, aber genaue Anhaltspunkte fehlen.
Nach einem Bericht der Ottwalt-Schwägerin, Ilse Bartels wagten sich Ottwalt und seine Frau Waltraut nach dem Reichstagsbrand nicht mehr in ihre Wohnung in der Brückenallee 31 (Moabit) zurück, sondern sie übernachteten bei der ältesten Schwester von Waltraut, Li, in Kleinmachnow. Ottwalt wußte durch die Warnung eines mit ihm entfernt verwandten SA-Mannes, daß er auf der schwarzen Liste des SA-Sturmes seiner Wohngegend stand.
Ilse Bartels ging unmittelbar nach dem Reichstagsbrand in Ottwalts Moabiter Wohnung und fand sie "vollkommen durchwühlt, in einem chaotischen Zustand". Sie ist dann in den folgenden Tagen noch einige Male dort hingegangen, vor allem um nach Post zu sehen. In Ottwalts Briefkasten waren verschiedene Zettel von Bekannten, die versucht hatten, Ottwalt zu erreichen. Ilse Bartels: "Ich weiß nicht mehr, bei wie vielen Menschen Ottwalts in diesen Wochen Unterschlupf gefunden haben. Sie wechselten jedenfalls oft das Quartier, um andere nicht zu sehr zu gefährden und um selber sicherer zu sein. Am häufigsten haben sie wohl in Kleinmachnow gewohnt." (Brief an mich 28.6.73)
In ihrem Buch "Viele tausend Tage" schreibt Waltraut Nicolas: "Illegale Quartiere, jeden Tag ein anderes, so schwer zu finden waren sie, keiner wagte ihn mehr aufzunehmen." (S.24)
Wilhelm Sternfeld wagte es. In einem Brief an Waltraut Nicolas schreibt Sternfeld am 29.1.59: "Ich habe niemals einen Hehl daraus gemacht, einmal zum Kommunismus gehört und Menschen wie Ernst Ottwalt, Günther Weisenborn und Wilhelm Necker in den

mir zur Verfügung stehenden Amtsräumen der halbstaatlichen Gemeinnützigen Siedlungs-Treuhand-Gesellschaft in der Ranke-Straße versteckt gehalten zu haben und einigen anderen es ermöglicht zu haben, den Weg über die Grenze zu finden." Und in einem anderen Brief, an Ilse Bartels (1.12.65), bekennt Sternfeld: "Ilse, ich werde nie vergessen, daß, als ich zum ersten Mal die Wohnung der kommunistischen Freunde Ernst und Traute betrat, ich im Vorzimmer die alte dreihundertjährige Bibel liegen sah. Dieses Buch gab mir damals Vertrauen in die Charaktere beider." (In der von Wilhelm Sternfeld und Eva Tiedemann 1962 bei Lambert-Schneider, Heidelberg-Darmstadt, herausgegebenen Bio-Bibliographie "Deutsche Exil-Literatur 1933-1945" findet sich auch ein (unvollständiges Kapitel) über Ottwalt.)

Am 26. April 1933 veröffentlichte die zum Hugenberg-Konzern gehörende Berliner "Nachtausgabe" eine Liste "verbrennungswürdiger" Bücher. Nach Walter A. Berendsohns Angaben wurde dabei auch der Name Ottwalts genannt (in der Falschschreibung: Ostwaldt).
(vgl.HA Walter, Deutsche Exilliteratur, Bd.1, S.192)

Die Bücherverbrennung durch die Nazis am 10. Mai 1933 auf dem Berliner Opernplatz hat Ottwalt vielleicht noch direkt miterlebt. Auch seine Bücher wurden, wie mehrere Quellen belegen, den Flammen zum Fraß übergeben. Zuvor schon waren sie aus den Bibliotheken und Buchhandlungen entfernt worden. In einer ihrer letzten Ausgaben, am 14.2.33 auf S.256, berichtete die Berliner Zeitschrift "Die Weltbühne", daß der nationalsozialistische Bürgermeister von Dessau die Bücher von Hölz, Kästner, Ottwalt, Remarque, Trotzki und Turek aus der städtischen Bücherei entfernen ließ.
Noch am 28.2.33, in ihrer vorletzten Ausgabe im Dritten Reich, bat die "Weltbühne" auf S.324/25 ihre Leser per Inserat des Malik-Verlags: "Lest OTTWALT".

Im Juni 1933 schreibt W.V. (d.i. Will Vesper) in der Zeitschrift "Die Neue Literatur":

> Wie die Presse meldet, erklärt sich "Der Vorstand des Börsenvereins der Deutschen Buchhändler mit der Reichsleitung des Kampfbundes für deutsche Kultur und der Zentralstelle für das deutsche Bibliothekwesen darin einig, daß die zwölf Schriftsteller Lion Feuchtwanger, Ernst Glaeser, Arthur Holitscher, Alfred Kerr, Egon Erwin Kisch, Emil Ludwig, Heinrich Mann, Ernst Ottwalt, Theodor Plivier, Erich Maria Remarque, Kurt Tucholsky (alias Theobald Tiger=Peter Panter=Ignaz Wrobel=Kaspar Hauser), Arnold Zweig für das deutsche Ansehen als schädigend zu erachten sind. Der Vorstand erwartet, daß der Buchhandel die Werke dieser Schriftsteller nicht weiter verbreitet."

Ottwalt wurde, wie oben schon berichtet, von der SA gesucht. In ihrem Buch berichtet Waltraut Nicolas über ihre Begegnung mit dem 18jährigen "hübschen und harmlosen" SA-Burschen im

Schöneberger Park, der Ottwalt heimlich bewundert haben soll. Die SA hätte ihn beauftragt, Ottwalt zu verhaften. Waltraut Nicolas zitiert den SA-Jungen:

> "Sie finden jeden, und er ist viel zu bekannt. Das kann schlimm für ihn ausgehen, denn natürlich haben sie eine Wut auf ihn wegen der Sachen, die er über den Führer geschrieben hat. Wenn ich es mir richtig überlege, wäre es noch das Beste für ihn, sich von mir verhaften zu lassen. Dann käme er nämlich in unsere Kaserne am Kreuzberg, und dort haben sie schon seit drei Wochen keinen mehr g a n z tot geschlagen." (S.24-25)

Dieses Gespräch müßte Ende Mai/Anfang Juni 1933 geführt worden sein.
Ottwalts Vetter F. Mattenklott stützt durch seinen Bericht die obige Darstellung.
Danach wurde Ottwalt von einem Halbbruder Mattenklotts, der damals bei den Feldjägern (einer SA-Sondertruppe) diente, gewarnt: Werner Mattenklott kannte Ottwalt (zum Glück) persönlich. Für Ottwalt war die Warnung das Signal, in den Untergrund zu gehen. Die Familie Bartels hat Werner Mattenklott dies "später sehr gedankt".
Am 9.11.73 kam ich mit Werner Mattenklott (der in Hannover lebt) in fernmündlichen Kontakt. Er hat mir gegenüber diese Episode weder bestätigt noch dementiert. Ich hakte nach, zwei Briefe an ihn wurden nicht beantwortet. Im letzten Ferngespräch bat er mich, ihn in Ruhe zu lassen.

Wann haben die Ottwalts Deutschland verlassen? Ilse Bartels berichtet, daß die Ottwalts ungefähr drei Wochen nach dem Reichstagsbrand per Bahn nach Kopenhagen gefahren seien, nachdem sie einen Brief von Helene Weigel erhielten. Brechts seien sofort nach dem Reichstagsbrand zu Karin Michaelis nach Thurø gefahren. "Dort ist Ottwalt mit seiner Frau bis zum Herbst 1933 geblieben (ich habe sie im Sommer dort besucht), und ist dann nach Prag übersiedelt, weil er dort bessere Möglichkeiten für seine Arbeit fand, einmal für seine schriftstellerische Arbeit, aber auch für die Parteiarbeit, denn man versuchte ja auf allen möglichen Wegen mit den deutschen Genossen im Lande in Verbindung zu bleiben." (Brief an mich 28.6.73)
In ihrem Buch "Viele tausend Tage" erzählt Waltraut Nicolas, wie sie, noch in Deutschland, einen Brief aus der Schweiz von einer unbekannten Tante Helene erhielt. Darin wurde mitgeteilt, daß der Tante die Krankheit der kleinen Erna Sorgen mache, aber hoffentlich könne Luftveränderung doch baldige Heilung bewirken. Bis dahin könnte gewiß das reizende Kinderbuch von Karin Michaelis "Die grüne Insel" dem Kind die Langeweile vertreiben. Und auf ein baldiges Wiedersehen freue sich "Deine Tante Helene". Waltraut Nicolas:

> Später lernten wir es selber, solche harmlosen und anscheinend nichtssagenden Tantenbriefe nach Deutsch-

> land zu schreiben, um gefährdeten Freunden eine dringende Nachricht zukommen zu lassen. Dies war die erste solcher getarnten Mitteilungen, die ich empfing, und es dauerte eine Weile, bis ich begriff, daß mit dem erkrankten Kinde Erna nur Ernst gemeint sein konnte. Tante Helene - das könnte die Schauspielerin Helene Weigel sein, die Frau von Bert Brecht. (187-188)

Waltraut Nicolas kaufte sich das Kinderbuch von Karin Michaelis in einer Buchhandlung in der Leipziger Straße. Es war illustriert mit Bildern und einer bunten Landkarte der dänischen Insel Thurø, auf der die Erzählerin wohnte. Dann entschlossen sich die Ottwalts, obwohl sie kaum etwas Genaues wußten, auf die grüne Insel zu fahren.

> Unauffällig, heimlich bereiteten wir die Reise vor; getrennt gingen wir an einem Sonntagmorgen zum Bahnhof. Bis zur letzten Minute war ich in Todesangst: Würde es gut gehen? Ernst kam spät; er sah abgespannt aus, aber er war ruhig wie immer. Erst als Berlin hinter uns lag, wurde auch ich ruhiger. "Wollen wir Kaffee trinken?" fragt er.
> Der Speisewagen war noch leer, wir waren allein. Und da erzählte er mir, was an diesem Morgen geschehen war. Auf Umwegen, durch unbelebte kleine Straßen war er zum Bahnhof gegangen. Als er wieder in solch eine Seitenstraße einbog, hörte er Schritte hinter sich, feste Schritte wie von Militärstiefeln. Im Schrägspiegel eines Schaufensters sah er die Uniform - und dann erkannte er den, der sie trug: es war der junge SA-Mann, der den Auftrag hatte, ihn zu verhaften. (188)

Waltraut Nicolas läßt ihren Mann weitererzählen. Ottwalt klebte abwartend an einem Schaufenster, er fühlte bereits die Hand auf seiner Schulter, doch dann ging der junge SA-Mann vorüber. Ottwalt wußte nicht, ob der SA-Mann ihn nicht erkannt hat oder ob er ihn vielleicht nicht erkennen wollte.

"Wie ein Alptraum lagen die Tage der Angst hinter uns, als wir die grüne Insel erreichten", schreibt Waltraut Nicolas (189). Die Ottwalts konnten kein Wort dänisch, aber den Namen Karin Michaelis kannten alle, die den Ottwalts den Weg zeigten. Dann empfing die beiden Emigrierten Karin Michaelis "mit lachendem Gesicht, mit mütterlich ausgebreiteten Armen".
Sind die Ottwalts tatsächlich bereits drei Wochen nach dem Reichstagsbrand nach Dänemark gefahren, wie sich Ilse Bartels erinnerte? Wären die Ottwalts so früh gefahren, müßten die Begegnungen mit dem jungen SA-Mann noch in den März 1933 datiert werden.
Aus einem Schreiben der Preußischen Geheimen Staatspolizei v. 9.9.35 geht hervor, daß die Ottwalts am 5.4.33 zur Abmeldung ihrer Berliner Wohnung in der Brückenallee gelangten. Was natürlich nicht bedeuten muß, daß sich die Ottwalts

zu diesem Zeitpunkt noch in Berlin aufhielten.
Li Loebell (die Mutter oder Stiefmutter des Schriftstellers Hans Christoph Buch) teilt mir am 10.6.74 mit, daß sie Ottwalt zuletzt in dem Ostseebad Ahrenshoop erlebte, als Ottwalt im Begriff gewesen sei, Deutschland zu verlassen. Fritz Wegscheider, der Besitzer der "Bunten Stube" in Ahrenshoop, dürfte Ottwalt in dieser Zeit gekannt haben. (Mein Brief auf die Insel Rügen blieb unbeantwortet.)
Ahrenshoop war nach Aussage von Li Loebell d e r Treffpunkt der Künstler und Intellektuellen und alle seien Fritz Wegscheider bekannt. Nach Li Loebell mußte Ottwalt Ahrenshoop "bei Nacht und Nebel" verlassen.
Ob dies ein längerer Zwischenaufenthalt war, ist also nicht zu klären. Vielleicht verbrachten die Ottwalts die Monate April und Mai an der Ostsee, um dann im Juni auf die Insel von Karin Michaelis überzusetzen. Hans-Albert Walter ("Deutsche Exilliteratur 1933-1950, Bd. 1, S.230) schreibt, daß bei Ottwalt für Mitte Juni ein Aufenthalt in Dänemark nachgewiesen sei.
Bei ihrer Flucht aus Nazideutschland hatten die Ottwalts Bücherkisten zurücklassen müssen, die den Krieg offenbar überstanden haben, da Waltraut Nicolas später in ihnen alte Manuskripte ihres Mannes fand, darunter nie veröffentlichte Sonette.

Die Geheimpolizei der Nazis war nach 1933 nicht untätig geblieben. Ottwalt war vor allem wegen seines Buches "Deutschland erwache!" einer der bestgehaßten Schriftsteller der Weimarer Epoche. Dies bekam Waltraut Nicolas zu spüren, als sie nach 1941, nach der Austauschaktion politischer Gefangener NKWD/Gestapo, Recherchen nach ihrem Mann anstellte, der seit 1936 in stalinistischer Haft sich befand. Über ihren Mann wisse man Bescheid. Er habe mit seinem Buch "über die Geschichte unserer Bewegung in unverantwortlicher Weise den Führer beleidigt". Es seien noch manche Deutsche in Rußland, "die würdiger sind, daß wir uns einsetzen für sie. Für Ihren Mann können wir nichts tun." ("Viele tausend Tage" S.44)
Aus den Dokumenten, die mir das Bonner Auswärtige Amt am 22.5.74 einsandte, sind einige Aktivitäten der Nazis gegen Ottwalt überliefert.
Mit den Ermittlungen gegen Ernst Ottwalt bzw. Ernst Gottwald Nicolas tat sich die Preußische Geheime Staatspolizei relativ schwer, wohl auch deshalb, weil die Deutschen (im Gegensatz zu den Russen etwa) exakt arbeiten wollten. Mit Schreiben v. 9.9.35 teilt die Gestapo dem Herrn Reichs- und Preußischen Minister des Innern in Berlin NW 40 (Kopie ans Auswärtige Amt) mit, daß die Ermittlungen über Ottwalts Staatsangehörigkeit noch nicht zum Abschluß gelangt seien. Immerhin hat man festgestellt, daß Ottwalt "nach dem nunmehr vorliegenden Ermittlungsergebnis" das Pseudonym für den Schriftsteller und Journalisten Ernst Gottwald Nicolas sei. Nicolas alias Ottwald gelangte, so die Ermittlung weiter, am 5.4.33 zusammen mit seiner Ehefrau Waltraut, geb. Bartels, gesch. Mattenklott, zur Abmeldung. Zuletzt sei Ottwalt in Berlin, Brückenallee 31,

polizeilich gemeldet gewesen. Weiter sei festgestellt worden, daß N. Mitarbeiter an den Emigrantenblättern "Prager Gegenangriff", "Neue Deutsche Blätter", "Die Neue Weltbühne" und bei dem Kommunistischen Malik-Verlage sei.
Am 29.10.35 teilt das Auswärtige Amt in Berlin abschriftlich der Deutschen Gesandtschaft in Prag (Mit Kurier) mit, daß Ottwalt zu den Mitunterzeichnern des Aufrufs an die Saarländer, für den "status quo" zu stimmen, gehöre (wie eine Anlage informiert).
Am 20.12.35 teilt die Deutsche Gesandtschaft in Prag u.a. dem Auswärtigen Amt in Berlin mit, daß gegen die Ausbürgerung Nicolas/Ottwalts "seitens der Gesandtschaft keine Bedenken" vorlägen. Die Nachforschungen nach dem Aufenthalt des Nicolas in Prag hätten bisher zu keinem Ergebnis geführt. Direkte Anfragen an die hiesige Polizeidirektion könnten nur in sehr wichtigen oder in nicht auffallenden Fällen erfolgen. "Eine Reihe von Anfragen, die sich auf Mitarbeiter hiesiger Emigrantenblätter beziehen, wäre geeignet, Mißtrauen der Polizeidirektion gegenüber Anfragen der Deutschen Gesandtschaft hervorzurufen."
Am 8.1.36 stimmt das Auswärtige Amt der Ausbürgerung des Ernst Gottwald Nicolas "unter der Voraussetzung der einwandfreien Feststellung der Personengleichheit des Genannten mit 'Ernst Ottwalt' " zu. (Schreiben an das Reichs- und Preuß. Ministerium des Innern)

Unter dem 23.6.36 teilt der Reichs- und Preußische Minister des Innern dem Auswärtigen Amt mit (nach über fünf Monaten Verzug! daher "Eilt!"), daß er Nicolas "in die nächste Ausbürgerungsliste aufnehmen" werde. gez. Hering. Wie aus den vorgelegten Akten des Preußischen Geheimen Staatspolizeiamts hervorgehe, heißt es im selben Schreiben, beruhten die Feststellungen über die Personengleichheit des Nicolas mit Ottwalt auf Meldungen von Vertrauensleuten des Preußischen Geheimen Staatspolizeiamts, die als "durchaus zuverlässig" bekannt seien und "übereinstimmend ,(unterstrichen, AWM)und zwar unabhängig voneinander", berichtet hätten.
Man erachte daher die Personengleichheit Nicolas-Ottwalt "als hinreichend nachgewiesen" und die Ausbürgerung im vorliegenden Falle "für geboten".

Am 28. Juli 1936 verteilt das Auswärtige Amt unter der Nr. 83-76 22/7 "In Abschrift den deutschen diplomatischen und berufskonsularischen Vertretungen im Anschluß an den Erlaß vom 5. März d.J. - 83-76 29/2 - zur Kenntnis" die jüngste Ausbürgerungsliste, auf der an 11. Stelle steht: Nicolas, Ernst Gottwald (Ernst Ottwaldt), geboren am 13.11.1901.- In dem Schreiben des AA v. 28.7.36 heißt es, daß "bei sich bietender Gelegenheit" den Betroffenen die in ihren Händen befindlichen Pässe abzunehmen seien. "Die Gewährung deutschen Schutzes kommt selbstverständlich nicht mehr in Frage. Im Auftrag" (Unterschrift unleserlich).

Die eigentliche Ausbürgerungsliste stammt aus dem "Deutschen Reichsanzeiger und Preußischen Staatsanzeiger" Nr. 171 v. 25.7.36, wo es unter "Bekanntmachung" wörtlich heißt:

> Auf Grund des § 2 des Gesetzes über den Widerruf von Einbürgerungen und die Aberkennung der deutschen Staatsangehörigkeit vom 14. Juli 1933 (Reichsgesetzbl. I S.480) erkläre ich im Einvernehmen mit dem Herrn Reichsminister des Auswärtigen folgende Reichsangehörige der deutschen Reichsangehörigkeit für verlustig, weil sie durch ein Verhalten, das gegen die Pflicht zur Treue gegen Reich und Volk verstößt, die deutschen Belange geschädigt haben:

Es folgt die Liste mit den Namen. Neben Ottwalt werden im Juli 1936 u.a. ausgebürgert: Walter Berendsohn, Franz Dahlem, Hans Günther, Meta Kraus-Fessel. (Die mir vom Bonner AA zur Verfügung gestellte Liste bricht beim 15. Namen ab.)

Die Nachricht von seiner Ausbürgerung dürfte Ottwalt also in Moskau erreicht haben, wenige Wochen nur vor seiner Verhaftung durch den NKWD. Durch die zusammenhängende Darstellung der Naziakten habe ich in der Chronologie von Ottwalts Wirken in der Emigration bereits einen kleinen Sprung getan.
Das AA gab mir am 22.5.74 den Hinweis, daß man im Institut für Zeitgeschichte, 8 München 19, Leonrodstr. 46b, weiterforschen könnte.- Das Bundesarchiv in Koblenz schrieb mir am 13.3.74, daß man nur über geringfügige Unterlagen zu Ottwalt verfüge.

> In Sachakten der Reichskulturkammer taucht einmal der Name Ottwalts in einer vom Kampfbund für Deutsche Kultur im Juli 1933 erstellten Liste von aus dem Buchhandel auszuscheidender Literatur mit folgender Charakterisierung auf: "Kommunist von betont antinationaler Haltung, der seinen zersetzenden Hohn besonders an der deutschen Rechtspflege übt" (Quelle: R 56 V/70). Er wird aber auch bei der Vorbereitung von Listen unerwünschter Autoren im Jahre 1933 regelmäßig genannt (R 56/70a).

Es sei nicht auszuschließen, daß über Ottwalt einschlägiges Material in weiteren Akten der Reichskulturkammer im Berlin Document Center, 1 Berlin 37, Wasserkäfersteig 1, vorliege. Doch müsse man einen Benutzungsantrag zunächst beim Herrn Beauftragten der Bundesregierung in Berlin - Angelegenheiten des Innern - 1 Berlin 15, Bundesallee 216-218 einreichen. Weitere einschlägige Überlieferungen könnten in das Institut für Marxismus-Leninismus beim ZK der SED, DDR-1010 Berlin, Wilhelm-Pieck-Str. 1, gelangt sein.

In Reimund Schnabels Buch "Macht ohne Moral" (Frankfurt 1957) ist ein Schreiben der Gestapo v. 11.10.34 abgedruckt, betr. Aberkennung der Staatsbürgerschaft. Es geht um den Aufruf an die Saarländer, für den "Status quo" zu stimmen. Der Aufruf enthalte schwerste Beschimpfungen Deutschlands und sei von 28 Emigranten unterzeichnet, schreibt das Nazidokument.

Auch Ottwalt befindet sich auf der Liste der Unterzeichner, die, soweit sie noch nicht zur Ausbürgerung vorgeschlagen worden seien, nun ausgebürgert werden sollten. "Größte Beschleunigung ist geboten." Auch an diesem Dokument ist abzulesen, daß die Nazis lange Zeit benötigten, um einen Mann wie Ottwalt auszubürgern.

Im Gegensatz zu den beweisträchtigen Nazidokumenten schreibt Waltraut Nicolas, daß sie und ihr Mann "schon im ersten Jahr unserer Emigration" aus Deutschland ausgebürgert worden sei (S.66); vermutlich ein Irrum von Ottwalts Lebensgefährtin.

In Nazideutschland gab es offensichtlich noch andere Methoden, um, unabhängig von der Ausbürgerung, gegen oppositionelle Schriftsteller vorzugehen. Der Name Ottwalts fällt neben Brecht, Becher, Seghers, Plievier, Weinert u.a. auch im Zusammenhang einer Konfiskationsliste, die ein Rundschreiben des Zentralverbandes des Deutschen Bank- und Bankiergewerbes erstellte. In diesem Schreiben ist eine Verordnung des Geheimen Staatspolizeiamts II C 201/1/3 v. 23.11.33 wiedergegeben. Laut dieser Verordnung wurde das Vermögen von 44 namentlich aufgeführten Personen "zur Vorbereitung der Entschließung über die Einziehung polizeilich beschlagnahmt". (Quelle:"Neues Tage-Buch" 10.2.34)
In dem von Georg Heintz in Worms 1975 veröffentlichten "Leitheft - Emigrantenpresse Schrifttum März 1937 - Der Reichsführer-SS/Der Chef des Sicherheitshauptamtes" findet sich auf S. 49 bzw. 53 in der "Liste der wesentlichen Emigranten" auch Ottwalt erwähnt.

11. Dänemark

Vermutlich hielt sich Ottwalt zusammen mit seiner Frau in den Monaten Juni, Juli, August 1933 in Dänemark auf, als Gast der dänischen Schriftstellerin Karin Michaelis, die zu dieser Zeit auf der Insel Thurø auch Helene Weigel und Bertolt Brecht beherbergte. Der Anstoß für die Ottwalts, nach Dänemark zu fahren, kam, wie schon berichtet, von Helene Weigel.
In einem vermutlich Ende der 50er Jahre verfaßten Manuskript von Waltraut Nicolas heißt es allerdings, daß Ottwalt "auf ausdrückliche Anweisung der kommunistischen Partei hin" nach Dänemark emigrierte. Gibt es hier einen Widerspruch? Oder war die Weigel von der KPD autorisiert, besagten "Tantenbrief" an die Ottwalts zu schreiben?
Ottwalts dänische Zeit ist bisher völlig im Dunkeln geblieben. Niemand will ihn gesehen haben. Die einzige Überlieferung sind einige Fotos, auf denen Ottwalt zusammen mit der Brecht-Tochter Barbara Berg (heute Schall) abgebildet ist. (An diesen Fotos war die Brecht-Erbin sehr interessiert; ich habe sie Manfred Wekwerth übergeben.)
Meine Nachforschungen in Dänemark blieben erfolglos. Am 4.4.73 teilt mir der 70jährige ehemalige kommunistische Strafverteidiger Carl Madsen mit, daß in einer Rezension eines Buches von Walter Benjamin in der KP-Zeitung "Land og Folk" der Name Ottwalt fällt. Ottwalt sei durch einige Dokumentarromane bekannt geworden und "er weilte 1933 eine Zeitlang als Flüchtling in Dänemark und fuhr dann nach Moskau". Rezensent in "Land og Folk" v.4.4.73 war FM, d.i. Fredrik Martner, ein Mitarbeiter Brechts in Dänemark, der heute in Schweden lebt. Martner, mit dem ich dann korrespondierte, konnte mir auch nicht weiterhelfen.
Carl Madsen hat auf dänisch zwei Bücher geschrieben: "Wir schrieben das Gesetz" und "Flüchtling 33", in denen er die "enge, herzliche und sehr dienstbeflissene" Zusammenarbeit der dänischen Polizei und sonstiger dänischer Behörden (betr. Verhaftung und Auslieferung deutscher Emigranten) mit der Gestapo beschrieben und dokumentiert hat. "Auch wir haben eine unbewältigte Vergangenheit" schrieb mir Carl Madsen am 10.3.73. Madsen hat sich dann für mich auch beim dänischen Justizministerium verwandt. "Da Ottwalt wahrscheinlich als legaler Emigrant in Dänemark weilte, müßte das Justizministerium durch die Fremdenpolizei die gewünschten Auskünfte verschaffen können und zwar darüber wann der Betreffende ein- und ausgereist ist." (Brief an mich 6.3.73)
Madsen gibt das Ministerium in Kopenhagen keine Auskünfte, weil "meine literarische Tätigkeit dem Ministerium mißfällt".
Mein eigenes Ersuchen hat das Justitsministeriet am 2.5.73 dahingehend beantwortet, daß Ernst Ottwald den dänischen Polizei- und Justizbehörden nicht bekannt sei.
Weitere Anfragen blieben ebenfalls ohne Erfolg. Die Arbejderbevaegelsens Bibliotek og Arkiv, Gerd Callesen, besitzt nichts über Ottwalt, auch nicht in der KPO/IVKO-Sammlung. Man gibt mir weitere Anschriften. Doch die in Opposition zur KPD stehenden, noch in Dänemark lebenden Kommunisten geben keine Antwort (Erwin Gräff).

Fruchtlos sind auch meine Vorstöße in Richtung Nachlaß von Karin Michaelis, wo sich immerhin Aufzeichnungen über Ottwalt befinden könnten. Das Kopenhagener Institut für Germanische Philologie (Prof. Steffen Steffensen) hat offenbar kein Material und verweist mich an die Königliche Bibliothek, wo sich Karin Michaelis' Nachlaß befinde und teilweise zugänglich sei. Steffensen: "Leider ist es nun so, daß gerade das Material der Hitlerzeit (Emigration usw.) vernichtet wurde oder verloren gegangen ist. Man hat das damals oft aus leicht verständlichen Sicherheitsgründen getan. Briefe von und an Ottwalt sind nicht vorhanden." (Brief an mich 18.1.74)
Von Karin Michaelis ist 1948 ein deutsches Erinnerungsbuch "Der kleine Kobold" erschienen, in dem das zusammensein mit den Brechts gestreift wird. Ob dort Ottwalt erwähnt ist, konnte ich nicht feststellen.

Selbst ein so ausführlich gearbeitetes Buch wie Harald Engbergs "Brecht auf Fünen. Exil in Dänemark 1933-1939" erwähnt Ottwalt (von einer unbedeutenden Ausnahme abgesehen) mit keiner Silbe. Kann man daraus schließen, daß die Ottwalts nur kurz in Dänemark waren? Wie waren überhaupt die Beziehungen zwischen Brecht und Ottwalt im Exil?

Engberg schreibt (S.17), daß Brecht am 20. Juni nach Dänemark fuhr; er reagierte auf eine von Karin Michaelis in Paris ausgesprochene Einladung. "Am 20. Juli 1933 erhielt die dänische Fremdenpolizei einen Rapport des Polizeivorstehers von Svendborg. Er berichtet, die Schriftstellerin Karin Michaelis sei mit dem deutschen Schriftsteller Bertolt Brecht in der Meldestelle der Staatspolizei erschienen und habe dort erklärt, selbiger Brecht sei mit Familie vor drei Wochen in Dänemark eingereist." (S.9) Zwischen beiden Zitierungen klafft ein offensichtlicher Widerspruch. Sollte es zutreffen, daß Brecht mit der Weigel gemeinsam Ende Juni 1933 nach Dänemark fuhr, kann dies nur bedeuten, daß die Ottwalts frühestens Anfang Juli 1933 bei Karin Michaelis eintrafen. Dann wäre die durch Li Loebell bezeugte Zwischenstation Ottwalts in Ahrenshoop nur unbedeutend, kurz gewesen. Und Ottwalt hätte sich noch mehrere Monate in Berlin versteckt gehalten.

Am 23.1.74 gelang es mir, im Ostberliner Brecht-Archiv den offenbar einzigen erhaltenen Brief Brechts an Ottwalt einzusehen. Der Brief ist undatiert, Brecht schickte ihn von Paris nach Prag. Das muß Ende 1933/Anfang 1934 gewesen sein, da, wie mir Dr. Glaeser im Archiv mitteilte, Brecht Ende Januar ein neues Farbband in seine Schreibmaschine spannte. Brecht schickte Ottwalt den Durchschlag. Hier Auszüge aus dem Brief, der das nächste Kapitel - Prag - einleiten soll:

> Lieber Ottwalt,
> /.../ Die Neuen Deutschen Blätter haben Sie ganz außerordentlich nötig, Sie werden allerhand Arbeit damit haben. /.../ Mehr denn je scheint mir die Herausgabe Ihrer Bauerngeschichten nötig; sicher könnten Sie eine Form finden, in der einige (oder sogar alle, aber das wäre nicht nötig) in Deutschland benutzt werden könnten. Diese einfache Sache: was eigentlich ist schuld und:

worauf kommt es n i c h t an? ist so ausgezeichnet!
/.../ Mich interessiert ja auch Ihr anderer Roman, aber das ist eben ein Stoff, der so sehr im Rutschen ist.
/.../ Gedenken Sie lang in Prag zu bleiben? Hoffentlich bedeutet Prag nicht eine allzu heftige Störung Ihrer literarischen Arbeiten!
/...Erkundigung nach Slatan (Dudow)/
Otto B. in seinem Auftreten als junger, gläubiger evangelischer Theologe muß auf die Gallier einen eigentümlichen Eindruck machen, sie werden wohl schwer mit der Versuchung ringen müssen, ihn in einen Puff einzuladen.

Zu diesem Brecht-Brief kann ich keinerlei Erläuterungen geben. Über die "Herausgabe Ihrer Bauerngeschichten" gibt es keinen Anhaltspunkt. "Ihr anderer Roman", den Brecht erwähnt, welcher Stoff könnte das sein? "Erwachen und Gleichschaltung der Stadt Billigen"? Er ist nur als Fragment überliefert und teilweise abgedruckt. Wer ist Otto B.?

12. Prag

Die einschlägigen Lexikaeintragungen erwähnen übereinstimmend, daß Ottwalt nach seinem Aufenthalt in Dänemark nach Prag fuhr. Es scheint aber so zu sein, daß Ottwalt, wie Waltraut Nicolas schreibt, von Dänemark erst einmal nach Moskau fuhr, im Herbst 1933, und zwar auf Einladung des Sowjet-Schriftstellerverbandes, "wo er einen Auftrag für kulturpolitische Arbeit in Prag erhielt" (W.Nicolas). Wann genau und wie Ottwalt nach Prag kam, ist nicht eindeutig geklärt. Im September 1933 veröffentlichen die "Neuen Deutschen Blätter" seinen Prosatext "Die Generalversammlung". Im Oktober folgt in derselben Zeitschrift "Abschied". Das Dezember-Heft der NDB enthält Ottwalts Rezension von Thomas Manns"Joseph und seine Brüder" unter dem Titel "Der Turm zu Babel". Im selben Heft findet sich auch die Mitteilung, daß Ottwalt "vor einiger Zeit" Hitlerdeutschland verlassen habe und die Redaktion ermächtige, den Lesern mitzuteilen, daß er der Autor der anonym abgedruckten Texte sei: Teile aus seinem dokumentarischen Roman "Erwachen und Gleichschaltung der Stadt Billigen". Der Roman erscheine im Frühjahr 1934 im Malik-Verlag. Dazu ist es allerdings nicht gekommen.

Im Februar 1934 publizierten die NDB Ottwalts "Das 'Gute Beispiel'", eine Heinrich-Mann-Rezension. Im Mai folgte "Revolution im Kaiserhof", eine Arbeit über die Verflechtung der Nazi-Partei mit der deutschen Großindustrie. Im Juni brachten die NDB zwei Beiträge Ottwalts: "Literarische Beihilfe zum Mord" (Einsatz für den im Gefängnis sitzenden Ernst Thälmann) und "Zwischen gestern und morgen", eine Erinnerung an den Beginn des Ersten Weltkriegs.- Die "Neuen Deutschen Blätter" in Prag hielten sich etwa 2 Jahre und wurden (laut Impressum) von Oskar Maria Graf, Wieland Herzfelde, Anna Seghers und von einem anonymen Redakteur aus Berlin (der mit drei Sternchen zeichnete) redigiert. Seghers und Graf waren offenbar nur Aushängeschilder, die Hauptlast trug Herzfelde. Der anonyme Berliner Koredakteur war der in Deutschland illegal arbeitende Jan Petersen (Pseudonym für Hans Schwalm), der die Prager Redaktion mit wichtigem Material aus der Heimat versorgte.
(vgl. Hans-Albert Walter: Neue Deutsche Blätter, in: ders., Deutsche Exilliteratur 1933-1950. Band 7, Exilpresse I. Darmstadt 1974. S.273 ff.)

Lion Feuchtwanger kommentierte am 2.7.36 Heft 2 der NDB: "Im Ganzen finde ich das Heft sehr respektabel. Der Fortschritt vor dem ersten Heft springt in die Augen. Vor allem die Abteilung Dichtung ist diesmal gut geglückt. Starken Eindruck hat mir die Skizze von Ottwalt gemacht, und ausgezeichnet ist das erste Gedicht von Brecht."
(HA Walter, Deutsche Exilliteratur, Bd.7, S.395)

1934 hat Ottwalt auch sieben Beiträge für die "Neue Weltbühne" geschrieben, die im Prager Exil zunächst von Willi Schlamm, dann von Hermann Budzislawski betreut wurde: "Mathias Rakosi"

(Nr.24), "Schwarze Front" (Nr.27), "Die Kamarilla" (Nr.32), "Gespräch in der Emigration" (Nr.34), "Literarische Rückschalter" (Nr.37), "Piscators erster Film" (Nr.42) und "Wieder in Moskau" (Nr.44).
(Die Texte aus der NWB und den NDB sind auch enthalten in dem Band Ottwalt "Schriften", Verlag europäische ideen, Berlin 1976)
Ottwalts Bedeutung in der Prager Emigration muß sehr groß gewesen sein. In seinem Beitrag "Die deutsche antifaschistische, literarische Emigration in Prag 1933-1936" (in: Weltfreunde, Hrg. Goldstücker, Darmstadt 19 67) schreibt Bruno Frei, daß Ottwalt in Prag eine "erhebliche Rolle" gespielt hat. Mehr allerdings weiß Frei nicht zu berichten, der Ottwalt "persönlich nicht gekannt" hat (Brief an mich 13.6.73), obwohl Ottwalt auch für den "Gegen-Angriff" schrieb, jene antifaschistische Zeitschrift, die von Frei redigiert wurde. (Ottwalts Beitrag oder Beiträge daraus konnte ich bis heute nicht beschaffen.)

Bestens mit Ottwalt bekannt, wenn nicht befreundet, war Jan Petersen. Dies bestätigten u.a. glaubwürdige Quellen in der DDR bei meinen Recherchen 1973.
Daß Ottwalt d i e Anlaufstation Petersens in Prag war, muß als bedeutsamer Vertrauensbeweis der KPD bewertet werden. Petersen (1906-1969) war bis 1935 Leiter der illegalen Widerstandsgruppen antifaschistischer Schriftsteller in Berlin und Redakteur der in Deutschland erscheinenden Zeitung "Stich und Hieb". Unter verschiedenen Pseudonymen publizierte Petersen auch in den "Neuen Deutschen Blättern" Berichte vom Widerstandskampf in Nazideutschland. Im Juni 1935 trat Petersen als Delegierter der noch in Deutschland lebenden antifaschistischen Schriftsteller auf dem I. Internationalen Schriftstellerkongreß zur Verteidigung der Kultur in Paris auf. Er war der berühmt gewordene Mann mit der schwarzen Maske. (Lexikon sozialist. deutscher Literatur, Halle 1963)

Betlemská 6 war die Verlagsadresse der "Neuen Deutschen Blätter". Dort traf Petersen Ottwalt. In seinem Buch "Die Bewährung" erinnert sich Petersen:

> Die erste Überraschung für mich in Prag, im Hause Betlemská 6, war Ernst gewesen. Ganz plötzlich stand er vor mir, umarmte mich und zog mich in ein kleines, mit Büchern, Regalen, Ablageordnern, einem Feldbett und Dutzenden Dingen vollgestopftes Zimmer.
> "Mensch, Klaus!" Und er umarmte mich wieder. "Ging denn alles gut an der Grenze?"
> "Ja, prima!"
> "Gott sei Dank!" Er drückte mich auf einen Stuhl. "Damit du gleich Bescheid weißt: Ich bin bestimmt worden, mit dir und mit den illegalen Gruppen von Prag aus zusammenzuarbeiten. Ich soll die Verbindung halten."
> (S.191)

Ottwalt wies auf das Feldbett. Petersen sollte sich ausruhen.

Doch Petersen hat wenig Zeit, er muß schon am nächsten Tag wieder an der Grenze sein. "Und zwar lange vor Anbruch der Dunkelheit!". Dann präsentierte Ottwalt dem illegalen Kurier die ersten vier Hefte der "Neuen Deutschen Blätter". Woran man wohl ablesen kann, daß die Begegnung zwischen Petersen und Ottwalt etwa Anfang 1934 stattgefunden hat.
Ottwalt informiert Petersen, daß von der in Prag gedruckten "Arbeiter-Illustrierten-Zeitung" (AIZ) viele Exemplare auf illegalen Transportwegen nach Deutschland gelangen. Petersen ist begeistert, seine Prager Mission war erfolgreich. "Und dann saßen wir die halbe Nacht zusammen und erzählten und beratschlagten..." (S.194)
Petersen erinnert sich (sein Buch wurde 1969 abgeschlossen) an eine Anekdote um Ernst Ottwalt. Lukács hatte 1932 Ottwalt in der "Linkskurve" scharf angegriffen. Und Andor Gabor hatte Lukács beigepflichtet: "Ich weiß, worüber ich rede! Ich hätte schließlich der berühmteste Lustspieldichter Ungarns sein können!" Darauf hatte Ottwalt lakonisch geantwortet: "Und ich der berühmteste Fememörder Deutschlands!" (S.195)
Petersen über die Bedeutung Ottwalts in Prag 1934:

> Ernsts Bücher waren erfolgreich, und sie waren wertvoll für unsere Sache. Lernten wir oft zu spät? Für mich war Ernst damals einer unter vielen gewesen, die man kannte, nicht mehr. Und jetzt? "Ich bin bestimmt worden, von Prag aus mit dir zusammenzuarbeiten." Jetzt kannte Ernst nicht nur meinen Namen, sondern auch meine sonst so streng gehütete Adresse in Berlin. Falls er mir, durch einen illegalen Boten, wichtige Nachrichten zukommen lassen müsse, hatten wir vereinbart. Wieviel Vertrauen hatte man Ernst geschenkt. Und wieviel Verantwortung übertragen. Wir alle in Berlin waren ihm nun auf Leben und Tod anvertraut... Ich sehe uns in Prag in dem kleinen, vollgestopften Zimmer gegenübersitzen, sehe wieder Ernsts große, sprechende Augen, die hohe Stirn, seine gerade, ebenmäßige Nase und seinen weichen Mund...(S.195-196)

Am Heiligabend 1934 ist Petersen wieder in Prag. Da die Ottwalts zu diesem Zeitpunkt offenbar bereits in der Sowjetunion weilten, könnte sich bei Petersen ein chronologischer Irrtum eingeschlichen haben.

> Wir waren in Prag bei Ernst angelaufen. Walter /Stolle/ war zum erstenmal in Prag, und Ernst hatte ihm sofort gesagt: "Du mußt mir viel berichten, von den Verhören bei der Gestapo und vor allem über das KZ Brandenburg!" (S.346)

Zu diesem Zeitpunkt wohnte Petersen offenbar bei Werner Ilberg (1896), der in der Prager Emigration von 1933-1939 war und Ottwalt ebenfalls sehr gut kannte. (Auf I. komme ich in anderem Zusammenhang zurück.)
Internationaler Schriftstellerkongreß 1935 in Paris. Von diesem Ereignis scheint Ottwalt fasziniert gewesen zu sein. Petersen zitiert Ottwalt bei seinem letzten Besuch in Prag (Ende 1934?):

> "Es wird der erste Kongreß sein, auf dem die namhaftesten

Schriftsteller der ganzen Welt gegen das Naziregime und seine Kulturbarbarei auftreten. Und du mußt dort im Namen der in Deutschland illegal kämpfenden Schriftsteller sprechen! - Zum erstenmal wird es gelingen, die bekanntesten Schriftsteller aus nicht weniger als 37 Nationen trotz mancher Unterschiede in den Auffassungen und Glaubensbekenntnissen zu vereinen:zu einem gemeinsamen, gewaltigen Protest gegen das Naziregime! Die Vorbereitungen zu diesem Weltschriftstellerkongreß sind schon in vollem Gange. Alle Delegierten werden in den Zeitungen und Zeitschriften ihrer Länder vorher darüber schreiben, also die Welt darauf aufmerksam machen. Und bereits jetzt haben große Zeitungen, Rundfunkstationen und Wochenschaustudios aus aller Welt zugesagt, Berichterstatter und Kameraleute nach Paris zu senden. Viele der auf diesem Kongreß gehaltenen Reden werden also die Weltöffentlichkeit erreichen!" Ernst hatte immer eindringlicher und leidenschaftlicher gesprochen: "In der Einladung heißt es: '...gerichtet an die hervorragenden Dichter und Schriftsteller der ganzen Welt.' " Und er hatte mich bedrängt: "Du mußt nach Paris fahren! Dein Auftreten, gerade deine Rede dort, wäre ein großer Erfolg für unsere Sache!" (362-363)

Soweit Petersen, der Ottwalt hier im Direktzitat wiedergibt, nach einer 30jährigen Distanz. Der Tod Petersens 1969 verhinderte leider eine persönliche Kontaktaufnahme. Seit 1973 habe ich verschiedene Male versucht, mit der Witwe Petersen zu sprechen. Doch die in ihrem Beruf stark strapazierte Ärztin wies mich ab.
Es ist denkbar, daß sich im Nachlaß Petersens noch einige Ottwalt betreffende Aufzeichnungen befinden. Im Epilog der "Bewährung" übernimmt Horst Heitzenröther leider die falsche Version (aus dem Lexikon sozialist. deutscher Literatur, Halle 1963), daß Ottwalt "wegen angeblicher Spionage für die faschistische Wehrmacht zum Tode verurteilt" wurde. Immerhin schreibt Heitzenröther auch:

> Fragen nach Ernst Ottwalt (im Buch: Ernst), der Jan Petersens wichtigster Kontaktmann in Prag gewesen war, konnten damals, 1946, noch nicht beantwortet werden. Jan erzählte, daß Ernst von Prag nach Moskau gegangen war und ihm anfangs noch nach Paris und in die Schweiz geschrieben hatte. Dann seien die Lebenszeichen ausgeblieben. Ernsts Name erschien auch nicht mehr in der deutschsprachigen Zeitschrift "Internationale Literatur", die in Moskau herauskam. Die Bitte um Auskunft über Ernst wurde von der Redaktion nicht beantwortet. (S.437)

Die Publikation seiner Chronik "Die Bewährung", die 1970 im Aufbau-Verlag herauskam, hat Jan Petersen nicht mehr erlebt.

In dem einen Jahr, in dem sich Ottwalt mit seiner Frau in Prag aufhielt, ist Ottwalt wohl mit nahezu allen aus Nazideutschland emigrierten Schriftstellern, die bereits in Prag waren oder erst noch anreisten, zusammengetroffen. Ich habe nach 1973 eine Reihe von Stimmen sammeln können, die Auskünfte über Ottwalts Prager Zeit 1933/34 geben.
Am ausführlichsten äußerte sich Fritz Beer. Beer, nach dem Kriege am Londoner Rundfunk tätig, teilte mir am 15.1.74 mit, daß er Ottwalt 1934 im Bert-Brecht-Club kennenlernte. Dieser Klub war eine Frontorganisation der deutschen kommunistischen Schriftsteller und wurde von Franz Weiskopf, Wieland Herzfelde und Bruno Frei geleitet. Wer der Verbindungsmann zur Prager Exilorganisation der KPD war, wußte Beer nicht zu berichten. Der Club diente offenbar den Debatten der kommunistischen Schriftsteller, ihrem Versuch, Mitläufer und Nichtkommunisten für gemeinsame Aktionen zu gewinnen und außer den Emigranten auch deutsche Schriftsteller und Intellektuelle tschechoslowakischer Herkunft zu organisieren. Zu den Mitgliedern des Brecht-Clubs gehörten, wie sich Beer erinnerte, Fritz Erpenbeck, Hedda Zimmer, Albin Stübs (der später austrat), Max Zimmering, Werner Ilberg, Adam Scharrer, Kolberg, ein weißrussischer Emigrant, der in Berlin Kommunist wurde, John Heartfield und für eine Zeitlang auch Heinz Pohl, der, so Beer, sehr schnell mit den offiziellen KPD-Ansichten in Konflikt geriet und aus dem Club austrat. Da Beer tschechoslowakischer Staatsbürger war, wurde er gelegentlich gebeten, den Polizeivorschriften entsprechend den Vorsitz im Club zu führen. Beer:

> Ernst Ottwalt schien mir nicht völlig in diese Gesellschaft zu passen. Er war weniger dogmatisch und es behagte ihm anscheinend nicht, Widersprüche in der Politik der KPD mit der vorgeschriebenen Sprachregelung der Partei hinwegzuerklären. Das erfuhr ich besonders deutlich, als ich von Weiskopf gebeten wurde, im Bert-Brecht-Club vor einem größeren Publikum zum Thema "Krieg, Schriftsteller und Jugend" zu sprechen. /.../
> Schon während meines Vortrags bemerkte ich, daß Weiskopf, Frei und Herzfelde Zeichen von Verlegenheit und Betroffenheit zeigten. Frei erklärte, er müsse mich korrigieren, ich hätte "nicht völlig zu Ende gedacht" und die Überzeugung der jungen Generation vergessen, daß der kommende Krieg aus einem imperialistischen in einen Bürgerkrieg verwandelt und zum Sieg der Revolution in Europa führen würde. Weiskopf führte eine Reihe von "Beweisen" für diese revolutionäre Stimmung in der europäischen Jugend an und schloß mit einer Aufforderung an Ottwalt, sich auch zu äußern. Ottwalt war diese Aufforderung offensichtlich unangenehm. Er sprach eine Zeitlang darüber, wie kriegsbegeistert die deutsche Bevölkerung zu Beginn des Ersten Weltkriegs gewesen war, wie verschwindend klein die Gruppe sozialistischer Kriegsgegner war und wie viele Jahre und Opfer des Krieges notwendig waren, um eine revolutionäre Stimmung in Deutschland zu schaffen. Wahrscheinlich bilde die jetzige Zeit eine Parallele. Später erfuhr ich, daß die Partei ihn kritisiert hatte,

weil er meine Ausführungen nicht offen "korrigierte".

Beer berichtet weiter, daß um diese Zeit die KPC ein Ersatzorgan für die verbotenen deutschen Parteiorgane gründete. Das Blatt hieß, nach dem Vorbild Münzenbergs, entweder "Welt von heute" oder "Welt am Morgen" (Beer konnte sich nicht mehr genau erinnern.). Chefredakteur war der kommunistische Abgeordnete Ludwig (Luitpold? Viktor?) Stern. Ottwalt wurde zum Feuilleton-Redakteur ernannt. Obwohl Beer damals wegen seiner Kritik an der sogenannten Heckert-Resolution ("Der Sieg Hitlers ist keine Niederlage der deutschen Arbeiterklasse") und der tschechischen Parteipolitik ("Die Prager Regierung führt den Faschismus ein") für sechs Monate aller Parteifunktionen enthoben war, forderte Ottwalt Beer auf, für das neue Blatt zu schreiben. Ottwalt stieß, wie Beer weiter berichtet , bei seiner Tätigkeit auf zwei Schwierigkeiten. Er war von Berlin her an ein großzügigeres Redaktionsbudget gewöhnt und konnte sich zum Beispiel nicht damit abfinden, daß er nur winzige Honorare zahlen durfte; daß es kein Geld für Ferngespräche oder für ein Taxi gab, das einen Reporter rechtzeitig vor Redaktionsschluß ins Blatt brachte. Beer:

> Ottwalt stieß aber auch bei mir und anderen prager deutschen Journalisten auf ein für ihn unverständliches stilistisches Problem. "Ihr schreibt alle zu episch", erklärte er mir einmal. "Eine Reportage muß auch im Stil die Aktion widerspiegeln. Die langen, oft lyrischen Sätze, die ihr schreibt, verlangsamen das Tempo der Aktion, die ihr schildert." Ottwalt begriff nicht, daß Prag und Böhmen sowohl im Lebens- wie im Schreibstil dörflicher waren als Berlin, daß die musikalische Verspieltheit tschechoslowakischer Kunst kein Zufall war, sondern einen Charakterzug des böhmischen Lebens widerspiegelte, der sich auch in unserem Stil äußerte. Ottwalt strich unsere Reportagen rücksichtslos zusammen und wies unsere Einwände zwar freundlich, aber völlig hart zurück.

Die Zeitung ging bereits nach ein paar Monaten ein. Beer wurde später Redakteur der "Arbeiter-Illustrierten-Zeitung" (AIZ) und des "Gegen-Angriff". Er erinnerte sich nicht, daß Ottwalt an diesen beiden Blättern mitarbeitete. Beer:

> Wenn ich Ottwalt gelegentlich im Café Continental traf, dem Treffpunkt der literarischen Emigration, machte er oft einen unglücklichen und gequälten Eindruck auf mich. Aber ich weiß nicht, warum er Unbehagen fühlte. Ich war nie mit ihm befreundet und kannte ihn nur äußerlich.

Soweit Fritz Beer in seinem Brief an mich v. 15.1.74. Daß Ottwalt häufig im "Conti" verkehrte, bezeugen auch andere Schriftsteller, die ich um Auskunft bat. (Auf Beer bin ich übrigens durch Julius Hollos aufmerksam gemacht worden.)

Hans Jaeger, ein in der Weimarer Zeit bekannter Wirtschafts-journalist, der viel für die "Weltbühne" schrieb (er ist 1976 in London gestorben), erinnerte sich, daß er Ottwalt schon am ersten Tag nach dessen Ankunft in Prag traf. "Die Emigranten saßen damals alle im Café Conti, Am Graben. Da konnte kein Neuankömmling entgehen." (Brief an mich 21.7.74) Jaeger traf Ottwalt auch öfters in einem Bierlokal mit Garten in der Lidove Jidelna, Jindriská (Heinrichsgasse), einer Seitenstraße vom Wenzelsplatz, "nahe meinem Büro". Dieses Lokal zog Jaeger manchmal vor, "wenn ich mit jemand allein sprechen wollte. Im Continental saßen die Gäste immer in Rudeln. Das erschwerte ein konzentriertes Gespräch."

Jaeger informierte weiter, daß Ottwalts Frau immer dabei war. Ottwalt sei auch mit Herzfelde zusammen gewesen, mit Theodor Balk, Wittemberg, Peter Kast, Grete Livius, Nawray, Otto Jakobsen. Wann Ottwalt Prag verließ, konnte Jaeger nicht mitteilen. Jaeger trennte sich im Laufe des Jahres 1933 von der Partei, war dann ganz absorbiert von einer Pressekorrespondenz (Aeropress) und verlor Ottwalt offenbar aus den Augen. Die Zusammenkünfte mit Ottwalt dürften demnach noch (Ende) 1933 stattgefunden haben. Kennengelernt hatte Jaeger Ottwalt bereits 1930 in Berlin, vermutlich in Parteikreisen oder im BPRS. "Ohne Buch und Parteibeitritt hätte ich ihn nie kennengelernt." (Jaeger) Bis 1933 war Jaeger Leiter des Marx-Engels-Verlags, der die Marx-Ausgabe herausbrachte in Verbindung mit dem Marx-Engels-Institut in Moskau.- Nach dem Krieg korrespondierte Jaeger noch mit Waltraut Nicolas. "Sie war religiös geworden." (Brief an mich 29.6.74)

Friedrich Torberg hat Ottwalt im Bert-Brecht-Club erlebt, wo er eine "führende Rolle" bei den Diskussionsabenden gespielt habe. Außerhalb der Gruppe und alsbald in Opposition zu ihr stand, so Torberg, u.a. Thomas Theodor Heine, der nach Prag geflüchtete Mitherausgeber des Münchner "Simplicissimus", der gegen die Verwendung dieses Namens für ein von der Gruppe herausgegebenes Wochenblatt erfolgreich Einspruch erhob. Das Wochenblatt erschien dann unter dem Namen "Simplicus". "Mit besonderen persönlichen Erinnerungen an Ottwalt kann ich leider nicht aufwarten." (Torberg an mich 1.12.73)

Daß Ottwalt in der Prager Emigration auch Wieland Herzfelde begegnete, dem legendären Gründer des Malik-Verlags, liegt auf der Hand. Das komplizierte Verhältnis zwischen Autor und Verleger soll im nächsten Kapitel gesondert behandelt werden, auch um dem "Phänomen Herzfelde" politisch-ideologisch sowie psychologisch einigermaßen gerecht zu werden.

13. Herzfelde

Der am 11.4.1896 in Weggis in der Schweiz geborene Wieland Herzfelde spielte im Leben Ottwalts eine entscheidende, möglicherweise zutiefst tragische Rolle. Nach meinen Recherchen hat sich Herzfelde Ottwalt gegenüber eindeutig als Denunziant betätigt. Dem Lexikon sozialistischer deutscher Literatur, Halle 1963, entnehme ich einige Lebensdaten Herzfeldes:

> (Nach dadaistischen Anfängen und kleineren Zeitschriftengründungen übernahm Herzfelde, Ende 1917 in Berlin,) die Leitung des Malik-Verlags, den Heartfield (Herzfeldes Bruder, AWM) und Grosz gegründet hatten. Der Malik-Verlag entwickelte sich unter H.s Leitung immer mehr zu"einem wichtigen Sprachrohr der revolutionären Literatur" (I.M.Lange). Er erwarb sich große Verdienste als Förderer junger proletarischer Talente und als Herausgeber zahlreicher Werke der jungen Sowjet- und der Weltliteratur.-
> Das Naziregime bedrohte 1933 auch H.s Leben; im März 1933 gelang ihm die Flucht nach Prag. Die hier vertriebenen "deutschen Schriftsteller schlossen sich im Rahmen des Prager Bert-Brecht-Clubs zu einer Gruppe zusammen, die unter Leitung von Weiskopf und H. eine große Aktivität im antifaschistischen Kampf entfaltete" (Reimann). In Prag baute H. den Malik-Verlag wieder auf, gab mit Anna Seghers und O.M. Graf die "Neuen Deutschen Blätter" heraus. 1939, wiederum in letzter Minute, gelang H. die Flucht über die Schweiz nach den USA. (222)

Soweit einige Fakten, die die unbestrittene Bedeutung dieses legendären Verlegers, der heute in der DDR lebt, bezeugen. Menschlich-moralisch jedoch scheint Herzfelde ein anderer. Ich kam mit Herzfelde ins Gespräch anläßlich der Edition des Protokolls des II. internationalen Symposions zur Erforschung des deutschsprachigen Exils nach 1933, in Kopenhagen 1972, hrg. vom Deutschen Institut der Universität Stockholm, Ende 1972. Ich fragte bei H. an, ob ich einen Passus daraus in Heft 1 der"europäischen ideen" (Exil 1973) abdrucken könnte. Im Prinzip sei er damit einverstanden, schrieb mir H. am 27.2. 73. Gleichzeitig wollte er wissen, "welchen Charakter" meine Zeitschrift hätte. Auch war er sehr an den Reprints der beiden frühen Ottwalt-Bände interessiert, über die ich ihn informierte. Am 24.3.73 schrieb mir Herzfelde u.a.:

> Ottwalt habe ich jahrelang gekannt. Er kam mit dem Manuskript "Ruhe und Ordnung" in den Malik-Verlag Berlin. Zuletzt sah ich ihn in Moskau. In der Sowjet-Union ist er, soweit ich weiß bzw. las, in einem Internierungslager zugrundegegangen. Er soll später rehabilitiert worden sein.

> Gut bekannt mit ihm war Willi Bredel, wohl auch Plievier, wahrscheinlich auch einige Personen in der DDR, die mir nicht bekannt sind. Vielleicht finden Sie in den Archiven von Bredel und Brecht Wissenswertes.-
> Ihre Studie über Ottwalt würde ich gern lesen. Vielleicht kann ich Ihnen auch ergänzend oder berichtigend dazu etwas sagen.

Am 1.6.73 schrieb mir Herzfelde, daß er, von mir brieflich aufgefordert, Erinnerungen an Ottwalt "vielleicht" schreiben werde, "wenn, dann in einem meiner Bücher". Bis heute allerdings hat Herzfelde kaum eine Zeile über Ottwalt publiziert.
Auf dem erwähnten Exilsymposium in Kopenhagen 1972 hielt Herzfelde eine Rede, die seinen altstalinistischen Standort ziemlich eindeutig charakterisierte. Es ist der Text der Antrittsvorlesung, die Herzfelde am 2.11.1949 in Leipzig öffentlich gehalten hat. Daraus ein Zitat:

> Willi Münzenberg, ein bekannter Verleger von Exilliteratur, wurde zum Renegaten. Eine Anzahl seiner Autoren folgte seinem Beispiel. Sie verstärkten das Lager der Monarchisten und klerikalen Faschisten, der Anarchisten und Technokraten, die vornehmlich in der Zeitschrift "Das Tagebuch" einen unverhüllten Verleumdungsfeldzug gegen die Sowjet-Union führten. Sie trugen zu einer ideologischen Zersetzung bei, die sich politisch in der Sabotage des spanischen Freiheitskrieges und als Bejahung des Münchner Paktes auswirkte. (287 Protokoll)

An anderer Stelle spricht sich H. gegen den Trotzkismus und gegen die "Hetze" in der CSR der 30er Jahre aus: "Die Hetze ging nicht nur von den Faschisten aus. Es gab auch einzelne und Gruppen von Emigranten, die versuchten, die antifaschistische Front und ihr Vertrauen auf das verbündete Sowjet-Volk, zu unterwühlen." Wen H. hier im einzelnen meint , wird nicht deutlich. Deutlich jedoch sind Diktion und Sprachregelung der damals stalinistisch beeinflußten KPD, der H. angehörte.

Am 9.9.73 telefonierte ich mit Herzfelde. Ich forderte ihn erneut auf, über Ottwalt zu schreiben. Dies gehe in die hohe Politik, meinte Herzfelde, Ottwalt sei "eigene Wege" gegangen. Dem Gespräch entnahm ich, daß Herzfelde an einem Buch arbeitete, für das er Rezensionen Ottwalts benötigte. Herzfelde teilte mir ferner mit, daß noch die Verträge zwischen Ottwalt und dem Malik-Verlag existierten.
Ich habe Herzfelde zweimal besucht, in seiner Ostberliner Stadtwohnung in der Friedrichstraße. Der erste Besuch fand am 28.11.73 statt und dauerte zwei Stunden. Ich stütze mich auf mein Gedächtnisprotokoll, das ich gleich danach anfertigte. H. schien sehr daran interessiert, Ottwalt in einem ungünstigen Licht darzustellen. Er deutete tödliche Fehler O.s an. Bei dem Namen Waltraut Nicolas reagierte H. äußerst gereizt. H. erwähnte einen Brief, den er Waltraut Nicolas kurz nach deren Veröffentlichungen schrieb (aber offenbar nicht abschickte). H. argwöhnte, daß W.N. nicht einmal Ottwalts Frau gewesen sei, auch über den Vater (Ottwalts?) gäbe es Zweifel. Über die familiären Probleme schwieg sich H. aus: sie berührten unmittelbar die Politik.

Dann kamen wir auf eine Aufsatzsammlung Ottwalts zu sprechen: "Die Zeit im Lichte dichterischer Gestaltung und andere Essays". (Sie wird in der Sternfeld-Bibliographie erwähnt und auch anderswo.) Wie Herzfelde behauptete, ist diese Sammlung geheftet, in Broschürenform erschienen. Doch H. war lediglich imstande, mir lose Blätter vorzuzeigen, die offenbar in Prag fotokopiert wurden (mit Stempel "Československá knihová Praha"). Ich äußerte H. gegenüber, daß Ottwalts Anteil an der Herstellung dieser Broschüre keinesfalls gesichert wäre.

Die zweite Seite dieser losen Blätteransammlung trägt die Seitenzahl 649: es handelt sich um Ottwalts Aufsatz "Zwischen gestern und morgen" aus den "Neuen Deutschen Blättern" v. August 1934. Vier Seiten danach beginnt bereits ein Aufsatz von A.M. Frey: es ist eigentlich undenkbar, daß Ottwalt eine Broschüre mit eigenem Titelkopf zusammen mit fremden Aufsätzen herstellen ließ. Am Ende der losen Blätteransammlung findet sich der Vermerk: Hrg. und verantwortlich für den Inhalt Marketa Weisskopfová (die Frau von Franz Weiskopf und die Schwägerin Herzfeldes).

Herzfelde kommentierte die Broschüre: das Falsifikat entspräche dem Geltungsbedürfnis Ottwalts, der ein ehrgeiziger Mann, ein Karrierist gewesen sei mit direktorenhaften Allüren. Ottwalt habe die Broschüre für seinen Moskauer Einstand gebraucht. Herzfelde sprach dann weiter über die "Irreführung des Lesers" durch die Broschüre, über die Dummheit und Plumpheit Ottwalts. Schließlich sei er ein "schwerer Trinker" gewesen, dann hätten sich seine zwei Seiten unvorsichtigerweise offenbart. Im betrunkenen Zustand seien Ottwalts rote Mensurstreifen im Gesicht angeschwollen, seine schlechten Manieren hätten sich gezeigt, Ottwalt sei in diesem Stadium - wie George Grosz - selbst sein ärgster Feind gewesen.

In unserem Gespräch betonte Herzfelde nochmals, daß die Verträge zwischen ihm und Ottwalt noch existierten; Fotokopien sagte er mir zu (ich habe sie nie erhalten). H. erzählte vom Jahre 1929: H.s Eindruck von Ottwalts Erstlingsmanuskript sei der der Unvollständigkeit gewesen, am Autor sei noch zu feilen gewesen. Die erste Auflage von "Ruhe und Ordnung" bezifferte H. mit 6000, die 2.Auflage mit 7-10000.
Schließlich erwähnte Herzfelde noch Ottwalts Buch "Deutschland erwache!", das im Wiener Hess Verlag 1932 erschien. Das Buch sei hinter seinem Rücken herausgekommen, meinte H. und verwies auf eine Vertragsklausel und auf die Wiener Filiale des Malik-Verlags in Wien 1, Bauerngasse 3 (wo offenbar ein gewisser Frankel residierte). Die Zusammenhänge kann ich nicht mehr genau rekonstruieren, aber möglicherweise hatte Herzfelde Ottwalt exklusiv unter Vertrag, sodaß Ottwalts Abwanderung zu einem anderen Verlag einen Vertragsbruch dargestellt haben könnte. Die Motive für Ottwalts Verlagswechsel könnten in der KPD-Kritik in der "Roten Fahne" gesehen werden; d.h. Ottwalt könnte vorausgesehen haben, daß sein Buch gegen den Nationalsozialismus in der Form, in der er es schrieb, bei Malik nicht hätte erscheinen können. Ob Ottwalt mit Herzfelde über das Buch verhandelte, ist ungeklärt.

Ottwalt, der in seiner Prager Zeit oft mit Johannes R. Becher zusammengewesen sei, wohnte, so Herzfelde, im Haus neben dem Malik-Verlag in der Konwicka, in einer Wohnung ohne Bad, weshalb Ottwalt häufig bei Herzfelde badete.

Am 2.4.74 erzählte mir Werner Ilberg (1896), ehemaliger Sekretär des DDR-PEN-Zentrums, daß er 1933/34 mit Ottwalt in Prag in einer Wohnung zusammengelebt habe. Im Mai/Juni 1933 sei Ottwalt noch in Deutschland gewesen. Im November war Ottwalt dann die erste Anlaufstelle für Ilberg in Prag. Ilberg, der auf Fritz Beer schlecht zu sprechen war, verweigerte später weitere Auskünfte: er wolle erst die "europäischen ideen" studieren und sich erkundigen bei Herzfelde, Girnus, Theek, Trepte, Budzislawski, die ich in unserem Gespräch in seiner Ostberliner Wohnung als "Gewährsleute" erwähnt hatte. Unvorsicht igerweise erzählte ich Ilberg, was ich über Herzfelde wußte, die Geschichte vom Baden... Worauf Ilberg, zwar neugierig, sehr zurückhaltend reagierte. Er wollte erst einmal die Tendenz meiner Zeitschrift kennenlernen. Dreimal habe ich ihm dann die Nr. 2 der "europäischen ideen" (Wie viele deutsche Literaturen gibt es?) ins Haus geschickt (zweimal sogar eigenhändig in I.s Briefkasten gesteckt): er hätte nichts erhalten!
Hatte sich hier ein bewährter Antifaschist verleugnen lassen? Hatte Ilberg Angst vor der Öffentlichkeit, vor der Partei, vor Herzfelde? - Es ehrt Ilberg, daß er sein Wissen über Ottwalt - offenbar mit Rücksicht auf Herzfelde - mit ins Grab nimmt. Seine Aussagen hätten jedenfalls noch mehr Licht in die dunkle Ottwalt/Herzfelde-Affäre werfen können.
Bei einem weiteren Anruf blieb Ilberg mir gegenüber hart. Auch ein unangemeldeter Kurzbesuch war ein Mißerfolg.

Bevor ich meinen zweiten Besuch bei Herzfelde skizziere, darf ich Ilse Bartels zu Wort kommen lassen, die über Ottwalts Baden in Herzfeldes Wohnung erstaunliche Details berichtete. Ein Baden, das ungeahnte politische Folgen haben sollte.

Am 28.6.73 schrieb mir Ilse Bartels, daß sie nach 1945 in der Berliner Oper zufällig Wieland Herzfelde traf. Er sagte zu ihr, er habe schon in Prag gewußt, daß Ottwalt ein Verräter sei. Ilse Bartels: "Ich war so wütend, daß ich ihn anfauchte und ihm den Rücken kehrte." Jahre später erhielt Ilse Bartels eine Einladung von Herzfelde zu einer Ausstellung der Malik-Produktion vor und in der Emigration - mit der Bitte um eine Aussprache. Ilse Bartels ist nach Ostberlin gefahren und entdeckte in der Ausstellung auch Titel und Fotos von Ottwalt, "nachdem er in der UdSSR bereits rehabilitiert war". Herzfelde sprach dann mit Ilse Bartels darüber, wie er auf den Verdacht gekommen sei, Ottwalt sei ein Verräter. "Es war eine etwas komische Geschichte."

Ottwalt hatte im Jahre 1934 in der Prager Wohnung von Herzfelde gebadet - in Herzfeldes Abwesenheit, aber mit dessen Einwilligung. Nachdem Herzfelde in seine Wohnung zurückkehrte, war er der Meinung, Ottwalt hätte seine Wohnung "durchsucht".
Wegen dieser Beschuldigung (die Herzfelde Ottwalt gegenüber nie geäußert hatte!) gab es in der Prager Emigration einen "ziemlichen Wirbel" (I.Bartels). Nach Ottwalts Abreise in die UdSSR flogen einige Leute aus der Partei, weil sie Herzfeldes Verdacht energisch widersprachen. Dies erfuhr, wie mir Ilse Bartels im Juni 1973 schrieb, sie "erst vor einigen Jahren" von ihrem Freund Julius Hollos, der damals mit den Ottwalts sehr befreun-

det gewesen sei. "Diese Prager Geschichte hat dann wohl ihren Weg nach Moskau gemacht und genügte zur Verhaftung. Wenn wir nicht per Zufall (1936) auf dem Roten Platz festgenommen worden wären, so wären fraglos bald darauf Ottwalt und seine Frau sowieso verhaftet worden."

Als ich Wieland Herzfelde das erste Mal besuchte, erwähnte ich von diesem Vorfall nichts, um weitere Gespräche nicht zu gefährden. Bevor ich H. am 6.3.74 ein zweites Mal besuchte, hatte ich im Zuge meiner Recherchen in der DDR weitere gravierende, H. kompromittierende Informationen erhalten. Am 18.12.73 schrieb ich an Ilse Bartels:

Am 17.12.73 war ich bei S. Er hat meinen Verdacht bestätigt. Herzfelde war also der Denunziant Ottwalts in Moskau.
Noch vor Ottwalts Rehabilitierung (S. meint, diese sei erst 1956 geschehen, aber aus optischen Gründen, um Chrustschows Verdienste zu schmälern, habe man die Rehabilitierung vorverlegt, also ins Jahr 1953) hat, wie S. berichtet, Herzfelde Petersen und ihm gegenüber die beiden (bereits erwähnten) Telegramme als Agententätigkeit Ottwalts ausgelegt. Beide Telegramme hätten denselben Wortlaut gehabt: "Vater gestorben". Darauf habe Herzfelde den sowjetischen Sicherheitsbehörden Mitteilung erstattet. Auf der anderen Seite kann wohl die Verhaftung Ottwalts im Nov. 36 nicht ausschließlich auf die Denunziation Herzfeldes zurückzuführen sein, denn Ottwalts Mutter ist - laut Ahnenbuch - bereits Ende 35 gestorben. Oder: Herzfelde hat ein Jahr mit seiner 'Entdeckung' gewartet.- Möglich ist auch, daß sich beim 2. Telegramm nach Moskau ein Übermittlungsfehler eingeschlichen hat (Vater statt Mutter). Nur Herzfelde kann wohl noch darüber berichten. (Immerhin wird durch dieses Faktum die Rolle Rodenbergs, der ja in Waltraut Nicolas' Buch sehr schlecht wegkommt, ein wenig 'aufgewertet'.)

Soweit mein Brief an Ilse Bartels, der einige Fakten vorwegnimmt, die ich erst erklären muß.
Bevor mir S. sein Wissen über Herzfelde/Ottwalt anvertraute, hatte ich am 14.11.73 in derselben Sache W. gesprochen.
W. berichtete mir, daß Herzfelde Ottwalt in Moskau denunziert hätte - wegen der beiden bereits erwähnten Telegramme.
Diese Information konnte W. nur von Petersen oder S. gehabt haben. S. selbst war wohl von Herzfelde unterrichtet, noch vor 1956, in Anwesenheit Petersens (während einer Kongreßpause).
S. erzählte mir ferner, daß er Ottwalt im Herbst 1933 mehrfach im Café Continental getroffen hätte; der Oberkellner des am Graben gelegenen Cafés soll ein Konfident der Gestapo gewesen sein. S. bewahrte sich von Ottwalt den "Eindruck von einem Soldaten". Auch an Waltraut Nicolas konnte sich S. erinnern.
Von der Telegramm-Affäre wußte ebenfalls T., den ich 1974 in Ostberlin besuchte. Auch er ließ am Wahrheitsgehalt dieser Episode keinen Zweifel.

Die beiden Telegramme, aus denen Herzfelde - aus Überzeugung? aus Neid? - eine Agententätigkeit Ottwalts für Nazideutschland konstruierte, hatten einen rein familiären Hintergrund.
Am 1.1.34 starb Ottwalts Vater in Dahme (Mark Brandenburg) im Alter von 74 Jahren. Zu diesem Zeitpunkt befand sich Ottwalt im Prager Exil.- Am 2.11.35 starb Ottwalts Mutter in Berlin-Nikolassee im Alter von 72 Jahren. Ottwalt hielt sich in Moskau auf.

"Das von Ihnen erwähnte Telegramm schickte ich bestimmt nach Moskau. Es wurde - soweit ich mich erinnere - kurz brieflich beantwortet." So Friedrich Mattenklott in einem Brief an mich v. 4.12.73. Das erste Telegramm (nach Prag) schickte Mattenklotts Tante, Martha Nicolas, aus Dahme.
Nach dem Tode seiner Mutter bestimmte Ottwalt seinen Vetter Friedrich Mattenklott als Nachlaßverwalter, der den Haushalt auflöste. Vater und Mutter Ottwalts sind vermutlich in Dahme beerdigt. Im Herbst 1974 bin ich nach Dahme und Wildau gefahren, um die Gräber von Ottwalts Eltern zu besuchen; leider waren sie nicht auffindbar. Doch ortsansässige Friedhofsbesucher teilten mir mit, daß sich das Grab von Ottwalts Vater in Dahme befände. Zum Tode der Mutter teilte mir Mattenklott noch mit, daß die alte Dame "einfach eingegangen" sei, ohne Krankheit, auch aus Enttäuschung darüber, daß der Sohn Kommunist wurde.

Am 6. März 1974 habe ich Wieland Herzfelde das zweite Mal besucht. Noch am 28.1. sagte mir H. am Telefon: ein Mann, der diese Zeitschrift herausgibt (die "europäischen ideen"), sollte von mir kein Material bekommen. Ich hatte H. erneut nach den Verträgen gefragt.

Herzfelde meinte, Ottwalt hätte im alkoholischen Zustand eher die Wahrheit gesagt als im normalen Zustand. Hier traf Herzfelde möglicherweise einen wunden Punkt bei Ottwalt. Schon Ottwalts Vater hatte, wie Mattenklott berichtete, gerne tief ins Glas geschaut. Kann man also von einer alkoholischen Erbschaft sprechen? Daß Ottwalt trank, bestätigten Ilse Bartels, Hermann Budzislawski und Mattenklott.
In gewisser Hinsicht bestätigte Mattenklott den wohl überspitzt formulierten Ausspruch Herzfeldes: Ottwalt habe Mattenklott einmal gesagt, erst wenn er eine bestimmte Portion Alkohol in sich hätte, könne er erst richtig denken. Gleichzeitig schränkte Mattenklott ein: "Ich habe Ottwalt nie betrunken gesehen." (4.8.73) Ottwalt trank gerne Bier, auch Schnaps.
Ottwalt konnte manchmal "im Suff auch Dinge sagen, die blöde wären" (5.11.73): so Ilse Bartels, und im selben Gespräch betonte sie, daß die Charaktere von Herzfelde und Ottwalt "grundverschieden" waren. Obwohl sie miteinander befreundet gewesen seien, hätten sie nicht zueinander gepaßt.
Die tätliche Auseinandersetzung zwischen Ottwalt und Rodenberg im Herbst 1936 in Moskau auf offener Straße sei, wie mir Ilse Bartels am 3.1.74 schrieb, "vermutlich auch durch Alkohol befördert" gewesen.
Auch Waltraut Nicolas berichtete, in einem Brief an Erwin Piscator v. 4.12.61, daß Ottwalt "sehr blau, sehr verstört" nach der Auseinandersetzung mit Rodenberg zu ihr zurückkam. (vgl. Kap. Piscator)
Den "stiernackigen Bierstudenten" Ottwalt sah Hermann Budzislawski klar vor sich, als ich ihn am 14.1.74 in der Ostberliner Redaktion der "Weltbühne" besuchte. War Ottwalt erst einmal "stinkbesoffen", konnte er "scheußliche Reden" führen, meinte Budzislawski, der sich ansonsten nur mühsam an Ottwalt erinnern konnte/wollte. (Budzislawski traf häufig mit Ottwalt im "Conti" zusammen, wo man offenbar über Ottwalts Mitarbeit an der Prager "Neuen Weltbühne" verhandelte.- An Ottwalts Agententätigkeit schien Budzislawski 1974 nicht zu zweifeln.)

War der Alkohol also doch Ottwalts ärgster Feind, wie Herzfelde sagte? Manches deutet darauf hin, daß sich die Irrungen und Haltlosigkeiten in Ottwalts Jugend später, in der Emigration, sozusagen politisch rächten. Vielleicht vermochte Ottwalt seine Freikorpsmentalität, inzwischen gläubiger Marxist geworden, nie ganz überwinden und fiel immer wieder, durch Alkohol "befördert", in seine (wie man vor allem in der DDR sagt) reaktionäre Vergangenheit zurück.
Nahm nun Herzfelde alles, was Ottwalt "im Suff" sagte, für bare Münze? Mir gegenüber behauptete Herzfelde am 6.3.74, Ottwalt habe im Suff selbst gesagt, er hätte für die Reichswehr gearbeitet. Aber ist nicht auch diese Aussage Herzfeldes zweideutig? Meinte Herzfelde die Zeit um 1920, die Ottwalt sehr freimütig in seinem Roman "Ruhe und Ordnung" schildert? Oder meinte er die Phase nach 1933, in der man Ottwalt, gerüchteweise, in die Nähe der Gestapo brachte?

Im alkoholischen Zustand habe Ottwalt eher die Wahrheit gesagt als im normalen Zustand. Und H. wiederholte mir gegenüber seine Zweifel, daß Waltraut Nicolas die legale Frau Ottwalts gewesen sei, was für H. offenbar ein belastendes Indiz darstellen soll. Im weiteren Verlauf dieses Gesprächs habe ich dann Herzfelde in mein Wissen um die beiden Telegramme eingeweiht. Er war keineswegs erstaunt. Offenbar glaubte er, darüber mit mir schon gesprochen zu haben. Ich fragte Herzfelde nun: Haben Sie Ottwalt in Moskau angezeigt? Herzfeldes Antwort: Nein. An den Wortlaut der Telegramme wollte sich H. nicht mehr erinnern.
Daß Ottwalt Petersens Kontaktmann in Prag war, nahm H. der Partei möglicherweise übel. Mir gegenüber warf H. Ottwalt vor, daß sich dieser Eingriffe in die Redaktion der "Neuen Deutschen Blätter" anmaßte. Vielleicht entwickelte sich auch aus dieser "Konkurrenzsituation" eine Entfremdung zwischen Autor und Verleger. Im Gespräch mit Herzfelde gewann ich jedenfalls den Eindruck, daß Herzfelde von Ottwalts "Schuld" überzeugt war. Psychologisch gesehen, hatte Herzfelde eigentlich keine andere "Wahl". Denn glaubte er nicht an Ottwalts "Verrat", müßte Herzfeldes gesamte (stalinistische) Vergangenheit zusammenbrechen, mithin sein Kampf für den Kommunismus. Hätte Herzfelde aus den stalinistischen Verbrechen gelernt, hätte er sich nach 1956 bekehrt, sich entwickelt zu einem kritischen Marxisten, dann hätte sich seine eigene frühere Denunziation als ein Verbrechen offenbart, das freilich ungesühnt blieb (ungesühnt bleiben mußte, weil es in der Deutschen Demokratischen Republik keine gerichtlichen Instanzen geben konnte, die Verbrechen gegen die Menschlichkeit, begangen von moskautreuen Kommunisten, aburteilten).
Mit dieser Lebenslüge gelang es Herzfelde nach dem Zweiten Weltkrieg offenbar vorzüglich, sich ein behagliches DDR-Dasein einzurichten.

Daß jemand mit dieser Vita höchste Positionen und Auszeichnungen in der DDR erhielt, ist auch im Sinne einer unbewältigten (stalinistischen) Vergangenheit dieses zweiten deutschen Staates zu interpretieren. Ich zitiere aus dem Biographienband "Namen und Daten" (Bonn-Bad Godesberg 1973):

> 1948 Rückkehr nach Deutschland. Seitdem Lehrtätigkeit an der Leipziger Universität. Prof. mit Lehrstuhl für

Soziologie der neueren Literatur an der Fakultät für Journalistik der KMU Leipzig. Mitglied der Deutschen Akademie der Künste (zeitweise deren Vizepräs.). Jetzt im Ruhestand. Mitglied des Vorstandes des PEN-Zentrums der DDR. 1967-70 Sekretär der Sektion Dichtkunst und Sprachpflege DAK.- Auszeichnungen: Vaterländ. Verdienstorden in Silber (1961) und in Gold (1966). Stern der Völkerfreundschaft in Silber (1971). (112)

Gegen meine Darstellung könnte und dürfte Herzfelde Einwände geltend machen. Ich kann nur untermauern, daß es mir nicht darum geht, einem verdienten Altverleger die Ruhe des Lebensabends zu nehmen. Doch ein Buch über Ottwalt zu schreiben ohne die Person Herzfeldes mit all ihren Widersprüchen und Ungereimtheiten: wäre das Ottwalt gegenüber loyal? Was ich Herzfelde aufgrund meiner Aufzeichnungen und Informationssammlungen in den Mund lege, ist, streng juristisch, schwer beweisbar. Vielleicht hat H. vor bundesdeutschen Gerichten sogar Möglichkeiten, meine Behauptungen verbieten zu lassen?

Wie empfindlich Herzfelde bereits auf das Buch von Waltraut Nicolas "Viele tausend Tage" reagierte (obwohl H. dort nicht namentlich erwähnt wird), zeigt ein Brief Herzfeldes, den mir Ilse Bartels zur Verfügung stellte. Zuvor das entsprechende Zitat aus dem Nicolas-Buch:

> Rudenkos Rede /1946, AWM/ hatte Ernst rehabilitiert, aber keiner seiner einstigen Kollegen, die doch sonst den Aussprüchen der Moskauer Mächtigen soviel Achtung erwiesen, dachte daran, sich an dem Fall Ernst Ottwalt "die Finger zu verbrennen". Stattdessen erfuhr ich nun von einem Gerücht, das unter ihnen bereitwillig gläubige Aufnahme gefunden hatte: "Ernst Ottwalt war ein Agent der Gestapo; er wurde schon 1937 in Moskau erschossen." Wer das Gerücht in Umlauf gebracht hatte, weiß ich nicht. Ich erfuhr nur, wer es weitergab - und das war schmerzlich genug. Denn diesen Menschen hatte Ernst wirklich für einen Freund gehalten. Als Ilse ihm einmal im Theater begegnete, sprach er sie an und erklärte überzeugt: "Ottwalt ist mit Recht erschossen worden. Schon ehe er nach Rußland ging, habe ich es gewußt, daß er für die Gestapo arbeitete." (119)

Sechs Jahre nach Erscheinen des Buches "Viele tausend Tage" schrieb Herzfelde an Ilse Bartels u.a. (24.10.66):

> Vielleicht wissen Sie, daß Ihre verstorbene Schwester Traute Ottwalt mir vor mehreren Jahren begreiflich unsachlich allerlei Vorwürfe gemacht hat, bei denen sie sich u.a. auch auf Sie berief. Ich habe damals ausführlich geantwortet, den Brief aber dann nicht abgeschickt.
>
> Warum? Weil ich um die Zeit gerade in einem Buch von Frau Traute las, wie sehr sie den Fall Ottwalt im Sinne des kalten Krieges interpretierte. Das hätte sie mit meinem Brief möglicherweise auch gekonnt. Mir liegt aber daran, meinem einstigen Freund und Autor, soweit es mir

möglich erscheint, gerecht zu werden, aber nicht dadurch, daß ich eine Agitation fördere, die letzten Endes auch zur Wiederherbeiführung von Vorgängen führen könnten, deren Opfer Ottwalt geworden zu sein scheint. Ich sage scheint, weil ich an Details zu wenig und zu Widerspruchsvolles gehört habe.
Ich glaube, sinnvoller als irgend eine Wiederaufnahme mancher mir unklarer Fragen ist es, jenen Ottwalt, der die beiden Bücher im Malik-Verlag geschrieben hat, nicht zu vergessen und nicht zu verkennen. Und dazu gibt mir die Ausstellung Gelegenheit.

Eine erstaunliche Argumentation Herzfeldes, die hier nicht weiter kommentiert sei, weil sie für sich (gegen die DDR, gegen Herzfelde) spricht. Nur ein Wort zum letzten Absatz des Briefes. Die Tendenz unbequemen Fragen auszuweichen (Fragen nach den stalinistischen Verbrechen) habe ich in der DDR immer wieder, vor allem bei der älteren Generation, angetroffen. Nur "jenen Ottwalt" der Malik-Bücher zur Auferstehung zu verhelfen, heißt doch, Geschichtsklitterung vorzunehmen, die Amputation eines Gesamtwerks (einschließlich der Prager und Moskauer Jahre), das der vollständigen Edition in der DDR immer noch harrt.

Wie lange sich die Falschinformationen, Ottwalt sei als Agent in der Sowjetunion erschossen worden, in den einschlägigen DDR-Lexika hielten, wird in einem späteren Kapitel aufzuzeigen sein. Hatte auch hier Herzfelde seine Hand im Spiel?

Ich erwähnte bereits, daß es nach Herzfeldes "Verdacht" einen großen Wirbel in der Prager Emigration gab, der mit mehreren Parteiaustritten bzw. -ausschlüssen endete. Hans Jaeger und Julius Hollos verließen die Partei, was erhebliche nachteilige Folgen für die "Renegaten" hatte. Darüber berichtet ebenfalls Kurt Hiller in seinen "Roten Rittern" mit Verweis auf einen Artikel in der "Sozialistischen Warte" v. 1939, 13/I unter dem Titel "Die Zurückgelassenen" (d.h. die von der KPD im Stich Gelassenen): Hollos, Bernhard Menne, Max Herb (Eugen Brehm), Otto Wollenberg, Jaeger, Gerhard Gleißberg wären beinahe den Nazis zum Opfer gefallen.-

Es wäre zu untersuchen, ob die Genannten auch Opfer der Prager Ottwalt-Affäre waren, die von Herzfelde ausgelöst wurde. Hat sich der Kreis also geschlossen?

Daß, im Gegensatz zu Hugo Hupperts Auslassungen, die Mär vom Gestapo-Agenten Ottwalt in der Emigration die Runde machte, bezeugte auch Harry Schulze-Wilde, der mir am 25.7.74 bei einem Besuch in Ottobrunn erzählte, Peter (Charly) Kast habe ihm einmal gesagt, Ottwalt sei Gestapoagent. Schulze-Wilde war zehn Jahre KPD-Mitglied und veröffentlichte 1965 in München die Theodor-Plievier-Biographie "Nullpunkt der Freiheit", in der auch tragische Details über die letzten Lebensmomente Heinrich Vogelers in der Sowjetunion mitgeteilt werden. (vgl. Heft 14/15 der "europäischen ideen") Schulze-Wilde sprach von "Schurkereien" Herzfeldes, den er das letzte Mal 1935 in Prag sah.

Von Julius Hollos erfuhr ich am 21.12.73 anläßlich einer Begegnung in Berlin, daß Egon Erwin Kisch ihm 1937 oder 1938 erzählt hätte, Lion Feuchtwanger hätte Kisch gegenüber behauptet (nach einer Unterredung mit Stalin), Ottwalt sei ein Gestapo-Agent, das sei bewiesen.- Anekdote oder Wirklichkeit? Ein von stalinistischen KPD-Leuten in Umlauf gebrachtes Zweckgerücht? Wer vermag das heute zu überprüfen?
Von Herzfelde, dem "Obergauner" (Hollos), hatte Ottwalt einmal einen Vorschuß für eine Arbeit verlangt. Vielleicht, so vermutete Hollos, sei es auch deshalb zu den tragischen Ereignissen gekommen. Ottwalt konnte sehr "von oben herab" sein, berichtete Hollos weiter. Möglicherweise sagte Herzfelde dieser "Hochmut der Dichter" (Hollos) nicht zu.
Hollos kam nach eigenen Angaben mit Ottwalt nur vier oder fünfmal in Prag zusammen, das letzte Mal etwa Mitte 1934. Zusammen mit Heinrich Süßkind und dessen Frau Anita sowie mit Werner Hirsch (dem Sekretär Thälmanns und Redakteur der "Roten Fahne") saß man an Ottwalts Tisch im Café Continental. Hollos meinte, daß Ottwalt auch mit Bruno Frei, Albert Norden und Alexander Abusch in Prag zusammengetroffen sei. In unserem Berliner Gespräch fielen ferner die Namen Milada Matisová, Lex Ende, Bihalij-Merin, Jarmila Haassová (die erste Frau von Willy Haas). Auch Louis Fürnberg dürfte Ottwalt gekannt haben.
(Das Fürnberg-Archiv in Weimar teilte mir am 19.4.77 mit, daß sich über Ottwalt kein Material im Archiv befinde.)

Auf Hollos bin ich übrigens durch Ilse Bartels gestoßen, die ich gefragt hatte, wer dieser "längst totgeglaubte Freund" sei, der in dem Buch ihrer Schwester "Viele tausend Tage" auf S.140 figuriere: "Mich /d.i. Waltraut Nicolas/ besuchte ein längst totgeglaubter Freund, mit dem Ernst und ich in unserem Prager Exil täglich zusammen gewesen waren."
Noch vor meiner Begegnung mit Hollos, schrieb mir der nach dem Zweiten Weltkrieg in London für Springer-Blätter arbeitende Journalist am 24.8.73, daß er Ottwalt "sehr gemocht, fast verehrt" habe.

Für Albin Stübs (1900), den ich 1974 in Hamburg traf, war es selbstverständlich, daß Ottwalt in der Prager AIZ schrieb, ein Faktum, das bis heute noch nicht gesichert scheint. Stübs erwähnte auch Ottwalts Zusammenarbeit mit Herzfelde, vor allem die Arbeit an Agnes Smedleys Übersetzung eines Buches über den Chinamarsch Mao Tse Tungs. Eine Bekannte von Stübs, Elfriede Weider, wurde mit der Übersetzung beauftragt. Und Herzfelde bat Ottwalt, mit der Übersetzerin das Buch durchzugehen. Da ich den Katalog des Malik Verlags nicht zur Hand habe, kann ich nicht sagen, ob das Buch von Agnes Smedley bei Malik erschienen ist. Jedenfalls bezeugt der Bericht von Stübs, daß Ottwalt nicht ausschließlich als Autor, sondern auch redaktionell für Herzfelde bzw. Malik arbeitete.
Stübs erinnerte sich auch an eine Begegnung im Prager Café Europa: Ottwalt saß mit Herzfelde zusammen und meinte, auf

Stübs verweisend, "der könnte uns auch mehr helfen, stattdessen legt er uns nur Balken in den Weg". Mit Ottwalt hatte sich Stübs also nicht viel zu sagen.
Bemerkenswert ist jedoch ein anderes Detail, das Stübs erzählte. Ottwalt sei hin und wieder mit Johannes R. Becher zusammen gewesen. Becher konnte, so Stübs, "furchtbaren Unsinn" zum Besten geben, während Ottwalt zur Gitarre spielte und anzügliche Studentenlieder sang. Man saß in den typischen Prager Weinstuben beisammen und trank.
Auch Stübs bestätigte, daß Ernst Bloch bei den Zusammenkünften im Schriftstellerclub - zusammen mit Ottwalt - anwesend war. Möglicherweise haben sich bei Bloch Erinnerungsschwächen eingeschlichen.
Schließlich deutete Stübs noch die KPD-Denunziationen an, die nach dem Bruch mit der Partei (im Falle von Stübs offenbar 1939) nicht unüblich waren. Aus Rache wegen seines Parteiaustritts sei er, Stübs, während der Internierung in England von KPD-Leuten denunziert worden.

14. Moskau. Huppert

Wie und unter welchen Umständen die Ottwalts Prag verließen, ist ungeklärt. Vermutlich reisten sie per Bahn ins Land der sozialistischen Verheißung. Die meisten Quellen nennen Herbst 1934 als Ankunftsdatum in Moskau. "Wieder in Moskau" ist der Titel von Ottwalts letzter Publikation in der Prager "Neuen Weltbühne" v. 1.11.34. Spätestens zur Zeit des Publikationstermins dürfte sich Ottwalt in der Sowjetunion befunden haben: den Beitrag hatte er vermutlich per Post nach Prag geschickt, Dauer der Postsendung vielleicht zehn Tage. Also könnte Ottwalt zusammen mit seiner Frau im Laufe des Oktober 1934 in Moskau eingetroffen sein.
Ilse Bartels berichtete, daß die Ottwalts auf Einladung des sowjetischen Schriftstellerverbandes nach Moskau gegangen sind. In welchem Hotel Ottwalts wohnten, scheint ungeklärt.

Zwischen dem 17.8.1934 und dem 30.8.1935 veröffentlichte Ottwalt eine Reihe von ziemlich sowjetkonformen Artikeln in der in Moskau täglich erscheinenden "Deutschen Zentral-Zeitung". Die Beiträge aus dem Jahr 1935 sind in dem Band "Schriften" wiedergegeben. Im März 1977 erhielt ich vom Amsterdamer Instituut voor Sociale Geschiedenis drei weitere Ottwalt-Arbeiten:
"Eine Genossin erzählt": ein Auszug aus Ottwalts Roman "Erwachen und Gleichschaltung der Stadt Billigen", der, laut DZZ-Redaktion, "vor Vollendung" stand. "Stadt und Land" ist der Titel einer Rezension von Adam Scharrers Bauernroman "Maulwürfe". "Dank an einen Toten" ist Ottwalts huldigender Trauerbericht über den am 1.12.34 von Stalin-Agenten ermordeten Leningrader Parteisekretär Sergej Mironowitsch Kirow. (vgl. Anhang)

Vom 18.6.34 ist ein kurzer Brief Ottwalts aus Prag datiert, den die Moskauer "Internationale Literatur" (die zunächst alle zwei Monate erscheint) in Heft 3/1934 veröffentlicht. Den ersten längeren Ottwalt-Aufsatz publiziert die IL in Heft 6, Ende 1934: Bemerkungen zu Erwin Piscators erstem Tonfilm "Der Aufstand der Fischer" (nach Motiven von Anna Seghers).
In den Jahren 1935/36 druckt die von Johannes R. Becher hauptamtlich redigierte "Internationale Literatur" (die nun monatlich erscheint als Zentralorgan der Internationalen Vereinigung Revolutionärer Schriftsteller)insgesamt neun Ottwalt-Beiträge ab: "Der Mann am Ende" (aus dem Roman "Erwachen und Gleichschaltung der Stadt Billigen"), "Die Prüfung" (über Willi Bredels KZ-Roman), "Gefährliche Geschichtsschreibung", "Lieber Kisch" (zum 50. Geburtstag), "Adagio für Posaune und große Trommel", "Die letzten Dinge", "Literatur des Todes", "In diesen Tagen" (drei Jahre Bücherverbrennung), "Porträt eines Generals", "Irrtum und Leistung" (über Bücher von L.Frank, Musil, Weiß).

Ottwalts Name ist im Redaktionskomitee der IL bis Heft 10/ Oktober 1936 verzeichnet. Ottwalts Verschwinden aus dem 12köpfigen Impressum war indes nicht vereinzelt. Auch Hans Günther findet sich nur bis zum Oktober-Heft erwähnt. Sergej Tretjakow ist zum letzten Mal im Juli-Heft 1937 verzeichnet; das Inhaltsverzeichnis für 1937 unterschlägt sogar die Tretjakow-Beiträge. Karl Schmückle, der an der IL mitarbeitete, verschwand ebenfalls.

Ottwalts letzte größere Prosaarbeit erschien im August 1936 in der von Willi Bredel und Bertolt Brecht redigierten Zeitschrift "Das Wort": Sie trägt den Titel "Der Unmensch" und schildert das Sterben eines Kommunisten in Nazideutschland. Unter den Initialen E.G.N. ist im September-Heft des "Wort" dann noch ein Aufsatz über Vicki Baum erschienen: "Unterhaltungsliteratur?". Hans-Albert Walter sprach mir gegenüber diesen Aufsatz Ottwalt zu (EGN für Ernst Gottwald Nicolas). Er ist auch enthalten in den "Schriften".

Heft 6 der IL erwähnt Ottwalts Aktivität als Redakteur der Moskauer Vegaar-Bibliothek (Vegaar=Verla gsgenossenschaft Ausländischer Arbeiter in der UdSSR), die 14täglich ein Bändchen antifaschistische Literatur herausbringen werde. Was aus dem Unternehmen unter Ottwalts Regie geworden ist, scheint ungeklärt.
Die Deutsche Bibliothek in Frankfurt schickte mir im Dezember 1973 einige Fotokopien von Vegaar-Titeln. Band 1 der Reihe ist Anna Seghers Erzählung "Der letzte Weg des Koloman Wallisch", Moskau 1936, herausgegeben von Ernst Ottwalt.
Bereits als zweiter Titel erscheint Ottwalts eigene Novelle "Die letzten Dinge", Moskau 1936 (die schon in der IL abgedruckt war). Auch beim dritten Titel zeichnet Ottwalt als Herausgeber: Ernst Fabris "Josef Gerl". Danach sind, wie die Deutsche Bibliothek mitteilte, keine Herausgeber mehr angegeben. Nur noch die Verlagsredakteure werden genannt. Sollten die Bände chronologisch erschienen sein, dann dürften "Die letzten Dinge" als Buch im Mai oder Juni 1936 herausgekommen sein, da die Titel von A.Seghers und E.Fabri in dieser Zeit in die Druckerei gingen. Auflage 11.000. (Die Angaben über das Ottwalt-Bändchen fehlten leider.)
Eine italienische Quelle benennt für die "Letzten Dinge" noch einen russischsprachigen Verlagsort: Meshdunarodnaja Kniga, Moskau 1935. Offenbar ist Ottwalts Novelle, die bereits im März-Heft der IL erschien, auch auf russisch publiziert worden. Wobei die Reihenfolge, erst russisch dann deutsch, sicherlich kein Zufall war, sondern den genauen Zensurbestimmungen der Russen entsprach.
In der Novelle geht es um das Sterben des deutschen Kommunisten Josef in Nazideutschland, der einer Bagatellkrankheit zum Opfer fällt. Josef hat Angst vor einer ärztlichen Behandlung, weil sie seine illegale Untergrundarbeit gefährden könnte. Seine Frau Anna, ebenfalls Kommunistin, versucht die letzten Geheimnisse aus Josefs Leben, das ihr fremd geworden ist, zu erfahren. Dazwischen tritt abrupt und gefühllos "der Andere", ein unbekannter Illegaler, der angeblich im Auftrag der Partei Josefs geheime Verbindungen ermitteln will.

Ottwalt zeichnet hier beklemmend den Zusammenprall des einsamen, qualvollen Sterbens eines Menschen mit der Institution Partei, der es im letzten Augenblick vor dem Tod eines Menschen lediglich um die "Sache" geht.

Es mag die Frage erlaubt sein, welchen Weg Ottwalt gegangen wäre, wäre er n i c h t ein Opfer der stalinistischen Säuberungen geworden. Hätte auch er, wie so viele andere, die Stalin überlebt haben, zum (intellektuellen) Verrat Zuflucht nehmen müssen? Daß Ottwalt im verallgemeinernden Sinne im Jahre 1936 Stalinist war, belegen seine publizistischen Arbeiten in der "Deutschen Zentral-Zeitung" ohne jeden Zweifel. War (und ist) dies nicht die Tragik kommunistischer Intellektueller, daß zwischen Wort und Denken, dem Geschriebenen und dem Gesprochenen, also zwischen der Öffentlichkeit und der Privatsphäre ein so enormer Abgrund klafft?
Ob Ottwalts Verhaftung ausschließlich oder teilweise auf das Konto Hans Rodenbergs ging, dem gegenüber sich Ottwalt offenbar allzu leutselig aussprach (und dann noch vermutlich im Suff, wo viele die Wahrheit sagen oder sich der Wahrheit zumindest annähern), wird wohl nie zu klären sein. Es scheint aber festzustehen, daß Ottwalt seine publizistischen Beiträge in der DZZ mehr oder weniger freiwillig, also mit Überzeugung schrieb, sicherlich im besten Glauben und womöglich beflügelt vom "historischen Augenblick": dem Aufbau des Sozialismus in der Sowjetunion.

"Kiew, Stadt des Sieges": Ottwalts Beitrag in der DZZ v. 12.6.35 beginnt so:

> Kiew,- da liegt die Stadt, mächtig hingestreckt auf den bewaldeten Höhen, die das gewaltige Band des Dnjepr in kühnem Bogen umschließt, und vor dem staunenden Blick breitet sich unendlich die herrliche ukrainische Ebene aus, fette Erde und sprossende Saaten bis hin zum matten Silberstrich des Horizonts./.../
> Heute sieht der Mensch, der zum ersten Male nach Kiew kommt, nichts mehr von alledem /gemeint ist das Leid des Bürgerkriegs, AWM/. Er sieht nur das Ziel aller dieser Leiden, den sozialistischen Aufbau, und er sieht in seiner einleuchtendsten, sinnfälligsten und überzeugungskräftigsten Form den Sieg der Nationalitätenpolitik Lenins und Stalins. Was Verbrecher und Narren, betrogene Bürger und hoffnungslose Zweifler jenseits der Grenzen als Utopie belächeln oder als Wahnsinn verschreien, das brüderliche Bündnis der Nationen, die sich zu friedlicher Arbeit am gemeinsamen Glück vereinigt haben, - hier ist es Wirklichkeit, atmende, blutvolle, lebendige Wirklichkeit. Und es genügt zu sagen: Geht hin und seht!
> (wiederabgedruckt in: Ottwalt, Schriften, S.137)

Ottwalt, der in seinen frühen Büchern so nüchterne historische Anwalt, hat sich hier in den zur Irrationalität verführenden Gegenstand vom sozialistischen Aufbau verrannt. Stalins Völkermorden konnte Ottwalt freilich in dieser Phase der

russischen Geschichte nicht voraussehen. Obwohl die meisten seiner journalistischen Elaborate "für den Tag" verfaßt waren, fällt doch eine bemerkenswerte Distanz- und Disziplinlosigkeit im Umgang mit der Sprache auf, etwa in der Verwendung stereotyper politischer Alltagsformeln, die, vom Politbüro und der Propagandamaschinerie vorgekaut, an der Grenze zum Kitsch siedeln: emotionsbeladener Blut-und-Boden-Schwulst à la russe.

> Ja, so stark sind sie. Und nach diesen sozialistischen Menschen, deren Körper oder deren Herzen noch die Narben des Bürgerkrieges tragen, wächst eine neue Generation heran, die sich ihrer gesellschaftlichen Verantwortung ebenso bewußt ist wie der Berechtigung ihres Anspruchs auf ein glückliches Leben in Arbeit, Wohlstand, Kultur und Schönheit. Seht sie über die Straße gehen, hört sie sprechen, seht sie in ihrem Palast der Pioniere - herrlich in einem weiten Park am Dnjepr gelegen, für den die Regierung im letzten Jahr dreieinhalb Millionen Rubel hergegeben hat - und erkennt, was es heißt: Kind sein in der befreiten Ukraine. (139)

Noch peinlicher ist Ottwalts Porträt einiger Wolgadeutscher "Sechs Menschen und eine neue Welt"; diese Menschen in der einzigen sozialistischen deutschen Räterepublik erbrächten durch ihr Leben und ihr Dasein den "herrlichen überzeugenden Beweis"für die Größe und die Schönheit dessen, was sich in den letzten siebzehn Jahren in der Sowjetunion ereignet habe.

> Ich höre sie sprechen, einfache Worte sind es. Sie reden frei und leicht, denn sie haben ja nichts von ihrer Freude und ihrem Stolz zu verbergen, und es gibt keine heimlichen Gedanken, die die Zunge schwer machen könnten. Ihre Gedanken sind klar und stark wie ihr Leben. Sie sprechen nach keinem kunstvollen Plan, aber was sich aus ihren Worten formt und vor uns greifbar und deutlich aufsteigt, ist die wunderbare Dichtung der sowjetischen Wirklichkeit, das Staunen, Ergriffenheit und Bewunderung wirkende Kunstwerk von der Geburt des neuen Menschen, von der Wandlung des Menschen in der neuen, gewandelten Gesellschaft. (125)

Diesen Text veröffentlichte Ottwalt am 24.1.35 in der DZZ. Im Gegensatz zu seinen prophetischen Voraussagen in dem Abrechnungsbuch "Deutschland erwache!" hatte sich Ottwalt hier völlig vergriffen. Man könnte sogar die These aufstellen, daß Ottwalts historischer Irrtum (seine Fehleinschätzung der sowjetischen Wirklichkeit) Ottwalt zum blutigen Verhängnis wurde. Die Utopie fiel direkt ins Grab. Hatte denn Ottwalt die alles zersetzenden Kräfte in dieser Phase des Sozialismus nicht erkannt oder nicht erkennen wollen? Reagierte er, sonst so sensibel, überhaupt nicht auf den ersten Moskauer Schauprozeß? Immerhin, Ottwalts letzter tagespolitischer Aufsatz erschien am 31.8.35 in der DZZ, also noch v o r dem ersten Schauprozeß. 1936 betätigte sich Ottwalt publizistisch nur noch als Novellist und Literaturkritiker.

Kann dies als Zeichen einer beginnenden Distanzierung gewertet werden? Als Ilse Bartels im August 1936 in Moskau eintrifft, machte Ottwalt "noch einen zufriedenen Eindruck".

In diese Zeit fällt auch ein Briefwechsel zwischen Ottwalt und Ignazio Silone, der am 30.8.36 aus Zürich einen Brief an die Redaktion der Moskauer Zeitschrift "Das Wort" schrieb, in dem er seine Mitarbeit bzw. Disksussionsbereitschaft in diesem Organ verweigerte mit Hinweis auf die Moskauer Prozesse.
Silone wolle kein "roter Faschist" werden. Die "Wort"-Redaktion hatte angeregt, daß zwischen Silone und Ottwalt eine Korrespondenz über Silones Roman "Brot und Wein" stattfinden sollte, den man dann im "Wort" abdrucken wollte.

An sich war dieser Vorgang erstaunlich. Denn Silones Roman schildert formal und ideologisch sehr überzeugend die Zweifel eines KP-Intellektuellen, Pietro Spina, der während der Mussolini-Diktatur in den Abruzzen die ländliche Bauernbevölkerung, die Ärmsten der Armen (die cafoni) revolutionieren möchte, d.h. Bewußtsein erzeugen möchte, Bewußtsein für die Notwendigkeit des Kampfes gegen die Unterdrückung durch die Herren. Die theoretischen Traktate aus dem fernen Rußland sind Spina fremd, sie erfassen nicht die spezifische Situation in Süditalien, über die Antonio Gramsci in der "Südfrage" reflektiert hatte.

Erstaunlich war die Aufforderung an Silone, mit Ottwalt zu diskutieren, auch deshalb, weil Silone sich schon 1927 von der KPI distanzierte und wenige Jahre später aus der Partei austrat. Da Silone, nicht zuletzt mit seinem Erstling "Fontamara", in Deutschland - vor allem dank Willi Münzenbergs Vertriebsapparat - viel gelesen wurde, sah man wohl in Moskauer deutschen KP-Kreisen die Notwendigkeit, mit Silone noch einmal einen Dialog zu versuchen.
"Den Brief Herrn Ernst Ottwalts habe ich bereits erhalten", aber Silone verzichtete darauf, die bereits vorbereitete Antwort nach Moskau zu schicken. (vgl. Heft 9 der "europäischen ideen": Silones "Brief nach Moskau", S.37)

Anders als Ottwalt reagierten Ervin Sinkó und Victor Serge, die sich in den 30er Jahren ebenfalls in Moskau aufhielten, auf die geschriebenen und ungeschriebenen editorischen Gesetze (sprich Zensur) in der Sowjetunion.
Bereits am 1.2.33 konstatiert V.Serge in einem Brief an Freunde im Ausland:

> Ich will euch nicht meine ausweglose situation beschreiben: Kein genosse mehr; alle die, mit denen ich zusammen war: deportiert, verhaftet, tot, verschwunden. Die unmöglichkeit, eine mehr oder minder lebhafte korrespondenz zu führen, sei es hier oder mit euch. Ein ständiger boykott, der mir hier jede geistige tätigkeit verbietet, die enormen schwierigkeiten des schriftstellers, die er kaum noch überwinden kann, wenn er weiterschreibt. Veröffentlichungen? Sie werden nur unter der bedingung geduldet,

daß sie verfälscht und manipuliert sind, dem tagesgeschmack angepaßt.
(Victor Serge: Für eine Erneuerung des Sozialismus, Hamburg 1975, S.119)

Und Victor Serge bezweifelt, daß seine Manuskripte, der Post anvertraut, nach Paris gelangen würden. Die Zensur halte sich nicht länger zurück, sie stehle alles, was ihr passe, sei der Brief eingeschrieben oder nicht.
Was Serge für das Jahr 1933 so düster schildert, dürfte erst recht für 1936 Geltung haben. Ist Ottwalt demnach auch "manipuliert" und "verfälscht" worden? - Von den "enormen Schwierigkeiten des Schriftstellers" in der Sowjetunion, von denen Serge spricht, konnte auch Ervin Sinkó ein trauriges Lied singen. Unter dem 14.6.35 notiert Sinkó folgendes in sein Tagebuch:

> Es wäre kurzsichtig und primitiv, von den persönlichen Erfahrungen mit einer subalternen Figur ausgehend, sich ein Urteil über das ganze Regime zu bilden. Auf der anderen Seite ist es eindeutig, daß das zentral registrierte und gelenkte Geistesleben seine vielleicht unvermeidlichen, aber deswegen nicht minder besorgniserregenden Gefahren hat. Wird ein Schriftsteller von einem der Lektoren des GIHL als politisch zweifelhaft oder gefährlich qualifiziert, bedeutet das nicht nur, daß vor diesen Schriftsteller eine Tür zuschlägt. So etwas wirkt hier wie bei einem Banküberfall der Druck auf den Knopf einer Alarmanlage: sämtliche Ein- und Ausgänge verschließen sich automatisch und hermetisch, aber nicht nur in einem Gebäude, sondern in allen Verlagen und Redaktionen Moskaus, das heißt der Sowjetunion. Dafür bin ich Zeuge.
> (Sinko: Roman eines Romans. Moskauer Tagebuch. Köln 1962, S.131/32)

Blieb Ottwalt in den zwei Jahren seiner literarischen Tätigkeit in der Sowjetunion also nur der opportunistische Kompromiß? Auskunft darüber könnten heute wohl allein die Moskauer Archive geben, sofern dort noch Manuskripte und Fahnen aus der Redaktionsarbeit des "Wort" und der "Interlit" existieren. Phantastisch wäre natürlich auch der Fund von Ottwalts Eigentum zum Zeitpunkt der Verhaftung Ottwalts durch den NKWD. Aber dieses Material darf als für immer verloren gelten - war es schon für Sina Walden nahezu unmöglich, Authentisches über ihren Vater, Herwarth Walden, in Moskau (!) in Erfahrung zu bringen, geschweige denn, an den Nachlaß H.W.s heranzukommen. (vgl. Heft 14/15 der "europäischen ideen")

Soweit einige faktische Aufzählungen über Ottwalts Wirken in der Moskauer Emigration. Hugo Huppert, lange Zeit stellvertretender Chefredakteur der IL, hat sehr genaue Erinnerungen an Ottwalt zu Papier gebracht, die weiter unten zitiert werden. Mit wem war nun Ottwalt in der Moskauer Zeit befreundet oder in Kontakt? Wer hat ihn wann und wo gesehen? Bis zu seiner Verhaftung am 6. November 1936 auf dem Roten Platz in Moskau versuche ich einige Stimmen zusammenzutragen, die noch Zeugnis ablegen können über knapp zwei Jahre in relativer Freiheit.

Curt Trepte, ein heute in der DDR lebender Schauspieler (der schon in Ottwalts "Jeden Tag vier" 1930 mitspielte), teilte mir am 10.7.73 mit, daß er Ottwalt in Moskau persönlich kennengelernt habe, doch nur zufällig bei den Schriftstellern und auch im Club der Arbeiter, "wo wir seine mit Brecht verfaßte 'Ballade vom Reichstagsbrand' kabarettistisch aufführten". "Wir": das war die Gruppe "Deutsches Theater Kolonne links". (vgl. Wangenheim)
Später traf die Theatertruppe, so Trepte weiter, Ottwalt auf der Landstraße nach Chortiza (Dnjeptopetrowsker Gebiet), wo er gemeinsam mit Erich Weinert und dem ungarischen Schriftsteller Barta eine Kulturreportagereise unternahm. Alle drei Schriftsteller hätten in der "Deutschen Zentral-Zeitung" einen gemeinsam unterzeichneten Artikel mit dem Titel "Deutsche am Dnjepr" publiziert, der im Archiv Trepte der Akademie der Künste der DDR vorhanden sei.
Briefe besitze er nicht, schrieb mir Trepte. "Gekannt haben werden ihn sicherlich Fritz Erpenbeck und Heinz Willmann, die in den Redaktionen von 'Das Wort' und 'Internationale Literatur' gearbeitet haben. Auch Alfred Kurella hat ihn gekannt." Erinnern konnte sich Trepte noch an Ottwalts Schmisse im Gesicht und an seine "kräftige Statur", als ich ihn am 14.1.74 in Ostberlin besuchte. (vgl.Kap.5)

Mit Heinz Willmann telefonierte ich am 6.2.75. Ottwalt sei in einem Moskauer Club mit Vorträgen und Lesungen aufgetreten, auch in der Bibliothek für ausländische Literatur. Willmann traf Ottwalt bereits vor 1933 in Berlin im BPRS. In Moskau, nach seiner KZ-Haft, ist Willmann 1935 mit Ottwalt zusammengetroffen, etwa bei Willi Bredel. Willmann betonte auch, daß Ottwalt wegen "falscher Bezichtigung" verhaftet worden sei.

Trude Richter, die ich am 7.3.75 in Leipzig besuchte, kannte Ottwalt sehr gut. Ottwalt soll im Hotel Kiewskaja gewohnt haben, Ottwalts Frau sei unbedeutend gewesen, oder meinte Trude Richter unscheinbar? Trude Richter arbeitete vor 1933 im BPRS und hatte sehr viel mit Johannes R. Becher zu tun.
In ihrem Erinnerungsbuch "Die Plakette" (Halle 1972) berichtet sie vor allem über ihren Lebensgefährten Hans Günther, der 1935 in Moskau sein Buch "Der Herren eigener Geist" (über die Ideologie des Nationalsozialismus) veröffentlicht hatte, das ich mir von T.Richter für einen Reprint in den "europäischen ideen" ausleihen wollte. (Hans Günther ist auch in Band 14/15 der "europäischen ideen" vorgestellt.)
In der "Plakette" schreibt T.Richter, daß Ottwalt parteilos war (S.222), offenbar ein Irrtum. Gleichzeitig erwähnt sie Ottwalts Mitarbeit an den "Neuen Deutschen Blättern", nachdem ihn Lukács einer "unverdient scharfen" Kritik in der "Linkskurve" unterzogen hatte:

Statt sich verbittert zurückzuziehen, brannte der begabte Autor bürgerlicher Herkunft jetzt darauf, die feige Anpassung sogenannter Demokraten an das Hitlerregime anzuprangern, und lieferte bereits für die ersten beiden Nummern unseres Prager Journals Auszüge aus seinem Roman "Erwachen und Gleichschaltung der Stadt Billigen", den er allerdings nicht mehr in Deutschland fertigstellen konnte. (222)

Auf Herzfelde war Trude Richter in unserem Gespräch nicht gerade gut zu sprechen. Zwischen H. und Hans Günther soll es (in Moskau?) zu einer Auseinandersetzung gekommen sein. Ich habe T.R. auch über das Ende von Hans Günther befragt, das in ihrem Buch nicht berücksichtigt wird. Sie reagierte nicht, offenbar funktioniert auch bei ihr ein Verdrängungskomplex, der den Fragen nach der Vergangenheit ausweicht, sie tilgt.
Lohnend war dieser Abstecher nach Leipzig kaum, obwohl mir T.R. ein literaturgeschichtliches Lesebuch der 7. Klasse, zugelassen vom VK (Volkskommissariat?) für Bildungswesen der UdSSR, Staatsverlag der nationalen Minderheiten der UdSSR, Charkow Kiew 1934, präsentierte, in dem Ottwalts "Generalversammlung" abgedruckt ist.
Bei der Rückreise aus der DDR, in Dreilinden, beschlagnahmte der DDR-Zoll ein 63-Blatt-Manuskript von Hans Günther "Der Fall Nitzsche", das mir Trude Richter mitgegeben hatte. Ich erhielt eine "Sicherstellungsverfügung", das Manuskript könne wieder erfragt werden.
Mein Einwand, Güthers Manuskript sei bereits 1935 in der Moskauer Zeitschrift "Unter dem Banner des Marxismus" erschienen, fruchtete nichts. Auch dies ein Beweis für eine unbewältigte Vergangenheit (und dadurch Gegenwart) der DDR.

Bereits am 12.12.73 wies mich Trude Richter brieflich auf einen Ottwalt-Artikel in der DZZ 1934/Nr. 189 hin: "Auf Euch blickt die Kulturwelt". Eine Fotokopie könnte ich über das MZGALi in Moskau erhalten.

Mit Alfred Kurella telefonierte ich am 28.11.73.
An Ottwalt konnte er sich kaum erinnern. Ottwalt habe sich in einem Milieu bewegt, in dem er sich nicht bewegte. Kurella nannte Heinz Neumann, Margarete Buber-Neumann. Kurella war allerdings sehr an Ervin Sinkó interessiert und fragte mich, ob ich etwas über den Verbleib von Sinkós Manuskript "Die Optimisten" wüßte. -
Der vor einigen Jahren in Zagreb gestorbene Sinkó (sein angeblich unter mysteriösen Umständen verschwundener Nachlaß könnte aufschlußreich sein) veröffentlichte 1962 in Köln ein Moskauer Tagebuch "Roman eines Romans", wo minutiös Sinkós Versuche, die "Optimisten" in Moskau zu verlegen, aufgezeichnet sind. A.Kurella kommt in dem Buch nicht schlecht weg. Weniger angenehm zeichnet Sinkó Herzfelde. Unter dem 21.4.36 notiert er:

> Ich lernte also Herzfelde kennen. Er gehört zu jenen Deutschen, die einen zu deutschen Eindruck, den Eindruck eines sehr akkuraten, von seiner eigenen Bedeutung überzeugten, sturen Menschen machen. Dieser Eindruck mildert sich nur, wenn er lächelt und seine schönen weißen Zähne zeigt. Da blitzt etwas im Gesicht auf,

> was ihn fast sympathisch macht. Aber dann erstarrt das Gesicht, der ganze Mensch wieder - als wäre das Lächeln ein Fauxpas gewesen, dessen er sich schämen muß. (347)

Dies ein kleiner Nachtrag zum Kap. Herzfelde. Ervin Sinkó wird in anderem Zusammenhang noch einmal zitiert werden.

Mit Margarete Buber-Neumann kam ich im Herbst 1973 in Kontakt. Sie kannte Ottwalt aus der Moskauer Emigration, wo sie, zusammen mit ihrem Mann Heinz Neumann, im Hotel Lux wohnte. Am 20.9. und 23.11.73 erwähnte M.B.-N. am Telefon eine Einladung der Ottwalts bei der Gräfin Charlotte Stenbock-Fermor, wo auch die Neumanns und Heinrich Kurella anwesend waren. Bei der Gelegenheit sei es zwischen Heinz Neumann und Ottwalt zu einem (freundschaftlichen?) Streit über "Gottwald" gekommen, also über Ottwalts früheren Namen. Mehr darüber vermochte M.B.-Neumann nicht zu sagen.

Auch bei Heinrich Kurella, der im Hotel Sojuskaja (?) wohnte, habe Ottwalt verkehrt. Das Hotel lag in der ulica Gorki (ohne NKWD-Wache). Oder waren die beiden Etablissements von H.Kurella und der Gräfin Stenbock-Fermor identisch?

Ottwalt, erinnerte sich Margarete Buber-Neumann, habe nie den Mund halten können. (obwohl doch Ottwalts Beiträge aus der damaligen Zeit auf stalinistischer Linie lagen: also auch bei Ottwalt der Widerspruch im Schreiben und Denken/Sprechen?)

Auf die Spitzeldienste mancher Emigranten angesprochen, meinte Buber-Neumann vielsagend-hintergründig: Wer war denn damals eigentlich nicht NKWD-Agent?

Am 28.7.73 veröffentlichte Margarete Buber-Neumann einen Artikel im "Bayernkurier" (vorausging ein Streit um eine WDR-Fernsehsendung über das Hotel Lux; den Buber-Neumann-Beitrag lehnte Jürgen Rühle ab), in dem sie u.a. schrieb:

> Seit Dezember 1935 arbeitete Heinz Neumann als Übersetzer für den Verlag Ausländischer Arbeiter. Im Verlagshaus durfte er nicht erscheinen. Die Manuskripte wurden ins Zimmer geliefert. Ende August brachte der Bote des Verlages neue Arbeit: Das Protokoll des "Prozesses der 16" in russischer Sprache. Nun waren wir gezwungen, diesen Wahnsinnsbericht zu übersetzen; die detaillierten Anschuldigungen des Staatsanwaltes Wyschinski, eine Mischung aus glatter Lüge und böswillig verdrehter Wahrheit. Und die Angeklagten gestanden alle Verbrechen, die ihnen vorgeworfen wurden, Verbrechen, die sie nie begangen hatten...
> Ende 1936 griff die Verhaftungswelle auf die Ausländer über. Jeden Tag erfuhr man, wen die NKWD in der letzten Nacht aus dem "Lux" geholt hatte. Es ging pausenlos. So wie Heinz Neumann und ich, saßen damals sicher viele Bewohner des "Lux" nachts wach und lauschten auf das Herannahen der Stiefeltritte und auf das Hämmern gegen die Tür. Wir hatten bis zum 27. April 1937 zu warten, bis zu der Nacht, in der sie kamen und Heinz Neumann verhafteten. Ich habe ihn nie wiedergesehen.

Margarete Buber-Neumann selbst wurde erst im Juni 1938 verhaftet.

Dies also war die Atmosphäre, in der sich die Ottwalts Ende 1936 befanden. Im August 1936 fand der erste Moskauer Schauprozeß statt. Vor Gericht standen u.a. Sinowjew und Kamenew. Alle 16 Angeklagten wurden zum Tode verurteilt und erschossen.
Daß Ottwalt in der Vegaar auch mit Heinz Neumann zu tun hatte, kann man annehmen, doch konkret ist über eine Zusammenarbeit der beiden auf dem Verlagssektor nichts bekannt.

Meine Anfrage bei Margarete Buber-Neumanns Sch wester, Babette Gross, der Frau Willi Münzenbergs, ob sie Ottwalt gekannt habe (wie z.B. Ilse Bartels behauptete), blieb erfolglos. Erfdglos blieb auch ein Vorstoß bei einem anderen Altkommunisten, Ernst Noffke, der in der 30er Jahren ebenfalls bei der Vegaar arbeitete und mit den Neumanns bekannt war. Noffke starb am 16.11.73 in Ostberlin: ich hatte seine Anschrift 12 Tage zu spät erhalten. Mein Besuch bei Noffkes Kindern am 16.7.74 blieb ohne Resultat. In Noffkes Nachlaß sollen sich umfangreiche Aufzeichnungen aus der Moskauer Zeit befinden.

Einen äußerst negativen Eindruck von Ottwalt hatte Oskar Maria Graf. In seiner"Reise in die Sowjetunion 1934" (Darmstadt 1974, ediert v.H.-A. Walter) berichtet Graf, daß er einmal Bela Kun bei Ernst Ottwalt im Hotel "Nowo Moskowskaja" traf. Ihm war Ottwalt, den er seit 1929 aus Deutschland kannte, "immer tief zuwider":

> Er hatte die aufdringlichen Allüren eines deutschen Korpsstudenten und sprach immer besonders betont parteitreu. Bela Kun rühmte ihn während des Heimwegs ungemein. "Er ist kein anständiger Mensch, aber ein wichtiger Genosse", spöttelte er einmal dazwischen. "Nein, ich glaub' auch nicht, daß er ein anständiger Mensch ist", sagte ich ironisch: "Aber ich versteh ja nicht, was man für die Politik für Leute braucht..." (96-97)

Das Graf-Manuskript könnte bereits im Frühjahr 1938 vorgelegen haben, meint H.-A. Walter, u.a. weil Graf in einer Nebenbemerkung äußerte, Ottwalt sei "inzwischen als faschistischer Spitzel verhaftet" worden. Wer oder was Graf zu dieser ungeheuerlichen Behauptung veranlaßte, sollte geprüft werden können. War Herzfelde der Urheber des Bösen?

Wenig vorteilhaft kommt Ottwalt auch bei Bernhard Reich weg. In seinem Erinnerungsbuch "Im Wettlauf mit der Zeit" (Berlin 1970) berichtet der zuletzt in der DDR lebende Theaterregisseur, in einem Kapitel "Piscator in Moskau", daß Ottwalt für einen Piscator-Film von der sowjetischen Gesellschaft Meshrabpom als Drehbuchautor vertraglich verpflichtet worden sei. An das Exposé konnte sich Reich jedoch nicht mehr erinnern. "Piscator klagte nur oft, er könne mit Ottwalt nicht arbeiten; er nehme die Arbeit auf die leichte Schulter und verstehe nicht, Stoff und Fabel zu analysieren." Das Projekt wurde schließlich fallengelassen. (337)

Das politisch unorthodox geschriebene Buch von Reich enthält - gewissermaßen ein Novum bezogen auf DDR-Maßstäbe - auch diesen Passus:

> Es verlautete, daß einige Ausländer (unsere Gäste und Korrespondenten, die wir wegen ihrer aufrechten antifaschistischen Haltung sehr schätzten) als Spione entlarvt worden seien. Internationale Organisationen, wie die MORT (d.i.Internat. Vereinigung der Arbeitertheater, AWM), gäben, falls dort die politische Wachsamkeit abgestumpft sei, den Feinden der Sowjetunion gute Gelegenheiten zur Infiltration von Spionen. Die Jahre der Verletzung der Leninschen Normen des Parteilebens warfen ihre Schatten voraus. (349)

Über die Beziehungen zwischen Ottwalt und Sergej Tretjakow ist bisher nur wenig bekannt geworden. Fritz Mierau hat in seiner verdienstvollen Tretjakow-Ausgabe "Lyrik Dramatik Prosa" (Leipzig 1972) einige Gemeinsamkeiten zutage gefördert. Mierau zitiert einen Brief, den Tretjakow am 15.7.33 an Brecht schrieb. Aus diesem Arbeitsbericht geht hervor, daß Tretjakow auch photographisch arbeitete, ein bedeutsames Faktum, denn ein bekanntes Ottwalt-Foto (das ich für die Umschläge von "Deutschland erwache!" und der "Schriften" verwendete) stammt von Tretjakow.
Er sei eben von einem Staatsgut auf der Krim nach Moskau zurückgekehrt und mache sich wieder an seine Bücher, schreibt Tretjakow an Brecht. Und weiter unten: "Das Staatsgut wird gerade von dem Genossen geleitet, von dem ich den 'Direktor' mache. Sie erinnern sich an dieses Thema, das ich auch dem Ottwalt angeboten habe." (502)
1936 veröffentlichte Tretjakow unter dem Titel "Menschen eines Scheiterhaufens" Porträts deutscher sozialistischer Künstler. Offenbar nur auf russisch. Ob auch Ottwalt porträtiert ist? Aufschlußreich könnte auch T.s "Autobiographie" sein, erschienen in der "Internationalen Literatur", Heft 4/5, 1932.
In seinem Tretjakow-Porträt referiert Mierau die Ottwalt-Lukács-Debatte aus dem Jahre 1932. Mierau zitiert Ottwalt gegen Lukács: "Ist es ein Zufall, daß in Deutschland den plastischsten literarischen Ausdruck des Fünfjahrplans gerade zwei Werke geben, die beide in ihrer Art durchaus 'Formexperimente' sind, Bechers 'Großer Plan' und Tretjakows 'Feld-Herren'? Die beide völlig gegensätzlicher Natur sind und über die die Typisierung 'Formexperiment' gar nichts aussagt?" (518)

Sergej Tretjakow habe Ottwalt sehr geschätzt, jedoch um dieselbe Zeit das "gleiche unverdiente Schicksal erlitten", schrieb mir Hugo Huppert am 18.9.73, der letzte noch Überlebende aus dem Redaktionskomitee der "Interlit". Huppert, den ich am 31.7.1974 in Wien besuchte, hat mir im September 1973 ein Fünf-Seiten-Manuskript über Ottwalt geschickt, das ich im folgenden ausführlich wiedergeben möchte.
Zunächst zitiere ich eine Nachschrift Hupperts, die er mir auf meine Fragen, H.s Manuskript betreffend, zusätzlich zukommen

ließ. Ich fragte Huppert am 12.9.73 (und hier nehme ich bereits Ottwalts Verhaftung, über die ich noch gesondert berichte, vorweg):
Am Ende Ihres Textes wird nicht ersichtlich, wer an Ottwalts Verhaftung beteiligt war. Wann wurde er verhaftet und wie war die Situation danach innerhalb der Redaktion der "Interlit"? Welche Gerüchte gingen um? Glaubte man tatsächlich an eine Schuld Ottwalts? Was wurde ihm überhaupt vorgeworfen?
Huppert am 18.9.73 an mich:

> Wer an O.s Verhaftung "beteiligt" war? Natürlich ausschließlich die sogeannte Sicherheitsbehörde des Staats; wer dahinterstand (außer dem NKWD-Chef N.I. Jeshow) kann auch heute niemand beantworten; wir Schriftsteller-Refugiumsleute waren die Betroffenen und Bestürzten. Wie es nachher in der "Interlit"-Redaktion aussah? Wir waren verstört und fassungslos, allesamt. Welche Gerüchte umgingen? Gar keine. Die von mir sogenannte "vernunftwidrige Katastrofe" (die jeden andern von uns ebenso treffen konnte, aber dann keinen traf außer mir: am 12.3.1938 wurde ich verhaftet und saß bis 28.4.1939, also fast 14 Monate, in Untersuchungshaft) - dieses öffentliche Konfusions-Ragout des gottlob nun längst überwundenen Stalinismus schadete am meisten dem Staat selber.

Hupperts Optimismus (vom überwundenen Stalinismus) in Ehren, die Wirklichkeit heute sieht anders aus. Huppert fährt fort:

> An eine Schuld Ottwalts glaubten wir, seine Freunde, nicht im mindesten. Ob seine Gegner Georg Lukács, Andor Gabor, dessen Frau Olga Halpern, Alexander (Sandor) Barta den Kollegen Ottwalt für einen "getarnten Volksfeind" oder ähnliches hielten, wußte und weiß ich nicht. Alle hüllten sich schockiert in Schweigen.

Huppert erinnert sich noch genau an eine Begegnung Mitte der 30er Jahre im Café-Restaurant des Moskauer Hotels Savoyen, wo man zu dritt, mit Willi Bredel, saß und am armenischen Sherry, der Spezialität des Hauses, nippte. Die Gewitterwand der auf den Kirow-Mord (1.Dezember 1934) folgenden Übergriffe einer unter Jeshow und Beria außer Rand und Band geratenen Sicherheitsbehörde hatte, so Huppert, "unsere Emigrantensphäre noch nicht erreicht".

> "Eine vernunftgemäße Katastrophe", sagte Ottwalt damals, "scheint uns der Tag, da wir die erste Brille anprobieren müssen oder da wir die erste Strähne grauen Haars überm Ohr entdecken - und uns sagen: du hast bisher noch nichts Eigenes geleistet"; Ottwalt strich sich lachend über den schimmernden Kahlkopf und zeigte uns seine dicke Hornbrille eines sehr kurzsichtigen Mannes. Er nannte sich selbst "Intelligenzler", wirkte unbedingt "akademisch", geizte mit gefühlsbetonten Auslassungen, sparte seine Freundschaftsbezeigung für seltene Gelegenheiten, gab sich eher verschlossen als allzu offenherzig, legte sichtlich Wert auf eine gewisse persönliche Distanz.

Diese Eigenheit deutete Huppert bei ihrer ersten Bekanntschaft als "Neigung zum argwöhnischen Abwarten". Dahinter aber glaubte Huppert Ottwalts verbitternde Erfah rungen mit Lukács entdecken zu können, Erfahrungen, die aus der Debatte in der "Linkskurve" 1932 resultierten. Die Wiederbegegnung mit Lukács und dessen Partisanen Andor Gabor und Olga Halpern in Moskau sei dem sonst unbefangenen Ottwalt "sichtlich ein Verdruß, zumindest eine Betrübnis" gewesen, schreibt Huppert, zumal da Ottwalt sehen mußte, daß Becher keineswegs für Ottwalts Standpunkt Partei ergreifen wollte.
Becher schätzte laut Huppert Ottwalt als "höchst originellen antifaschistischen Erzähler": etlichemal, habe ihm Becher damals nahegelegt, Ottwalts Roman "Denn sie wissen was sie tun" bei der Direktion des Goslitisdat, des Staatsverlags für schöne Literatur, zur Herausgabe in russischer Sprache zu empfehlen, doch der damalige Verlagschef Chalatow habe ihm immer wieder hinhaltende und vertröstende Antworten gegeben. Ottwalt habe von Becher "mehr erwartet" und Becher mußte, schreibt H., Ottwalts Enttäuschung wohl erraten haben und spüren, denn Becher räumte Ottwalt ("der in seiner westpreußischen Gradheit und Unverblümtheit dem bayrischen Chef-Kollegen Paroli bot") eine bedeutende Mitsprache-Plattform ein, indem er ihn ins Redaktionskollektiv der "Internationalen Literatur" kooptieren ließ.
Seit dem Mai-Heft 1936 ist Ottwalt im Impressum der IL aufgeführt (bis zum Oktober-Heft desselben Jahres). Über die Arbeit in der "Interlit" schreibt Huppert:

> In der "Interlit" war Ottwalt regelmäßig bei jeder Redaktionssitzung zugegen - wir waren im geräumigen Hintertrakt des alten Großkaufhauses am Kusnetzki-Most Nr. 12 in der Stadtmitte von Moskau untergebracht, im Brennpunkt der größten kommerziellen Lebendigkeit, deren Gebrause erst spätnachmittags nachließ.
> Ottwalt beteiligte sich fast leidenschaftlich an allen Beratungen und Diskussionen; er las, wie wir alle, eingereichte Manuskripte und war auch selber mit literarischen Beiträgen in unserer Monatsschrift vertreten - immerhin hatte die "Interlit" inzwischen die Position eines Sammelorgans der weltweiten Schriftsteller-Emigration deutscher Zunge erobert. Ich erinnere mich, Ottwalts großartige antifaschistische Novelle "Die letzten Dinge", sodann sein Manifest gegen die Bücherverbrennung "In diesen Tagen", hernach seine plastische Satire "Porträt eines Generals" (ich nannte sie für mich: Begräbnis des Preußentums) zum Druck befördert zu haben; ich genoß an Ottwalt vollauf die Gestaltungskraft und Ausdruckssicherheit eines Fontane-Schülers mit sozialistischem Vorzeichen.

Becher hatte 1934 durchgesetzt, berichtet Huppert weiter, daß Ottwalt mit zwei Romanfragmenten in der russischen "Internazionalnaja Literatura" präsentiert werde und selbst hierzu die monographische Vorrede verfaßt.
Ein Besuch im Ostberliner Becher-Archiv am Majakowski-Ring, gegenüber der Belgischen Botschaft (mit Polizeikontrolle) am

29.8.74 ergab den Nachweis für ein weiteres Engament Bechers für Ottwalt. Nach Auskunft eines Archivmitarbeiters existiere ein ca. 2-3 Seiten langer Aufsatz Bechers über Ottwalt, der von einem russischen Wissenschaftler in Lenigrad gefunden worden sei: es handle sich dabei um eine ukrainische Übersetzung Bechers, offenbar für eine geplante Edition. Im Becher-Archiv sei die Rückübersetzung dieses Textes aus dem Ukrainischen ins Deutsche vorhanden.

An diesem Tage wollte ich eigentlich Lily Becher besuchen, doch sie war abwesend; im übrigen seien Besuche im Becher-Archiv nur nach schriftlicher Anmeldung möglich, wurde ich belehrt.

Huppert berichtet weiter, daß Ottwalts "packende" Studie "Der Unmensch" (ihr lag ein Bericht aus Mitteldeutschland zugrunde, der im Sept.1933 im "Tribunal", der illegalen Zeitschrift der Roten Hilfe, veröffentlicht wurde) von Willi Bredel im August-Heft des "Wort" publiziert wurde; Bredel habe die Novelle rühmend über André Malraux' "Condition humaine" gestellt. Ottwalt habe in dieser Zeit in Moskau alle einlaufenden Erzeugnisse der hitlerfeindlichen illegalen Presse des Dritten Reichs verfolgt und studiert, "um sie in einem neuen Romanwerk zu verwerten" (Huppert). War dieses neue Romanwerk das bereits von Ottwalt in Prag begonnene Buch "Erwachen und Gleichschaltung der Stadt Billigen"?

Huppert berichtet über die erste Zeit der Ottwalts in Moskau:

> Ottwalt und Traute waren, als sie in Moskau eintrafen, völlig frei von romantischen Patina-Vorstellungen nach Art von Rilke-Verehrern "à la style russe", sie versenkten sich nicht in die verzückte Betrachtung von Baudenkmälern im Bojarengeschmack und suchten nicht die "ewige russische Seele", wie sie ein mißverstandener Dostojewski den meisten deutschen "Intelligenzlern" fetischhaft ins Hirn gepflanzt hat. Weder Leskow noch Bunin schien Ottwalt der Repräsentant des erzählerischen Russentums zu sein, das er als stilbildendes Erbe hätte anerkennen wollen, auch Leonid Andrejew nicht, den er ebenso gut kannte. Sogar den Zeitgenossen und vortrefflichen Erzähler Leonid Leonow bezeichnete er als "nicht ganz frei von Pose". Dasselbe meinte er im Hinblick auf Wsewolod Iwanow, und ich konnte ihm dies Fehlurteil weder ausreden noch verzeihen.

Huppert taucht sodann in den Berliner Hochsommer 1929 hinab, als er, Gelegenheitsgast des Romanischen Cafés, Ottwalt kennenlernte. In einer Art nüchterner Schwärmerei sei Ottwalt damals ganz überwältigt von Gladkows Roman "Zement" gewesen und habe die Überzeugung geäußert, nicht ein Pope, nicht ein Arzt noch Pädagoge werde für Rußlands kommende Romanliteratur tonangebend sein, sondern der Maschinenkonstrukteur und Bauingenieur.(Auch hier wieder die Nähe zur Thematik Tretjakows.)

> Ottwalt stand ganz unter dem Eindruck des in der UdSSR angelaufenen ersten Fünfjahrplans, den er als "entschiedenste Schwerpunktverlagerung der Weltgeschichte"

erkannte und pries. Und nun, in Moskau seßhaft geworden, wiederholte er mir das Kredo: Rußland lege seine Wahrheit heute in den Mund der Techniker, Baumeister, dieser Pragmatiker des Materialismus. "Ich wette, wir müßten etliches lernen von Leuten wie Gleb Uspenski",

> meinte er; "Belletristen-Kardinäle wie Lukács, mit ihrer Kulinariersophistik, sind schuld, daß man auf deutschem Boden Uspenski nicht kennt, den Ahnherrn sozialer Wirklichkeitsschilderung, den Lehrmeister der Otscherkisten (Skizzenverfasser)..."

Huppert wandte im Gespräch ein: Uspenski sei zwar als Revolutionär und Realist unumstritten, figuriere aber in Rußlands Geistesgeschichte zugleich als Prediger einer "Urkraft der Scholle" und Gegner alles Urbanen, Industriellen.

> "Auf unsre Planjahrfünfte hätte er gepfiffen", sagte ich, und das wunderte Ottwalt; er hegte einen tiefen Unwillen gegen jede Idealisierung des Dorfes.

Dabei wirkte Ottwalt auf Huppert äußerlich selbst wie ein baltischer Bauerntyp, der mittelgroß war, stämmig, der kräftige, derbe, blondbehaarte Hände hatte und einen schaukelnden Gang, der niemals Verkrampfung zeigte, immer Gelassenheit. Ottwalts "akademisches" Naturell sei freilich im Gespräch sogleich hervorgetreten.

Von der leidigen "Emigrantenpsychose" sei das Ehepaar Ottwalt frei geblieben, man "ging auf im Lebensgefühl von Menschen, die mit der neuen Umwelt geistig-sittlich übereinstimmen". Beide lernten russisch, wobei Traute ihren Mann überholte: "ihm fehlte das sprechphonetische Gehör, seine Zunge fügte sich nicht". Huppert, seit vielen Jahren in der Sowjetunion und Majakowski-Spezialist, dürfte ein exakter, glaubwürdiger Kronzeuge für dieses Detail sein. (Das Nichtbeherrschen des Russischen konnte sich gerade in Haft und Lager tragisch auswirken.) "Eine polnische Amme müßte man gehabt haben, in Schlesien zur Welt gekommen sein", soll Ottwalt zu Huppert gesagt haben, auf dessen Herkunft anspielend.
Ottwalts "literarisch hochbegabte" Frau Waltraut Nicolas kannte Huppert "persönlich recht gut" dank ihrer vorübergehenden Redaktionsarbeit (1935) in der Moskauer "Deutschen Zentral-Zeitung", wo Huppert die Kulturrubrik leitete.
Am 18.9.73 hat mir Huppert, nach seinem langen Manuskript, noch einen Schlußabsatz zugeschickt, aus dem ich zitiere:

> Keiner von uns glaubte einigermaßen ernstlich an eine Schuld Ottwalts und Tretjakows. Zu unser aller Ehre muß ich festhalten, daß es zwischen und um uns nichts gab, was man als mutmaßungswilliges Getratsche und Gequatsche bezeichnen könnte. Ich kann mich auch keiner Gerüchte entsinnen, die damals sozusagen aus dem Milieu der Straße oder gar des Schriftstellerverbandes, die Verhaftungen betreffend, zu uns drangen. Wir hätten sie entschieden zurückgewiesen.
>
> Wir hätten für die Erfüllung unserer großen antifa-

schistischen Mission mehr solcher Geister vom Format Ottwalts und Tretjakows gebraucht! Und heute ist es für uns Überlebende eine tröstliche Genugtuung (freilich überschattet von der nachhaltigen Trauer), daß die im nachhinein ehrenvoll rehabilitierten Gefährten mit ihren Namen, ihrem Leben und Wirken, im vollen Licht geschichtlicher Würdigung für uns weiterwirken und weiterleben.

Am 10.8.73 schrieb mir Huppert u.a., daß Waltraut Nicolas' Buch "Viele tausend Tage", das Werk dieser "integren und begabten Frau" erschütternd geschrieben sei, aber zu einer "(subjektiv verständlichen) Tendenz" neige, die er nicht akzeptieren könne. Anläßlich meines Wiener Besuchs hat Huppert den Stuttgarter Steingrüben Verlag, der "Viele tausend Tage" verlegte, als CIA-Verlag bezeichnet, ohne diese Anschuldigung zu belegen. (Für diese Edition konnte ich weitere auf Band registrierte Gespräche mit Huppert nicht auswerten.)

15. Verhaftung, Lager

Huppert erwähnt in seinem Text auch den ungarischen Schriftsteller Julius Hay, dessen "heimtückische Feindschaft" Ottwalt in Moskau zu spüren bekommen habe. Es scheint aber genau umgekehrt. Denn Hay schreibt in seinem Erinnerungsbuch "Geboren 1900" (Hamburg 1971), daß ihm Ottwalt sympathisch war, "sympathischer als viele unserer anderen Kollegen, ich konnte in ihm nicht ohne weiteres den Spion und Verräter sehen, den man in den unzähligen unbekannten Verhafteten doch zu sehen versuchte." Da Ottwalt der erste Verhaftete "in unserem engeren Kreis" war, wollte man Ursachen wissen, und es begann ein Herumraten. (224)

> (Ottwalt) hatte in seiner Novelle "Der Spitzel" Handwerk und Psychologie des berufsmäßigen Spitzels sehr lebenswahr beschrieben. Bis dahin galt das nur als Beweis seiner Begabung. Plötzlich fragte man sich: wo hat er dieses Wissen erworben? Hat er das nicht in der Praxis gelernt? War es nicht ein Zeichen außerordentlich genauer Selektion der Sowjetpolizei, daß sie gerade den Mann näher ansehen wollte, der die Technik des Spitzelns studiert hatte? (Seinen Tod im Arbeitslager konnte man damals ebensowenig vorhersehen wie die bevorstehende Auslieferung der Ehefrau an die deutsche faschistische Polizei.)
> Wenn ich mir sagte, hier wurde ein völlig unschuldiger Mensch verschleppt und später auch getötet, dann mußte ich einsehen, daß mich bis dahin der reinste Zufall vor einem ähnlichen sinnlosen Tod gerettet hatte. (225)

Als Ottwalt im November 1936 in Moskau verhaftet wurde, war Julius Hay "geneigt, an einen Irrtum zu denken". Erstaunlich, wie sich Hays und Hupperts Berichte widersprechen. Huppert hatte keine Gerüchte über Ottwalt wahrgenommen - Hay glaubt, in Ottwalts Novelle "Der Spitzel" die Gerüchteküche mächtig dampfen gesehen zu haben. Oder geht hier manches chronologisch durcheinander? Sind die Gerüchte erst nach 1945 entstanden (etwa durch Herzfelde)?

Eine eigenständige Novelle mit dem Titel "Der Spitzel" ist im übrigen in Ottwalts Produktion nicht nachgewiesen, obwohl auch Traute Nicolas von einem derartigen Sujet spricht: als sie Ernst damals (in den 30er Jahren) von dem Gespräch mit dem Dicken (ein junger Bursche, den die Gestapo anheuerte) erzählt hatte, war Ottwalts Erzählung "Der Spitzel" entstanden, "die nach unserer Verhaftung so viel Anlaß zur Legendenbildung gab. Um sein eigenes Erleben handele es sich hier, behaupteten die klugen Freunde; er selber sei dieser Spitzel gewesen, der dann so unentrinnbar unter die Räder gekommen war." ("Viele tausend Tage" 180,vgl. auch 119)
Gedruckt liegt eine derartige Erzählung nicht vor. Vielleicht kursierte sie in Abschriften und sollte zum Druck befördert

werden. Darüber könnten Moskauer Archive Auskunft geben. Möglich ist auch eine Verwechslung: In seinem Erstling "Ruhe und Ordnung" (1929) trägt ein Kapitel die Überschrift "Spitzel". Darin schildert Ottwalt (im Mai 1919!) freimütig seine jugendlichen Verirrungen im Dienste von reaktionären Freikorpsverbindungen.

In den 30er Jahren haben auch Brecht und Willi Bredel Erzählungen mit dem Titel "Der Spitzel" verfaßt.

Nachzutragen wäre noch, weshalb Huppert von Hays "heimtückischer Feindschaft" Ottwalt gegenüber sprach. Huppert ist in Hays Buch als NKWD-Mann bezeichnet worden, was der so Angeschuldigte schwer übelnahm.

Alfred Kantorowicz war mit Ottwalt noch wenige Tage vor dessen Verhaftung in Moskau zusammen. Kantorowicz, Gast der sowjetischen Schriftsteller nach einem Erholungsaufenthalt im Kaukasus, sah sich am 7. November 1936 die Parade auf dem Roten Platz an. "Am 8. oder 9. fuhr ich ab. Unmittelbar vor meiner Abfahrt rief ich noch mehrfach dringend bei Ottwalt an, da wir verabredet waren, uns vor meiner Abreise noch einmal zu sehen. Ich konnte ihn nie erreichen." (Kantorowicz an Waltraut Nicolas 9.5.58)

Am 6. November 1936 wurde Ottwalt zusammen mit seiner Frau auf dem Roten Platz in Moskau verhaftet, einen Tag vor den Revolutionsfeierlichkeiten in der Sowjetunion. Ilse Bartels, die im August 1936 nach Moskau kam, hat die Ottwalts in dieser Zeit erlebt. Bei der Verhaftung war sie dabei. Sie schrieb mir dazu am 28.6.73:

> Meine Schwester (Waltraut Nicolas) hatte im letzten Jahr die West-Universität in Moskau besucht. Ottwalt hatte geschrieben. Beide machten, als ich ankam, noch einen zufriedenen Eindruck, wenn auch die ersten Schauprozesse damals schon ihre Schatten auf alles zu werfen begannen. Gerade in Emigrantenkreisen entstand, nachdem einzelne Verhaftungen vorgekommen waren von Menschen, denen man niemals eine konterrevolutionäre Haltung zugetraut hätte, allmählich Unsicherheit und Befremden. Trotzdem machten Ottwalts und ich uns eigentlich keinerlei ernsthafte Sorgen. Warum auch?
> Am Abend vor den Oktoberfeierlichkeiten fanden auf dem Roten Platz die Proben für die große Parade statt. Wir hatten gut zu Abend gegessen und Wein getrunken und beim Zusehen gerieten Ottwalt und ich in einen völlig albernen Streit darüber, wieviele Soldaten in einer Reihe der Parade marschieren würden. Da wir diesen Streit auch noch in deutscher Sprache austrugen, war es an sich kein Wunder, daß uns ein NKWD-Mann unter dem Vorwand eines Uhrendiebstahls auf das nächste Revier bat, wo wir kurz vernommen wurden. Wir fanden das Ganze zunächst eigentlich nur komisch. Aber dann wurden wir vom Revier in die Lubjanka gebracht, wo

wir unter Bewachung die Nacht in einem Zimmer verbringen mußten. Ich glaubte noch immer, daß sich das Ganze am nächsten Morgen in Wohlgefallen auflösen würde. Aber es kam anders.

Waltraut Nicolas hat durch ihre Schilderung der Verhaftungsumstände auf dem Roten Platz und danach den Bericht von Ilse Bartels im wesentlichen bestätigt. In ihrem Buch "Die Kraft, das Ärgste zu ertragen" (Bonn 1958) hat Waltraut Nicolas ebenfalls über den angeblichen Uhrendiebstahl auf der Krim geschrieben. Der agent provocateur sagte noch, daß auch seine Dokumente im Sanatorium auf der Krim weggekommen wären. Ottwalt hätte darauf zu seiner Frau gesagt: "Das erstemal im Leben, daß man mich für einen Uhrendieb hält, - warum sollten wir uns den Witz entgehen lassen?" (12)
Als ein Polizeidolmetscher die Pässe der Ottwalts sah, fragte man die beiden, was sie auf dem Roten Platz nachts zu suchen hätten. Ottwalt habe dann gegen dieses erst beginnende Verhör protestiert. Da man in der Nacht den Fall nicht klären könne, solle man sich bis morgen früh gedulden - in der Lubjanka. Vier schwerbewaffnete Uniformierte begleiteten die Ottwalts über den Platz in das Untersuchungsgefängnis. Waltraut Nicolas: "Was kann uns denn passieren? Morgen wird sich alles aufklären, und dieses kleine nächtliche Abenteuer ist im Grunde nur amüsant." (14)

Die Nacht verbringen wir in einem komfortabel eingerichteten Bürozimmer auf einem Ledersofa. Morgens bringt man uns ein ausgezeichnetes Frühstück: Tee mit Zitrone, verschiedenen Aufschnitt, Käse, gute Zigarretten und bittet uns nochmals höflich, noch etwas Geduld zu haben.
Nachdem wir bis zum Nachmittag Geduld gehabt haben, teilt man uns mit, daß wir verhaftet sind. Unter einer "sehr ernsthaften Beschuldigung", - was für einer, erfahren wir nicht. (14)

Die Ottwalts wurden nach dieser amtlichen Mitteilung getrennt. Die Odyssee der Zellen und Lager begann...
Ilse Bartels wurde inzwischen wieder entlassen, wahrscheinlich, wie sie selbst annahm, weil sie in Deutschland für den Nachrichtendienst der Roten Armee gearbeitet hatte. Die Ottwalts blieben dagegen in Haft:

Erst nach tagelangem Suchen bekam ich heraus, daß sie im Butuirka-Gefängnis saßen. Die einzige Möglichkeit, ihnen zu helfen, war, daß man einmal monatlich einen gewissen Geldbetrag für sie am Gefängnisschalter einzahlen konnte. Wurde der Betrag angenommen, so wußte man wenigstens, daß sie noch dort waren. Außerdem konnte man einmal monatlich beim Staatsanwalt anfragen, ob die Ottwalts schon einen Prozeß gehabt hätten. Nach einem Jahr sagte mir der Staatsanwalt, sie seien zu 10 Jahren verurteilt worden (was nicht stimmte:

sie waren lediglich nach Stalingrad verlegt worden) und er dürfe mir als Ausländerin ihre Adresse nicht mitteilen. So waren meine Möglichkeiten, irgendetwas für die Ottwalts zu tun, erschöpft.

Und Ilse Bartels nahm den Vorschlag der Russen an, nach Spanien zu den Internationalen Brigaden zu gehen. Kurz zuvor wurde sie, im Herbst 1936, aus der KPD ausgeschlossen, weil sie behauptete, Ottwalt sei in der Prager Affäre (siehe Kap. Herzfelde) unschuldig und weil sie ohne Genehmigung der KPD Prag verlassen hatte. Diese Entscheidung begründete Ilse Bartels auch mit Kompetenzschwierigkeiten zwischen dem deutschen und dem sowjetischen Apparat.
Am 7. November 1936 sah Ilse Bartels ihren Schwager Ottwalt das letzte Mal, in der Lubjanka. Es sollten 22 Jahre vergehen, bis auch sie, wie ihre Schwester Waltraut, von dem tragischen Ende Ottwalts erfuhr. Sie glaube nicht, daß Ottwalt erschossen wurde. "Er wird, da er gesundheitlich nicht der Stärkste war, den Strapazen des Lagerlebens einfach nicht gewachsen gewesen sein. Auch die Russen hungerten während des Krieges, umsomehr natürlich die Lagerinsassen." (Brief an mich 28.6.73)

Ottwalt starb - möglicherweise einen grauenvollen Tod - am 24.August 1943, noch keine 42 Jahre alt.

In einem unveröffentlichten Manuskript schreibt W.Nicolas, daß sie und ihr Mann drei Jahre in Untersuchungshaft gesessen hätten. Der NKWD konnte "keinerlei belastendes Material" zutage bringen. Im Gegenteil ergab sich, daß die Aufdeckung einer anderen Spionageaffäre "durch Mithilfe der beiden Verhafteten" erfolgt war, weswegen man die Ottwalts 1939 unter einer anderen Begründung verurteilte, von der in der Untersuchung nie die Rede gewesen war. Das Urteil lautete jetzt auf 5 Jahre Lager, von denen 3 als verbüßt galten. Ottwalt kam nach Archangelsk, seine Frau nach Kotlass, von wo sie jedoch 1940 nach Moskau zurücktransportiert wurde, um im Januar 1941 mit anderen politischen Gefangenen nach Deutschland ausgetauscht zu werden.
Seit dieser Zeit wartete Waltraut Nicolas vergeblich auf irgendein Lebenszeichen Ottwalts. Ottwalts Haft hätte - dem Urteil nach - 1941 im November beendet sein müssen.
Soweit das Manuskript, das Waltraut Nicolas in der dritten Person abfaßte - offenbar für eine Edition.
Die letzte Adresse Ottwalts lautete: Kuloy lag, Sjelo Talagi, Gorod Archangelsk.

In "Viele tausend Tage" ist Waltraut Nicolas noch auf einige Einzelheiten eingegangen. Zur Frage der Anklage teilt sie mit, daß Ottwalt, wie nach dem Krieg landläufig verbreitet, nicht wegen "Spionage" angeklagt war, sondern wegen "Agitation gegen den Staat", Paragraph 58, Punkt 10 des sowjetischen Strafgesetzes. (S.20)
Um 1939 wurde Waltraut Nicolas noch einmal zum Untersuchungsrichter bestellt. Unter Lügen und Drohungen versuchte man

erneut, ein unterschriebenes Geständnis nie begangener Taten zu erhalten.

> "Warum sind Sie so verstockt?" versuchte er es noch einmal. "Ihr Mann ist viel zugänglicher. Er hat seine Vergehen zugegeben und bereut. Er hat auch gegen Sie ausgesagt."
> "Das ist nicht wahr."
> Er lachte verächtlich. "Sind Sie seiner so sicher?"
> "Ganz sicher." (30)

Mit derartigen Lügen und perfiden Anschuldigungen sollten auch die Ottwalts gefügig gemacht werden. In dieser Zeit wußte Waltraut Nicolas nichts von ihrem Mann. Der Untersuchungsrichter sprach von Ottwalt, als ob er ihn kennte - "also hat er ihn nie gesehen, dachte ich. Kein Wort, daß in diesen Räumen gesprochen wird, ist wahr. Mit Lügen will man uns vernichten." (31)
Ob sie nicht endlich gestehen wolle, fragte sie der Untersuchungsrichter. Waltraut Nicolas:

> Er schob mir einen Aktenband zu. "Dann sehen Sie das durch und unterschreiben Sie diesen Zettel." Auf dem Zettel stand nur, daß ich das Untersuchungsmaterial gelesen hätte. Es war nicht viel. Die Anklage; ein paar Protokolle von Scheinverhören - schon vor drei Jahren, dann nie mehr; eine Aufstellung unserer Sachen, die sie damals beschlagnahmt hatten. Dann noch ein Blatt - mir stockte plötzlich der Herzschlag. Das war seine Handschrift...
> Ich saß, ohne zu atmen. Die Buchstaben flimmerten mir vor den Augen: "Wenn die Beschuldigung der Spionage gegen meine Frau nicht fallengelassen wird, beantrage ich, die gleiche Anklage gegen mich zu erheben, da meine Frau nie etwas tat ohne mein Wissen und Einverständnis." Darunter in klaren, sicheren Schriftzügen sein Name - und das Datum des heutigen Tages. Heute war er hier gewesen, auf diesem Platz hatte er gesessen! Er lebte noch, er kämpfte noch gegen Willkür und Lüge. Für mich kämpfte er, sich selbst warf er in die Waagschale... (31)

Das wohl letzte Mal sah Ottwalt seine Frau neun Monate nach der Verhaftung, also etwa im August 1937. Auf dem Transport nach Stalingrad sahen sich die Eheleute "ganz unerwartet" wieder. Waltraut Nicolas flüsterte ihrem Mann zu:

> "Sie werfen mir Spionage vor." Er lächelte und winkte mit der Hand ab. "Das ist ja alles ganz unwichtig", sagte er. (60)

Und Ottwalt fragte seine Frau:

> "Und wenn wir uns zehn Jahre lang nicht sehen sollten?"
> "Dann fangen wir in zehn Jahren wieder da an, wo wir aufhörten", hatte ich geantwortet. (139)

In ihrem ersten Buch "Die Kraft, das Ärgste zu ertragen" (Bonn 1958) hatte Waltraut Nicolas bereits eine andere Begegnung geschildert:

> Wie schmal sein Gesicht geworden ist, wie schrecklich verändert! Tiefe Falten haben es durchzogen, das Haar über der hohen Stirn ist weiß geworden. Ein alter Mann - und er ist erst sechsunddreißig Jahre alt! Aber das Lächeln, das nur den einen Mundwinkel verzieht, wenn ihn etwas innerlich anrührt, - das ist dasselbe geblieben wie früher. (74)

Zwischen den beiden soll es dann folgenden Dialog gegeben haben, durch Gitterstäbe getrennt:

> "Bist du gesund?" fragt er leise.
> "Ja", lüge ich, "ganz gesund! Und du?"
> "Ich auch", lächelt er, aber die tiefen Schatten unter seinen Augen sagen das Gegenteil. "Wie war die Untersuchung?"
> "Punkt sechs, zehn und elf", flüstere ich bedrückt.
> "Scher dich nicht darum, das ist ja alles Theater", lacht er. "Sie verhaften Deutsche; aber zum Verhör haben sie mich nur ein einziges Mal geholt und nicht einmal Protokoll geführt." (75)

Waltraut Nicolas gelang es noch, einen Mitgefangenen zu sprechen, der mit Ottwalt in der Haft zusammen war, offenbar ein Leutnant der Roten Armee, nach seiner Uniform zu urteilen. Wie Ottwalt das alles durchhalte, fragte sie ihn. "Großartig", antwortete der Mann, "er war der beste Kamerad in der Zelle." (76) Wo sich dieses Gespräch abspielte, konnte W.Nicolas nicht bestimmen, offenbar auf einer Verladestation in oder um Moskau.

Die Nachforschungen Waltraut Nicolas' nach ihrem Mann in den beiden neuerstandenen deutschen Staaten bilden ein Kapitel für sich. Darüber weiter unten.

Bisher ist es mir nicht gelungen, außer Karlo Stajner, Überlebende zu finden, die zusammen mit Ottwalt in den stalinistischen Lagern, etwa in Archangelsk, sich befanden. Kein Augenzeuge wird vermutlich jemals etwas Authentisches über Ottwalts letzte Monate vor seinem Tod aussagen können. Wahrscheinlich ist Karlo Stajner neben W. Nicolas der einzige Zeuge, der Ottwalt nach 1936 lebend angetroffen und darüber berichtet hat. Stajner, in Zagreb lebender österreichisch-jugoslawischer Kommunist, Autor des erschütternden Buches "7000 Tage in Sibirien" (Wien 1975), schrieb mir am 14.3.75, daß er Ende 1936 oder Anfang 1937 mit Ottwalt zusammen einige Tage in einer Zelle in der Lubjanka verbracht habe. Nach einem 48stündigen Verhör "wurde er halbtot in die Zelle zurückgebracht, er erzählte mir, daß er gestanden hätte, ein

'Agent der Gestapo' zu sein". In einem Nachtrag korrigierte sich Stajner: nicht in der Lubjanka, sondern im Lefortowo-Gefängnis sei Ottwalt so zugerichtet worden.
In einem früheren Brief, v. 22.2.75, angeregt durch eine Anzeige der "europäischen ideen" in der Frankfurter Allgemeinen Zeitung, teilte mir Stajner mit, daß er 1939 zusammen mit Werner Hirsch (dem früheren Sekretär Ernst Thälmanns) in einer Zelle im Gefängnis auf der Insel Solowez im Weißen Meer saß. Erst 1956 konnte Stajner die Sowjetunion verlassen. Er war am 4.11.36, zwei Tage vor Ottwalt, verhaftet worden.
(vgl. auch "europäische ideen", Heft 14/15 "Exil in der Sowjetunion")

Eine weitere wichtige Zeugin ist Susanne Leonhard, die heute über 80jährige Altkommunistin, die schon seit 1918 der KPD, also seit ihrer Gründung, angehört hatte. Wegen ideologischer Divergenzen trat sie 1925 aus der Partei aus, blieb den Kommunisten jedoch weiter verbunden, nicht zuletzt wegen des in Deutschland aufbegehrenden Faschismus. Von Schweden aus fuhr sie im Sommer 1935 in die Sowjetunion, wo sie Ende Oktober 1936, also nur wenige Tage vor Ottwalts Verhaftung, vom NKWD festgenommen wurde. Nach dreizehneinhalbjähriger Emigration konnte sie erst 1948 nach Deutschland zurückkehren. Ich besuchte Susanne Leonhard, die Mutter von Wolfgang Leonhard, am 16.8.75 in Stuttgart. Doch an Einzelheiten konnte sie sich nicht mehr erinnern.

Eine Fundgrube dagegen ist ihr Buch "Gestohlenes Leben. Schicksal einer politischen Emigrantin in der Sowjetunion" (Stuttgart 1959,4.Aufl.).
Im Sommer 1936 traf S.L. die Ottwalts zufällig auf der Straße (in Moskau) und man ging auf ein Viertelstündchen in eine Eiskonditorei. Kurz zuvor war S.L. wegen eines Jugendbuches ihres Sohne Wolfgang (Wolodja) mit Ottwalt in Kontakt. Ihr Sohn war unter die "Schriftsteller" gegangen und hatte einen Roman mit dem Titel "Kurts Vater wird Kommunist" geschrieben. "Eine dieser Klischeegeschichten", kommentiert S.L.
Ihre Freundin Vali Adler schlug vor, man sollte den Roman der Verlagsgenossenschaft Ausländischer Arbeiter einreichen, an Kinderbüchern sei empfindlicher Mangel.

> Tatsächlich nahm der Verlagsdirektor Otto Bork (alias Joachim Unger) das Manuskript an, nur wollte er, daß ein bekannter Schriftsteller ein Vorwort schreiben solle. Wolodja entschied sich für Ernst Ottwalt, der kurz vorher auf einem Autorenabend aus seinen Werken vorgetragen hatte. Ottwalt rief mich auch bald an, und wir trafen uns im Café "Krassnyj Mak". Während Wolodja mit ihm seine "Autorenbesprechung" hatte, unterhielt ich mich mit Frau Traute Ottwalt. (32)

Das waren die einzigen Begegnungen mit Ottwalt, "und wenn mir damals jemand gesagt hätte, daß sie einmal zu einer schweren Inkriminierung meiner Person würden herhalten müssen, so hätte ich den, der das behauptet, sicherlich für irrsinnig gehalten". (32)

Ottwalt sollte jedoch im Leben Susanne Leonhards noch eine Rolle spielen. In einem NKWD-Verhör, S.L. war bereits verhaftet, forderte man sie auf, die Namen ihrer Freunde zu nennen, Ottwalt zum Beispiel. Ottwalt kenne sie kaum, antwortete S.L. der Untersuchungsrichterin, den habe sie nur zweimal im Leben gesprochen.- Man hätte Beweise über ihre Freundschaft mit Ottwalt.-Und dann erzählte S.L. der Untersuchungsrichterin, was es mit dem Kinderroman ihres Sohnes aufsichgehabt hätte. Unter die Rubrik "Freunde in Moskau" setzte nun die Untersuchungsrichterin als ersten "Freund" Ottwalt auf die Liste. S.L. protestierte.

> "Sie scheinen aber über den 'flüchtigen Bekannten' , als den Sie Ottwalt ausgeben wollen, sehr gut orientiert zu sein, wenn Sie sich so gegen ihn wehren. Wahrscheinlich sind Sie über seine verbrecherische Tätigkeit im Bilde und wissen, daß er als Spion erschossen worden ist!" - "Ob Ottwalt Spionage getrieben hat oder nicht, das weiß ich nicht und kann ich nicht wissen. Nach den Büchern, die ich von ihm gelesen habe - noch vor kurzem ist hier in Moskau seine Novelle 'Die letzten Dinge' herausgekommen -, halte ich es für völlig ausgeschlossen. Aber wessen die NKWD den Schriftsteller Ottwalt beschuldigt, das steht hier nicht zur Debatte. Ich gebe einzig und allein wahrheitsgemäß zu Protokoll, daß ich Ernst Ottwalt persönlich nicht näher gekannt habe." (93)

Dieses Verhör könnte noch 1936 stattgefunden haben. Bereits zu diesem Zeitpunkt hatte der NKWD also die Lüge erfunden, Ottwalt sei als Spion erschossen worden. Ob diese Lüge auch nach außen drang, in die Hotels der deutschen Emigranten und Kommunisten, mit der Wirkung der Einschüchterung, müßte in Erfahrung gebracht werden.
In einem Brief an Waltraut Nicolas schrieb Susanne Leonhard am 17.6.58, daß sie ihrer Untersuchungsrichterin zunächst glaubte, Ottwalt sei als "Spion" erschossen worden. Später zweifelte sie daran, "denn man erkannte, daß vieles nur gesagt wurde, um den Gefangenen Angst zu machen und sie zu Aussagen zu verleiten."

16. Rodenberg

In ihrem Buch "Gestohlenes Leben" berichtet Susanne Leonhard auch über ihre langjährige Freundschaft zu Hans Rodenberg, die jedoch 1936 endete. Rodenberg betätigte sich in der Moskauer Emigration als NKWD-Spitzel. Ich habe nach 1973 viele Menschen, auch in der DDR, nach Rodenberg befragt. Man zuckte zusammen oder schimpfte ganz offen. x.y schrieb mir am 16.4.77: "Die Rolle von Hans Rodenberg in Moskau, und übrigens auch in der DDR, war stets eindeutig. Alle Leute, die mit ihm zu tun gehabt hatten, nicht zuletzt Becher, sprachen von dem Mann in Angst und mit Verachtung."

Daß Rodenberg nach dem Zweiten Weltkrieg eine relativ große Karriere machen konnte, gehört - wie schon im Fall Herzfelde - zu den komplizierten Fragen, die mit der Entstehung und der mühsamen Entstalinisierung des zweiten deutschen Staates zusammenhängen.

Margarete Buber-Neumann berichtete mir, daß es zwischen Ottwalt und Rodenberg um 1936 zu einer Auseinandersetzung kam; zu diesem Zeitpunkt war Heinz Neumann noch nicht verhaftet. Es könnte, soweit ich mich erinnere, auf einer Gesellschaft bei Heinrich Kurella gewesen sein. (H.K., Bruder von Alfred Kurella, wurde später ebenfalls liquidiert: vgl. "europäische ideen" 14/15)
Auch Ilse Bartels sprach (am 2.7.74) von einer tätlichen Auseinandersetzung zwischen Ottwalt und Rodenberg auf offener Straße, "vermutlich durch Alkohol befördert".
Waltraut Nicolas schreibt, daß Ottwalt gegen Rodenberg aus ihr unbekannten Gründen "einen an Abscheu grenzenden Widerwillen empfand" ("Viele tausend Tage" 115). Auch W.N. erwähnt die "heftige Auseinandersetzung" mit Rodenberg, bei der es zu Tätlichkeiten gekommen sei:

> Auf dem nächtlichen Heimweg von einer Festgesellschaft gerieten sie in Streit. Vielleicht hatte Ernst den Schauspieler auch herausgefordert; vielleicht hatte er mit seiner abfälligen Meinung über ihn nicht hinter dem Berge gehalten. Jedenfalls ließ Rodenberg sich nicht sprechen, als ich am nächsten Tage zur Schlichtung des Zwischenfalls bei ihm anrief; seine Frau erklärte kurz am Telefon, er sei krank. (208)

Hatte Ottwalt, noch in Freiheit, den NKWD-Mann Rodenberg zur Rede stellen wollen? Waltraut Nicolas fand es "nicht weiter verwunderlich, daß der Geschlagene (Ottwalt) dafür die Quittung ausstellte in Form einer Denunziation". (212)
Waltraut Nicolas:

> Was Hans Rodenberg bewog, zum professionellen Verräter zu werden, weiß ich nicht. Die Gewinnchancen müssen wohl gut berechnet gewesen sein, denn der ehemalige Kleinhändler mit Menschenmaterial ist heute Generaldirektor der DEFA.
> Als ich K. (d.i. Alfred Kantorowicz, AWM) nach ihm fragte, antwortete er: "Es geht ihm glänzend." Aber ich glaube

> das nicht. Ich kann nicht glauben an einen Glanz, dessen Grundkapital der Judaslohn war, für den Menschen an Menschen verraten wurden. Nicht alle, die dabei um ihr Leben bestohlen wurden, sind ja nach zwölf Jahren wiedergekehrt. Und ich werde die Frage nicht los: Wie hält der Verräter das aus? (214)

Diese Frage hätte ich Hans Rodenberg stellen sollen. Ich werde nicht mehr dazu kommen, obwohl mir Hugo Huppert die Telefonnummer seines "Freundes" (eine Nummer im DDR-Staatsrat) gegeben hatte. Vielleicht glaubte ich damals auch, als ich meine Recherchen begann, man müßte den alten Mann in Ruhe lassen.

Der Westberliner Journalist Roland H. Wiegenstein meinte zu mir: man sollte diesem "menschlichen Wrack" zu Lebzeiten nicht mehr schaden. Und wenn der heute 81jährige Rodenberg 90 Jahre alt wird? - In Ottwalts Leben spielte Hans Rodenberg jedenfalls eine entscheidende, wenn nicht die vernichtende Rolle.

In ihrem Buch "Gestohlenes Leben" beschreibt Susanne Leonhard eingehend die Funktion Hans Rodenbergs:

> Mein erstes Verhör nach dem 7. November begann mit der alten Frage, ob ich ein Geständnis über meine antisowjetisch-trotzkistische Agitation ablegen wolle. Ich sagte, ich hätte nichts zu gestehen.
> (Die Untersuchungsrichterin las nun) Wort für Wort alle Gespräche vor, die ich in Moskau mit Hans Rodenberg - und nur mit ihm! - geführt hatte, mit dem einzigen Unterschied, daß nicht nur meine eigenen Worte, sondern auch die provokatorischen Reden Rodenbergs in dieser Niederschrift als m e i n e Äußerungen protokolliert waren. Es fehlte nichts. Alle Themen, die jemals Gegenstand unserer Diskussionen gewesen waren: /.../ Machthunger Stalins, fiktive Verfassung, Knechtung der freien Meinungsäußerung, Staatsmonopol der Presse/.../
> Darauf war ich allerdings nicht gefaßt gewesen. Rodenberg in NKWD-Diensten! Darum die vielen Verhaftungen unter seinen Freunden! Daher die Möglichkeit, seine Gäste mit Torte und Weintrauben zu bewirten. Deshalb hatte es ihn glücklich gemacht, in mir einen Menschen gefunden zu haben, mit dem man sich mal so richtig aussprechen könnte! (67)

Hans Rodenberg hatte Susanne Leonhard schon 1919 kennengelernt, als jungen Schauspieler in Berlin. Er hieß eigentlich Rosenberg. Man freundete sich an und hatte sich in Berlin oft getroffen. Um 1930 dürfte Rodenberg auch mit Ottwalt zusammengetroffen sein, etwa im BPRS, oder auf der Ebene schauspiel erischer Kollegialität.(Ottwalt hatte in den zwanziger Jahren bei Agnes Straub eine kurze Zeit Schauspielunterricht genommen.).
Susanne Leonhard resümiert:

> Auf den Trümmern des Lebens einer Mutter und ihres Kindes (Wolfgang Leonhard, AWM) hatte Rodenberg sich eine neue Existenz aufgebaut. Und er hatte das nicht etwa unter dem Druck quälender Verhöre, wüster Beschimpfungen und schrecklicher Drohungen getan, sondern zu einer Zeit, als es diese NKWD-Methoden noch nicht gab; er hatte

> seinen Verrat begangen, nicht um sein Leben zu retten, sondern um Lebeschön zu machen. Während alle seine Freunde ins Gefängnis wanderten, konnte Rodenberg unter dem Schutz seines Brotgebers, der NKWD, ruhig schlafen. (69)

Ich wiederhole, was ich schon im Kap. Herzfelde geschrieben habe: Es geht hier nicht darum, einen einzelnen (den Stalinismus Überlebenden) zu kompromittieren, obwohl dies in meiner Zusammenstellung der Fakten objektiv geschieht. Ich will versuchen, vor allem am Beispiel Rodenberg zu erklären, daß die Verbrechen, im Stalinismus begangen, in der Gegenwart (der DDR) ungesühnt bleiben (müssen) - aus ideologischen Gründen. Insofern ist auch Rodenberg ein "Opfer" des Systems: ihn in der DDR anzuklagen, hätte bedeutet, einen "sozialistischen" Staat, eine Gesellschaft aufs Spiel zu setzen, die sich ja eben aus den Relikten jener dunklen Epoche (Ulbricht-Gruppe) zusammensetzte. Ein Opportunist wie Rodenberg, der alle Schwankungen seiner Partei mitmacht, also stets "Linie" ist, benötigte die junge DDR für den Wiederaufbau Deutschlands. Menschliche "Schwächen" konnte dieser Staat hintanstellen, Genaues wußte man ohnehin nicht (Obwohl S.Leonhard ihr Buch bereits 1956 publizierte). War nicht die gesamte Ulbricht-Gruppe derart kompromittiert, daß man einzelne Genossen, die "zu weit" gingen, im Molloch Partei untertauchen ließ, sie vor Angriffen (einer späteren Generation oder überlebender Augenzeugen) schützen wollte/mußte? Stellte nicht auch Susanne Leonhards Buch, wie Herzfelde sagen würde, den "Kalten Krieg" dar?

Wer derart bolschewisiert war wie Hans Rodenberg, der schreckte vor dem letzten Liebesdienst seiner Partei und seinem kommunistischen "Ethos" gegenüber nicht zurück: nämlich ein aktiver Mitarbeiter der Staatssicherheit zu werden. Dies betraf keineswegs ausschließlich Rodenberg. Nur hatte Rodenberg das Pech, in Susanne Leonhard eine unbestechliche Interpretin gefunden zu haben. Auch Alfred Kurella war (nicht nur nach Hans Mayers Meinung) NKWD-Mitarbeiter, der sogar seinen eigenen Bruder Heinrich den Russen ausgeliefert haben soll, wie glaubwürdige Stimmen in der DDR versichern. Daß derart persönlich-tragische Verstrickungen sich auch auf die jeweilige Kulturpolitik der DDR unter Johannes R. Becher und Alexander Abusch (und eigentlich noch heute) auswirkten, gehört eben zu dem bereits mehrfach erwähnten traurigen Kapitel einer in der DDR noch immer nicht bewältigten (fast schon traumatischen) stalinistischen Vergangenheit.

Opfer dieser moralischen Staatskatastrophe unseres Nachbarlandes war nicht zuletzt Ernst Ottwalt. Weshalb sonst vollzieht sich die Rehabilitierung Ottwalts in der DDR so spät? Warum erscheint erst im Jahre 1977 der Romanerstling "Ruhe und Ordnung" im Ostberliner Aufbau-Verlag? (Urheberrechtliche Fragen können hier wohl nicht vorgeschützt werden. Das Problem, freilich sehr verzwickt, liegt doch tiefer.)
Wenn Erwin Piscator in seinen Briefen von "den Rodenbergs" und "den Wangenheims" spricht, dann hat hier ein völlig integrer und unangreifbarer Mann mit großen Verdiensten um das proletarische Theater der Vorkriegszeit den Finger auf eine noch immer offene Wunde gelegt.

Wie schon im Kap. Herzfelde, zitiere ich auch hier aus der DDR-Biographie "Namen und Daten" zur Person Rodenbergs:

> 1932 Übersiedlung in die SU. Dort Produktionsleiter der Filmgesellschaft der Internat.Arbeiterhilfe. 1948 Rückkehr nach Deutschland. 1948/49 Oberreferent für Theaterwesen beim Haus der Kultur der SU in Ostberlin. Seit 1949 Mitglied des ZV der Deutsch-Sowjet.Freundschaft. 1950-52 Intendant des Theaters der Freundschaft. 1952-57 Hauptdirektor der DEFA. Seit 1952 Mitglied der Akademie der Künste. Seit 1954 Mitglied des ZK der SED. 1960-64 stellvertr.Minister für Kultur. Seit 1960 Mitglied des Staatsrats. Seit 1963 Volkskammerabgeordneter. Seit 1969 Vizepräsid ent der Deutschen Akademie der Künste. (233)

Rodenbergs Staatspreise, in der Biographie sorgsam aufgeführt, darf ich hier unterschlagen. Welchen didaktischen Einfluß Rodenberg noch vor wenigen Jahren in den DDR-Medien hatte, sei an einigen Beispielen illustriert.
Am 13.3.73 veröffentlichte die Ostberliner "Weltbühne" (das frühere Organ von Carl von Ossietzky!) einen Leserbrief von h.k.:

> Liebe Weltbühne! Bei dem Gratulationsempfang zu Ehren des 85. Geburtstags von Herbert Ihering in der Akademie der Künste war neben vielen anderen Gästen aus der Welt des Theaters und der Literatur auch das Mitglied des Staatsrates und Akademiemitglied Professor Hans Rodenberg anwesend. Der einstige Schauspieler und Regisseur, dessen dichter weißer Haarschopf nirgendwo unbemerkt bleibt, ist selbst keiner von den Jüngsten.
> "Wissen Sie", vertraute er einem anderen Gast an, "ich habe noch immer Angst vor Ihering!" - "Noch immer? Wie das?"-"Angefangen hat es vor mehr als fünfzig Jahren. Seit damals habe ich immer Angst, er könnte mich verreißen!"

Ist dies nicht auch eine Art von (neostalinistischer) Hofberichterstattung? Den "Weltbühne"-Machern in Ostberlin mag man zuguteschreiben, daß sie über Rodenbergs Rolle in der Sowjetunion nicht aufgeklärt waren.
Am 14.2.73 veröffentlichte der "filmspiegel" ein Foto Rodenbergs zusammen mit Natalia Saz. Und am 25.2. wurde Rodenberg anläßlich einer Schostakowitsch-Premiere im "Neuen Deutschland" erwähnt.
Im Prospekt des Henschel-Verlags 1972/73 finde ich auch ein "Geleitwort" von Rodenberg in dem Band "Stücke um Lenin". Und am 23.11.72 berichtete das "Neue Deutschland" von einer Ausstellung "Hans Otto - Schauspieler und Revolutionär", auf der ZK-Mitglied Rodenberg Hans Otto "als ein großes Vorbild in unserem politischen und künstlerischen Kampf" würdigte.
Besonders irritierte mich ein Satz Rodenbergs im "Neuen Deutschland" v. 25.10.57 (den ich nach Sander, 169, zitiere):

> Die Partei sagt ihnen, was richtig und was falsch ist. Daran kann niemand deuteln.- Wir sind vom ersten Tage des Eintritts in die Partei ihr Schuldner und bleiben es bis zum Tode.

17. Nach dem Krieg. Piscator, Sternfeld

Bis 1958 konnte Waltraut Nicolas nichts über das Schicksal ihres Mannes in Erfahrung bringen. Das erste Hoffnungszeichen erhielt sie durch die Tatsache, daß der sowjetische Ankläger bei den Nürnberger Kriegsverbrecherprozessen, Rudenko, 1946 aus Ottwalts Buch "Deutschland erwache!" zitierte. Daraufhin hat Waltraut Nicolas ein deutsch und russisch abgefaßtes Gesuch geschrieben, in dem sie Rudenko bat, Ottwalt endlich freizulassen oder wenigstens Nachricht zu geben, falls er gestorben wäre. Eine Antwort hätte sie nie erhalten, schrieb sie am 20.6.55 an Erwin Piscator, der Moskau kurz vor Ottwalts Verhaftung 1936 wieder verlassen hatte und der in der damaligen Zeit öfters mit den Ottwalts zusammen war.

Piscator war neben Wilhelm Sternfeld die wohl wichtigste Kontaktperson nach dem Zweiten Weltkrieg, in die Waltraut Nicolas all ihre illusionären Hoffnungen setzte.
In dem erwähnten Brief an Erwin Piscator schrieb W. Nicolas, daß sie auch ein Gesuch an Adenauer geschickt hätte, bei den Verhandlungen mit den Russen nicht nur die Kriegsgefangenen zu berücksichtigen, sondern auch die politischen Gefangenen. Ob von Adenauer eine Antwort eintraf, ist ungeklärt.
Die letzte Nachricht von Ottwalt hätte sie im Herbst 1940 erhalten, aus seinem Verbannungslager in Archangelsk, als sie selbst noch im Lager der nördlichen Taiga war. Damals hätte Ottwalt "so ermutigend" geschrieben: "Durchhalten bis zum Widersehen!"

Am 30.7.55 antwortete Piscator "mit Erschütterung" auf den Brief von Waltraut Nicolas. Er hätte nie an Märchen und Legenden (von Ottwalts "Schuld") zu glauben vermocht, auch nicht an "Tatsachen", die ihm von dritten erzählt worden seien. Aber wie könne man helfen? Er selbst habe "keine Verbindungen".
Fünf Jahre später schrieb Piscator erneut an Waltraut Nicolas. Inzwischen hatte er ihr zweites Buch, " Viele tausend Tage", gelesen:

> Schritt für Schritt wanderte ich mit Ihnen und Ernst durch Ihr Buch, Seite um Seite, Wort um Wort: Bilder, Gespräche, Stimmen, ernste Sorgen, die Sie gemeinsam hatten, aber auch frohes, unbeschwertes Lachen kehrte zu mir zurück - und kehrte wie bei Ihnen Vergangenheit in Gegenwart, daß man immerfort hätte weinen mögen.
> Weinen über den Freund, weinen über Sie - aber auch weinen über sich selbst und die verfluchte (? unleserl.), an deren Vorhandensein man sich aber mitschuldig fühlen muß - wenn man ehrlich ist. Auch Sie, auch Ernst, auch ich - auch Becher und Brecht und die Leute der Partei, gar nicht zu sprechen von den

Rodenbergs und Wangenheims - alle schwiegen, als die ersten Fälle eintraten - als ich anfing unruhig zu werden (? unleserlich), die S.U. zu verlassen...

(Brief Piscators aus Dillenburg an W.Nicolas, 10.5.60)
Auch das zweite Buch der Ottwalt-Witwe hatte Piscator nun gelesen. In Anspielung auf die MacCarthy-Ära in den USA, unter der er zu leiden gehabt hätte, schrieb Piscator am 16.8.60 an W.N., "wir bleiben wohl Dauer-Emigranten. Selbstverständlich hat es Sinn, für Ernsts Rehabilitierung weiterzukämpfen, weiterzuarbeiten: die heute oben sind, sind morgen unten, und die, die heute vergessen sind, bestimmen das Morgen".
Piscator schrieb weiter, daß seine Frau die Bücher von Waltraut Nicolas mit nach Amerika nehmen wolle "und sehen, ob man daraus dramatisieren kann". Auch er habe schon daran gedacht, den Stoff irgendwie zu verarbeiten. "Aber leider geht ja eine solche Kritik häufig in die falsche Richtung, eine dritte nämlich, eine total neutrale, gibt es nicht."

Am 1.12.61 schrieb Piscator erneut an Waltraut Nicolas. Aus diesem Brief geht hervor, daß W. Nicola s inzwischen ein Stück, offenbar Erfahrungen in den sowjetischen Lagern, verfaßt hatte, das sie Piscator anvertraute. Natürlich müsse man sehr viel am Stück arbeiten, um es zur Aufführung zu bringen, schrieb ihr Piscator. Dann teilte er ihr mit, daß er jetzt Material sammle für ein Erinnerungsbuch über die 30er Jahre und fragte nach Einzelheiten ihrer Begegnung, nach Carola Neher, Werner Hirsch, Heinz Neumann usw.
Piscator: "Ich erinnere mich, daß gerade am Ende meines Aufenthalts in Moskau mir Ernst erzählte, daß Bela Kun ihn gebeten hätte, für ihn ein Buch zu schreiben. Stimmt das?"
Der Wechsel der Länder habe sehr vieles verwischt, meinte Piscator, "und auf der anderen Seite habe ich natürlich sehr viel verdrängt, was erst jetzt langsam wieder zum Vorschein kommt".
Am 4.12.61 antwortete Waltraut Nicolas auf den Fragenkatalog Piscators. Als Ottwalt 1930 "Jeden Tag vier" geschrieben hatte, war er sehr glücklich, daß Piscator das Stück annahm. Um diese Zeit mußten sich P. und O. kennengelernt haben, ebenso wie Plievier, den Ottwalt nicht so mochte, "während er Dich gleich heftig gern hatte; er hat selten männliche Freunde gehabt, Dich aber immer als Freund geliebt". 1934 hat Piscator, berichtete W.Nicolas weiter, Ottwalt in Prag besucht, "wo es uns wirtschaftlich ziemlich schlecht ging, die Emigrantenatmosphäre auch trist war". Piscator redete Ottwalt zu, nach Moskau zu gehen, was er dann im Herbst 1934 tat, "ich folgte ihm ca. im Dezember nach Moskau".
Dort sah man sich dann öfters im Hotel:

> Über vieles konnten wir noch miteinander lachen, was schon gar nicht mehr zum Lachen war: das saht ihr auch. Da war Vera mit ihren "Selbstmordversuchen", Deine Anrufe an Ernst, sie hätte sich "schon wieder

> mal das Leben genommen", ob er zu ihr fahren könnte? Da waren Deine Enttäuschungen bei de rimmer wieder behinderten Filmarbeit - davon erzähltest Du uns. Und dann kamen Gerüchte, Gefahren, Geflüster: der und der ist verhaftet. Plievier immer in Panik: "Sprechen Sie leise! Es könnte ja ein Mikrophon im Zimmer eingebaut sein." Ernst lachte darüber. Er war (oder tat?) noch ziemlich sowjetgläubig, ich noch mehr - der ausgegebenen Parole /eingedenk/: "NKWD verhaftet niemanden ohne Schuld".

In dem Brief an Piscator v. 4.12.61 berichtet Waltraut Nicolas (ausführlicher als in ihrem Buch) über die Auseinandersetzung Ottwalts mit Rodenberg:

> Einmal kam Ernst - sehr blau, sehr verstört - von einem geselligen Abend bei Dir zurück und sagte, er hätte Hans Rodenberg totgeschlagen. Mehr wußte er nicht, auch am nächsten Morgen nicht. Ich rief Dich an; Du bestätigtest zwar, die beiden wären miteinander fortgegangen (viel früher als Ernst heimkahm), aber ganz normal. Danach müssen sie weiter getrunken und Streit gehabt haben, denn Hans Rodenberg ließ sich am Telefon nicht sprechen; seine Frau war eisig und sagte, er wäre krank.

Was aus Piscators Buchprojekt geworden ist, weiß ich nicht. 1975 habe ich in der Westberliner Akademie der Künste Aufzeichnungen Piscators gefunden, die ebenfalls in die Richtung einer geplanten Veröffentlichung zielten; Aufzeichnungen über ihm nahestehende ehemalige Freunde wie Carola Neher, die bei den Säuberungen ums Leben kamen. Darin wird auch Ottwalt mehrmals erwähnt.

Die mir vorliegende Korrespondenz zwischen Waltraut Nicolas bzw. Ilse Bartels und Wilhelm Sternfeld umfaßt 21 Briefe. Soweit sie die Nachforschungen nach Ottwalt betreffen, werde ich sie hier zitieren.
Auf den ersten Blick fällt auf, wie unsicher die Briefpartner bei der Datierung von Ottwalt-Aufsätzen und den Zeitschriften sind, in denen die Ottwalt-Beiträge erschienen. So daß man in jeder Beziehung wieder bei Null anfangen mußte.
Am 12.2.57 schreibt Sternfeld an W.N., daß er an Herzfelde geschrieben habe. Becher habe er nicht gesehen, da er es doch vorzog, Berlin nicht aufzusuchen. Schreiben werde er ihm aber innerhalb der nächsten 48 Stunden, "und in meinem Briefe werde ich ihn bitten, sich zu bemühen, über Ernsts Schicksal etwas zu erfahren. Ich würde Dir daher empfehlen, an Becher selbst zu schreiben, doch kenne ich ja nicht die Intensität Euerer früherer Beziehungen, um sagen zu können, ob die offizielle Anrede oder das vertrauliche Du das richtige ist." W.N. solle ihre Zeilen durch ihre Schwester Ilse Bartels Becher senden, "damit Gewähr dafür ist, daß er sie erhalten wird". Er selbst schreibe an Bechers Privatadresse.
Becher ist zu diesem Zeitpunkt DDR-Kulturminister.
Der PEN komme, schreibt Sternfeld weiter, für eine Inter-

vention in Sachen Ottwalt nicht in Frage, da die beiden deutschen Zentren sich feindlich gegenüberstünden. Sollte alles vergeblich sein, würde Sternfeld den Internationalen PEN einschalten.
"Willi Bredel würde ich von Deinen Schritten an Deiner Stelle unterrichten und ihn bitten, auf Becher in gewünschtem Sinne einzuwirken."
Am 22.4.57 schreibt Waltraut Nicolas aus Nürnberg (Halskestr. 11) an Sternfeld - per Schreibmaschine; links oben per Hand steht "Odyssee der Gesuche". Sie wisse einfach keinen Rat mehr. Hier der Ablauf und die "bisherige Vergeblichkeit meiner Bemühungen":
1/ November 56 Gesuch an Becher durch meine Schwester, mit Unterlagen meines Buchs (Bericht über Verhaftung u.Gefangenschaft) und der Bitte um Einsatz für Ernst Ottwalts Rückkehr.
2/ Antwort von Becher mit dem Rat eines Gesuchs an die Botschaft der DDR in Moskau; bei Nichterfolg sei er bereit, sich einzusetzen.
3/ 26.11.1956 Abgang meines Gesuchs nach Moskau, über das Außenministerium der DDR in Pankow.- Keine Antwort.
4/ Im Februar oder März neues Gesuch an Becher; Kopie (auf Deinen Rat) an Willi Bredel mit privater gehaltenem Bittbrief an ihn.- Keine Antwort.
5/ 30.3.57 Schreiben von einem (mir unbekannten) Karl Tümmler, Berlin C 2, Molkenmarkt 1-3, im Auftrage Bechers mit Entschuldigung für Verspätung und dem Rat, das Gesuch noch einmal an die Botschaft der UdSSR in Bonn zu richten.
6/ 2.4.57 Abgang meines Gesuchs nach Bonn, Botschaft der UdSSR.
7/ 12.4.57 russisch geschriebene Antwort folgenden Inhalts:

> Konsularabteilung der Botschaft der UdSSR in BRD.
> Sehr geehrte Frau Nicolas, 12.4.1957
> Unter Bezugnahme auf Ihren Brief v.2.4.57 in der Frage der Nachforschung nach Ihrem Manne, welcher sich in der UdSSR befindet, empfehlen wir Ihnen, sich an das Exekutivkomitee des Verbandes des Roten Kreuzes und Roten Halbmonds UdSSR in Moskau, Kusnetzkij-Most Nr. 18/7 zu wenden. /.../

"Das hieße ja (schreibt W.N. kommentierend) nun wieder von vorn anfangen, als irgendeiner von 10 000 Antragstellern, unbekannte Karteinummer im RK! Wozu denn dann die ganze Hoffnung auf Bechers Einschaltung? - die nun ja schließlich mehr als begründet wäre, denn bei diesem seit 2 Jahrzehnten Verschollenen handelt es sich doch nicht nur um meine Privatsache, sondern um einen damals nicht unbekannten Schriftsteller, Angehörigen der Moskauer deutschen Schriftstellergruppe, in der auch Becher war, der ihn duzte und gut kannte als Nazigegner, KP-Angehörigen etc..."
W.N. bittet Sternfeld noch einmal, an Becher zu schreiben "und setz ihm zu, daß er endlich etwas Nachdrückliches unternimmt!" Sie sei ziemlich verzweifelt und wisse nicht, was sie noch tun solle.
Sternfeld antwortet postwendend, schon zwei Tage nach dem Verzweiflungsschrei von Waltraut Nicolas.

Am 24.4.57 teilt Sternfeld W.N. mit, daß er es "bisher aus bestimmten Gründen" unterließ, an Becher zu schreiben. "Jeder weiß, wie gespannt die Beziehungen zwischen Becher und Ulbricht sind, jeder weiß, daß der verhaftete Janka und der entmachtete Professor Ernst Bloch zum engsten Kreise von Becher zählen, und so habe ich geglaubt, ihn nicht unnötigerweise in noch größere Gefahr bringen zu dürfen."
Am 6.5.57 schreibt Sternfeld an W.N., er schicke ihr Schreiben an das Rote Kreuz in Kopie an Becher "mit einer höflichen, aber dringenden Bitte" Schritte zu unternehmen, "um endlich Klarheit über Ernsts Schicksal zu bekommen". Im selben Brief erwähnt Sternfeld ein Zusammentreffen mit Susanne Leonhard in London, die die Hilfsbereitschaft von Becher betont habe.
Am 11.5.57 teilt Sternfeld W.N. mit, Herzfelde habe ihm geschrieben, er wolle noch "eine Erkundigung einziehen" und sei dann ebenfalls bereit, "sich im Interesse von Ernst und Dir einzusetzen".
Am 5.6.57 unterrichtet Sternfeld W.N., daß das Bundespräsidialamt ("also die Privatkanzlei von Präsident Heuss") sich auf seine Bitte hin bereit erklärt habe, Nachforschungen nach Ottwalt anstellen zu lassem.

Am 18. Januar 1958 macht das Exekutiv-Komitee der Allianz der Gesellschaften vom Roten Kreuz und Roten Halbmond in Moskau dem Deutschen Roten Kreuz, Stadt Bonn, folgende Mitteilung:

> 218. OTWAS-NIKOLAS, Ernst Genrichowitsch (Heinrichowitsch). Gestorben am 24. August 1943.
>
> N. TSCHIKALENKO
>
> Mitglied des Präsidiums des Exekutivkomitees - Leiter der Verwaltung Auswärtiger Beziehungen

Obwohl das Dokument bereits im Januar 1958 ausgestellt wurde, erfährt Waltraut Nicolas aber offenbar erst im Mai desselben Jahres vom Tode ihres Mannes, denn am 21.5.58 schreibt ihr Sternfeld wiefolgt (in der mir vorliegenden Korrespondenz ist inzwischen fast ein ganzes Jahr vergangen):

> Liebe Traute,
> ich erhalte soeben Deine Zeilen vom 18.ds.Mts. mit der traurigen Mitteilung, daß Ernst am 24.August 1943 gestorben ist. Mich berührt diese Nachricht sehr schmerzlich, und ich stelle mir vor, wie die Gewißheit über sein Hinscheiden auf Dich gewirkt haben muß. Laß uns hoffen, daß er nicht allzu lange hat leiden müssen und er friedlich dahingegangen ist. Ich drücke Dir im Geiste still die Hand.

Ottwalts Tod schreibe er Herzfelde und Becher.-
Nach Ottwalts Tod bleiben Waltraut Nicolas und Wilhelm Sternfeld weiter in Briefkontakt - bis zum Tode Waltraut

Nicolas'. Nun versuchen beide, die Ottwalt-Beiträge aus den schwer zugänglichen Zeitschriften des Exils zusammenzutragen. Und wieder fällt das völlige Fehlen von gesicherten Daten auf; die Ottwalt-Forschung, vor allem in der DDR, befand sich Ende der 50er Jahre noch in den Kinderschuhen.

In seinem Brief v.21.6.58 schreibt Sternfeld, daß Herzfelde sich bei der Sichtung von Ottwalt-Beiträgen beteiligt habe. Am 2.7.58 erwähnt Sternfeld erneut eine Aktivität Herzfeldes. Aus Herzfeldes Brief gehe hervor, daß jetzt wenigstens das Problem (?einigermaßen geklärt sei? unklar in S.s Brief,AWM), was eigentlich das von Mercy in Prag angekündigte Buch Ottwalts "Die Zeit im Lichte dichterischer Gestaltung und andere Essays" enthalten sollte. "Das Buch sollte angeblich /war Herzfelde der Informant?AWM/ von Marketa Weiskopfova bei Mercy herausgegeben werden, aber wie sie mir seinerzeit schrieb, kann sie sich eines solchen Planes ebensowenig wie Du erinnern." Jetzt schreibe ihm Herzfelde, das es sich, wie man in der Tschechoslowakei ermittelt /!/ habe, um eine Veröffentlichung in Broschürenform von Essays handelte, die in den "Neuen Deutschen Blättern" vorher veröffentlicht worden waren. Ungeklärt sei die Frage, ob diese Broschüre von 62 Seiten je herausgekommen sei.
(vgl. Kap. Herzfelde)
Mit Datum v.29.1.59 freut sich Sternfeld, daß es Waltraut Nicolas gelungen sei, Ottwalts Novelle "Der Unmensch" (aus der Zeitschrift "Das Wort") zu orten. In einem anderen Zusammenhang schreibt Sternfeld, daß sich, von Thomas Mann angeregt und beeinflußt, Johannes R. Becher und Arnold Zweig "in der Ostzone für die Befreiung von verurteilten Intellektuellen mit Erfolg eingesetzt" hätten.
Am 24.5.60 informiert Sternfeld W.N. über seine zusammen mit Gabriele Tergit herausgegebene Schrift "Bibliographien und Biographien" über deutsche emigrierte Schriftsteller. Auch Ottwalt sei dort erwähnt.- Möglicherweise setzten Sternfelds Ottwalt-Nachforschungen noch vor den (sehr ausführlichen) Bemühungen in der DDR ein, Ottwalt im Zuge der Erforschung und Sicherung der proletarischen Literatur der Weimarer Zeit bibliographisch auszuwerten.
Am 14.11.62 ist der erste mir bekannte Brief Sternfelds an Ilse Bartels datiert: "Trautes Tod hat mich tief erschüttert. Ich hatte gehofft, sie in Bonn noch lebend anzutreffen /.../ Mit ihr ist wiederum eine der alten Gefährten aus der Vorhitlerzeit dahingegangen, und zwar eine, die ich ganz besonders hochgeschätzt und liebgewonnen hatte."
Aus Sternfelds Brief v.23.11.65 an Ilse Bartels geht hervor, daß sich Sternfeld auch bei der Deutschen Bibliothek in Frankfurt bemühte, das Andenken Ottwalts und seiner Frau zu bewahren; Sternfeld fordert von I.B. Fotos der beiden an.
Am 1.12.65 bestätigt Sternfeld I.B. den Erhalt von drei Fotos, die er an die Deutsche Bibliothek in Frankfurt schickt, "damit man dort eines Tages feststellen kann, wie unsere Traute und wie unser Ernst, der mir aus persönlichen Gründen besonders nahe gestanden hat, einst aussahen."

Nach dem Tode von Wilhelm Sternfeld 1974 habe ich noch mit der Witwe in London korrespondiert, die mir Einsicht in die "Akte Ottwalt" im Nachlaß ihres Mannes gewähren wollte. Am 10.2.77 teilt sie mir mit, daß ein Teil des Sternfeld-Nachlasses an die Deutsche Bibliothek Frankfurt gegangen sei. Sie sei bereit, mir die noch in London vorhandene Korrespondenz zu zeigen. (Bei Drucklegung dieser Edition konnte ich das Material noch nicht sichten.)

18. Gespräche in der DDR

Es lag nahe, daß viele antifaschistische Schriftsteller, die den Krieg überlebten und nach Deutschland zurückkehrten, sich in der (späteren) DDR niederließen. Viele hatten Ottwalt gekannt, nur wenige konnten (oder wollten) sich erinnern. Zunächst (1973/74) vermutete ich politische Barrieren, die man in der DDR gegen meine Ottwalt-Forschung aufbaute. Heute, 1977, neige ich zu der Annahme, daß die schwachen Erinnerungen vor allem menschliche Senilität ausdrückten (auch ich habe mitunter Schwierigkeiten, mich an Einzelheiten zu erinnern, die erst ein oder zwei Jahre zurückliegen). Beides mag sich mischen: der politische Verdrängungskomplex, das Gefühl für Unrecht unter Stalin konnte die Bereitschaft bei Menschen kaum fördern, unter einer "Diktatur des Proletariats" (wie sie ja die DDR nach eigenem Eingeständnis ist bzw. war) auch noch dem "Klassenfeind" irgendwelche Informationen zu geben, wobei man nie wissen konnte, wie diese später einmal "verwertet" würden.
Dennoch habe ich sehr fruchtbare Gespräche in der DDR führen können. Die Hilfsbereitschaft war trotz aller Ideologie sehr groß . In jedem Fall setzte ich zu spät an. Viele Menschen, die Ottwalt gekannt hatten, waren inzwischen gestorben (Petersen). Bei den Überlebenden stellte sich die Frage, wie man operieren sollte - offen oder versteckt. Ziel war, möglichst viel und Authentisches über Ottwalt zu erfahren. Dazu war Vertrauen notwendig, Vertrauen, das man als Ermittler bei zunächst unbekannten und zurückhaltend-skeptischen Menschen benötigte.
Bemerkenswert war für mich die Erfahrung, daß die größten Stalinisten am mißtrauischsten waren (Wangenheim, Herzfelde), so als ob die derart Heimgesuchten sich ständig verbarrikadieren wollten gegen unbequeme (westliche) Fragen.
Viele heute noch in der DDR lebende Augenzeugen habe ich schon in früheren Kapiteln zu Wort kommen lassen.
Hier nun eine knappe Aneinanderreihung von weiteren Stimmen.

Hedda Zinner schrieb mir am 18.11.73, daß sie und ihr Mann, Fritz Erpenbeck, Ottwalt zwar schon in Prag kannte, aber "keinen näheren Kontakt zu ihm" gehabt hätte: "das hatte keine politischen Gründe, sondern war rein zufällig - und auch in der Sowjetunion lernten wir (Ottwalt) nicht besser kennen." Hedda Zinner verwies mich an Trude Richter.
Bei einem späteren Besuch bei Zinner-Erpenbeck in Ostberlin, wo wir uns vor allem über Erich Mühsam unterhielten, kam nichts weiter über Ottwalt heraus.
Li Weinert, die Witwe von Erich Weinert, schrieb mir am 21.11.73, daß sie sich nur erinnere, Ottwalt "während unserer Emigrationsjahre" in Moskau kennengelernt zu haben. Eine Korrespondenz mit Ottwalt, auch nicht aus der Zeit der Weimarer Republik, existiere in ihrem Archiv nicht. Li Weinert, mit der ich später noch einmal telefonierte, verwies mich an den DDR-Schriftstellerverband.
Bei meinem Besuch bei Ernst Busch am 30.4.74 hörte ich, daß

Ottwalt im Moskauer Hotel Savoy wohnte. Busch kannte Ottwalt (nicht zuletzt aus der Zeit um "Kuhle Wampe"; Busch ist Mitwirkender im Film) schon sehr lange. Anfang 1936 will er ihn bei einem Essen im Hotel Europa in Moskau getroffen haben.

Busch kannte das Buch von Waltraut Nicolas, "Viele tausend Tage".

Gustav von Wangenheim überraschte ich am 16.7.74 in seiner Ostberliner Wohnung in Biesdorf. Ich fragte Wangenheim, der am Fenster stand, ob er Ottwalt gekannt habe. W. antwortete mit einer Gegenfrage: ob ich schon einen Verlag für meine Arbeit hätte. Als ich verneinte, meinte W.: dann solle ich mir erst einmal einen Verlag suchen. Und dann entrüstet: "Was soll der Überfall?" - Einige Zeit später befand ich mich in der Höhle des Fuchses: Wangenheim, ein "alter Freund" Rodenbergs, erzählte von Stalin und den Häschern mit dem Dolch im Gewande... (über die Begegnung mit Wangenheim habe ich an anderer Stelle geschrieben).
Anna Seghers, die ich Anfang 1976 in Adlershof besuchte (anläßlich eines geplanten Interviews) konnte sich an Ottwalt kaum erinnern.

Mit Maxim Vallentin kam ich nur kurz ins Gespräch (mit Berufung auf Walter Huder). Er dürfte Ottwalt, vor allem in der Moskauer Zeit, gut gekannt haben.- Lotte Löbinger winkte mir gegenüber ab.
Edith Bergmann, die Sekretärin Bechers in der Moskauer "Interlit" ab 1937, war zwar sehr liebenswürdig am Telefon (16.7.74), konnte über Ottwalt aber nichts sagen.
Ludwig Turek wirkte am Telefon schnoddrig und Erich Rinka, den Arbeiterfotografen aus der Weimarer Republik, konnte ich leider nicht mehr erreichen.
Maj Bredel, die zweite Frau Willi Bredels - sie lebt als Schwedin in Ostberlin -, war sehr hilfsbereit, wußte aber nichts. Unwillig, kurz angebunden war dagegen Lisa Bredel, die erste Frau des 1964 in der DDR gestorbenen Schriftstellers.

Am 27.2.75 teilte mir Wolf Biermann bei einem Besuch in Ostberlin mit, daß er die Ottwalt-Vertonungen "leider" nicht gut finde. Daraus könne man nichts machen, höchstens ein Kuriosum. Ansonsten sei er gerne bereit, sich für Ottwalt einzusetzen. Die beiden Ottwalt-Reprints hatte ich Biermann zugänglich gemacht.

Ludwig Renn meldete sich brieflich zweimal in Sachen Ottwalt. Er hätte Ottwalt in Berlin gekannt, konnte sich jedoch nicht erinnern, "mit ihm je korrespondiert zu haben". "Weder in Prag noch in Moskau war ich im Exil. Ich kann Ihnen also leider nicht helfen." (16.6.73) Unter welchen Umständen Renn Ottwalt kennen lernte, wußte Renn nicht mehr. "Daß ich mit ihm gar - wie Sie wohl annehmen - über Schriftstellerdinge geredet habe, ist so gut wie ausgeschlossen, da ich die sogenannten schöpferischen Probleme für ein müßiges, wenn nicht schädliches Geschwätz halte. Man soll schreiben, wenn man, gesellschaftlich gesehen, muß. Wie, das ergibt sich dann." (21.11.73)
Im April 1974 habe ich Renn in Ostberlin besucht: vgl. auch Gespräche mit Ludwig Renn in: "europäische ideen" 5/6 und 12.

Am 6.2.75 telefonierte ich mit Heinz Willmann, Werner Ilberg (der nicht bereit war, über Ottwalt zu sprechen) und mit Barbara Berg, der Brecht-Tochter, die mit Ekkehard Schall verheiratet ist. Von meinen Ottwalt-Fotos, auf denen sie als zwei, drei Jahre altes Kleinkind abgebildet ist, war sie angenehm überrascht. Ich habe sie ihr später, über Manfred Wekwerth, zukommen lassen.

Alfred Kurella sagte mir am 28.11.73, daß er kaum Erinnerungen an Ottwalt habe. (Dafür erinnerte er sich um so lebhafter an Ignazio Silone, mit dem er früher befreundet war.)
Jan Koplowitz (1909), seit 1929 KPD- und, ein Jahr später, BPRS-Mitglied, kannte Ottwalt aus dem Prager Brecht-Club, wie er mir am 14.2.74 bei meinem Ostberliner Besuch erzählte. In der Berliner Zeit des BPRS gab es lediglich sporadische Treffen, da Koplowitz in Breslau lebte. Bloch müsse Ottwalt gut gekannt haben (was die Blochs jedoch abstritten). Auch die Bekanntschaft Petersens mit Ottwalt erwähnte Koplowitz, der mich an Moidi Jokl (?) weiterverwies. Auf Koplowitz, der 1972 in Halle bemerkenswerte "Geschichten auf dem Ölpapier" veröffentlichte, wurde ich durch Gertrud Heartfield aufmerksam gemacht.
Am 17.12.73 sagte mir Georg W. Pijet (1907) telefonisch, daß er Ottwalt aus der Berliner Zeit vor 1933 kannte. Pijet ging, wie Ottwalt, im Juni 1933 nach Dänemark, kam aber dann nach Deutschland zurück, weil seine Familie von der Gestapo verhaftet worden war.

Möglich ist, daß sich in den Nachlässen und Archiven Dudow, Kisch, Weiskopf, Fürnberg, Heartfield, Eisler, Brecht, Scharrer, Wangenheim, Wolf, Bredel, Weinert u.a. noch so manches Ottwalt betreffende Material findet. Vor allem der Nachlaß von Jan Petersen könnte wichtige Dokumente zutage fördern. Ingrid Schwalm, die Petersen-Witwe, sprach mir gegenüber von Aufzeichnungen Petersens.

Fritz Mierau, der vorzügliche Tretjakow-Kenner in der DDR, teilt mir Ende Februar 1974 mit, daß er eine Rezension zur russischen Ausgabe von "Denn sie wissen was sie tun" (!) besitze. Ob Mierau in sowjetischen Archiven (etwa im Tretjakow-Nachlaß) nach Ottwalt fahndete, wie er mir bei einem Besuch in Ostberlin zusicherte, vermag ich hier nicht zu sagen.

In der DDR hielten sich sehr lange Falschinformationen über Ottwalts Moskauer Zeit. Das hing zweifellos mit der bereits erwähnten unbewältigten stalinistischen Vergangenheit zusammen. 1962 veröffentlichte der Ostberliner Verlag Volk und Wissen in seiner Anthologie "Proletarisch-revolutionäre Literatur" 1918-1933" auch ein Kapitel über Ottwalt - unsigniert - sowie einen Auszug aus "Ruhe und Ordnung". Über die Ottwalt-Vita wurde u.a. mitgeteilt:

> 1933 emigrierte (Ottwalt) in die UdSSR und gehörte bis 1937 dem Redaktionskollegium der Zeitschrift "Internationale Literatur" in Moskau an. In einem Prozeß wurde er wegen angeblicher Spionage für die faschistische Wehrmacht zum Tode verurteilt; nach 1953 wurde er rehabilitiert.

Diese Mitteilung ist in drei Punkten falsch:
1. Ottwalt emigrierte zunächst nach Dänemark und fuhr erst im Herbst 1934 nach Moskau.
2. Ottwalt gehörte nur bis zum Oktober 1936 der IL an.
3. Ottwalt wurde nicht zum Tode verurteilt, sondern zu fünf Jahren. Den Vorwurf der Spionage hatte man fallengelassen (vgl. Kap. 15).
4. Es ist zwar richtig, daß Ottwalt "nach 1953" rehabilitiert wurde (wobei mir unklar ist, was man in der DDR unter Rehabilitierung versteht - Nennung des Namens, Wiederveröffentlichung?). Genauer wäre wohl die Angabe, Ottwalt ist nach 1956, nach Chrustschows Enthüllungsrede auf dem 20. Parteitag der KPdSU, rehabilitiert worden. Offenbar wollte man in der DDR Chrustschows Verdienste schmälern. Was also bedeutet "nach 1953 rehabilitiert"? Gab es nach Stalins Tod eine Pauschalrehabilitierung?
Der oben zitierte Passus hielt sich indes beharrlich in den einschlägigen DDR-Lexika. Den vollen Wortlaut übernimmt 1963 das Lexikon sozialistischer deutscher Literatur, Halle/S., S. 393 (Reprint des gesamten Lexikons 1973 angeblich in Holland. Eine Bezugsquelle nennt Gießen).
Spionagevorwurf und Rehabilitierung wurden weggelassen in beiden Auflagen des "Lexikon deutschsprachiger Schriftsteller" Leipzig 1968 bzw. 1974.
Erhaltengeblieben dagegen sind Spionagevorwurf und Rehabilitierung sowie die anderen falschen Angaben aus der Erstmeldung in Bernd Schirmers Nachbemerkung zur Edition von Ottwalts "Kalifornischer Ballade" (Henschelverlag 1968, S. 53).
Der bibliographische Hinweis auf Ottwalt in der Anthologie

"Traum von Räte-Deutschland. Erzählungen deutscher Schriftsteller 1924-1936", Aufbau Verlag 1968 (in dem die beiden Ottwalt-Texte "Der Unmensch" und "Porträt eines Generals" abgedruckt sind) enthält die bemerkenswerte Variante:

> 1937 wurde er wegen angeblicher Spionage für die faschistische Wehrmacht in einen Prozeß verwickelt und ist in der Haft verstorben. Er wurde nach 1953 rehabilitiert.

Horst Heitzenröthers Epilog zu Jan Petersens Chronik "Die Bewährung" (Aufbau 1970) stützt sich bibliographisch auf die falschen Ottwalt-Hinweise im Hallenser-Lexikon von 1963 (S.437)
Der bibliographischen Ungereimtheiten nicht genug heißt es noch 1976 in Heft 11 der "Bibliographischen Kalenderblätter der Berliner Stadtbibliothek" (DDR), daß Ottwalt 1937 (!) wegen "vermeintlicher Spionage (Rehabilitierung 1953)" verhaftet worden sei. (Diesen Hinweis verdanke ich Gerhard Schmolze, Bremen)
Dieser bisher letzte DDR-Eintrag in Sachen Ottwalt nennt übrigens korrekt den Geburtsort Zippnow, Kreis Deutsch Krohne (Pommern). Dagegen: "Todesdatum unbekannt". Und mit einem Kreuz (+) versehen: "Nach einigen Quellen am 24. August 1943 gestorben". (Dieses Datum dürfte jedenfalls authentisch sein, da es direkt vom Sowjetischen Roten Kreuz stammt, vgl. Kap.17)
Die DDR-Lexika waren bisher nicht imstande,Geburtsort und Todesdatum Ottwalts korrekt anzugeben.
Es soll hier keineswegs unterschlagen werden, daß Ottwalt, wenn ich nicht irre, in keinem einzigen Schriftstellerlexikon der Bundesrepublik auftaucht. (Erst 1977 erscheint ein Ottwalt-Beitrag aus meiner Feder im "Lexikon der deutschen Gegenwartsliteratur", Nymphenburger Verlagshandlung, München; veranlaßt durch Herbert Wiesner. Dieser Beitrag ist auch auf der vierten Umschlagseite von Ottwalts "Deutschland erwache!" 2.Aufl. Berlin 1977 abgedruckt.)

Im Zuge meiner Recherchen in der DDR ist es mir dann gelungen, den Verantwortlichen für die Ottwalt-Eintragungen in der DDR ausfindig zu machen. Ich stieß auf den DDR-Germanisten Heinz Neugebauer, der mir am 2.9.73 seine Autorschaft an Ottwalt bestätigte. Am 7.10.73 teilte mir Neugebauer mit, daß sein Ottwalt-Material, das er besitze, unerheblich sei. Ich solle mich an die Abteilung Geschichte der sozialistischen Literatur bei der Akademie der Künste der DDR, 701 Leipzig, Uferstr. 21, wenden. "Dort befinden sich die eigentlichen Kenner, die die umfangreichste Materialsammlung aufgebaut und die wesentlichen Forschungsergebnisse vorgelegt haben." Am 28.11.73 frage ich Neugebauer telefonisch, wie er zu dem Ottwalt kompromittierenden Satz von der "angeblichen Spionage für die faschistische Wehrmacht" gekommen sei. Der Wortlaut sei, so Neugebauer, in einer Arbeitsgruppe der Ostberliner Humboldt-Universität festgelegt worden. Neugebauer sagte zu, die Streichung der Ottwalt diskriminierenden Passage aus dem Leipziger Lexikon zu veranlassen. Bei der Gelegenheit teilte mir Neugebauer auch mit, daß der Dietz Verlag früher eine

Neuausgabe von "Ruhe und Ordnung" geplant hätte.-Interessant wäre zu erfahren, weshalb das Projekt dann fallengelassen wurde.

Hier weitere sporadische Hinweise und Informationen, die ich aus nichtsozialistischen Ländern erhielt.

Am 21.6.74 teilt mir Jo Mihaly, die Witwe des Schauspielers Leonhard Steckel, mit, daß sie Ottwalt "einmal inkognito und nur sehr kurz auf seinem Zwischenaufenthalt in Zürich" kennengelernt habe, "ohne daß sich für mich mehr als die Erinnerung an einen besonders integren, wohltuend bescheidenen, klugen und diskreten Menschen verbindet". Jo Mihaly kann sich an die Jahreszahl nicht erinnern.

Ottwalt könnte zwischen seinem dänischen und Prager Aufenthalt im Herbst 1933 kurz in Zürich gewesen sein. Oder in der Zeit danach, spätestens aber wohl im Sommer 1934.

Am 19.8.74 schreibt mir Jo Mihaly, daß sie 1934 mit Ottwalt zusammentraf. Wolfgang Langhoff und Theo Otto hätten an jener Zusammenkunft in Zürich teilgenommen. "Soweit ich mich erinnere, kam O. damals aber nicht aus dem Norden, sondern direkt aus Prag. Reise und Ankunft in Zürich wurden streng geheimgehalten."

Am 2.6.73 schreibt mir der in Südfrankreich lebende Schriftsteller David Luschnat, der 1933 emigrieren mußte, daß er Ottwalt in Berlin 1930-1933 gekannt habe. "Ottwalt war kein Erfolgsstreber, kein Parteibürokrat. Es ging ihm nicht um persönliche Macht, Ansehen, Durchsetzen besonderer Ziele. Er war immer mit ganzem Herzen bei der Sache: Wahrheit, Gerechtigkeit, Freiheit zu erkämpfen mit dem Mittel der Sprache.'

Mit dem in Westberlin lebenden Alfred Schäfer, der 1930 in Ottwalts Bergarbeiterdrama "Jeden Tag vier" mitwirkte (auf den ich durch Trepte aufmerksam wurde) telefonierte ich am 16.1.74: Schäfer sah Ottwalt vor sich: mittelgroß, blond, weiches Gesicht, offene Augen, die beeindruckten. Schäfer verwies mich an den in den dreißiger Jahren bei Piscator wirkenden Bühnenbildner Wolfgang Böttcher in Schwerin. Doch Böttcher konnte mit Bestimmtheit sagen, daß er das Ottwalt-Drama "nie ausgestattet" habe. Im Wallnertheater sei er zwar 1930 Ausstattungsleiter bei Piscator gewesen, aber "mir ist das Stück nicht untergekommen" (24.1.74).

Meine Anfrage bei Herbert Ihering blieb erfolglos. Ihering hatte 1930 Ottwalts Bergarbeiterstück "Jeden Tag vier" rezensiert.

Der in Westberlin lebende Journalist Egon Merker teilt mir am 17.3.75 mit, er habe 1932/33 bei Ottwalt an der Marxistischen Arbeiterschule in Berlin Vorlesungen gehört. Bei der Gelegenheit habe er Ottwalt, Lukács, Leschnitzer und Renn kennengelernt.

P.A.Otte (1902) berichtete mir am 4.3.75 telefonisch von einem Besuch Ottwalts in der Redaktion des "Berliner Tageblatts", in dem Otte damals auch über Ottwalt schrieb.

Im Juli 1974 korrespondierte ich mit dem in Stockholm lebenden Schauspieler Hermann Greid (1892-1976), der sich in den 30er Jahren in Moskau aufhielt. Faktisch scheine es ihm, schrieb mir Greid am 20.7.74, daß er Ottwalt in der Sowjetunion begegnet sei: "Könnte es in einem Gespräch über den Vagabund-Maler Tombrow gewesen sein, den er entdeckt hat??" Nach Ottwalt habe sich Brecht jedenfalls nicht erkundigt, meinte Greid, der 1974 in seiner Schrift "Der Mensch Brecht, wie ich ihn erlebt habe" (Stockholm) berichtete, daß sich Brecht nach dem Schicksal Carola Nehers erkundigte (vgl. "europäische ideen" 14/15).
In derselben Schrift gibt Greid auch eine Begegnung Brechts mit dem amerikanischen Philosphen Hook wieder:

> Brecht besuchte ihn (Hook). Das Gespräch kommt auf einen der zu jener Zeit aktuellen Moskauer Prozesse, in denen Hunderte von unschuldigen Menschen rücksichtslos vernichtet wurden.- Aber Brecht äußert: "Was die Angeklagten betrifft: Je unschuldiger sie waren, desto mehr verdienten sie zu sterben." (4)

Wann ich Margot von Brentano in Wiesbaden besuchte, weiß ich heute nicht mehr genau. Es könnte im Frühjahr 1974 gewesen sein. Im November 1973 fragte ich sie, ob sie mir Einblick in die Korrespondenz ihres Mannes, Heinrich von Brentano, mit Ignazio Silone gewähren würde. Die Zusendung von Kopien verweigerte MvB.
In Briefen an Silone (1937?) erkundigte sich Brentano nach dem Schicksal Ottwalts, der in Moskau inzwischen verhaftet worden war. In seinen "Berliner Novellen" (Zürich 1934) erzählt Brentano, wie einige ältere Kinder (in "Rudi") vor einem Schaufenster stehen bleiben und ihr Blick von Büchern gefesselt wird. In der Auslage befindet sich u.a. Ottwalts "Denn sie wissen was sie tun", "der Roman der deutschen Klassenjustiz". Brentano entdeckte offenbar nach dem Machtantritt der Nazis nach 1933 verstärkt seine proletarischen Empfindungen, doch hatte er sehr schwer damit zu kämpfen, von den Kommunisten anerkannt zu werden. Vielleicht war Brentano für Ottwalt das Vorbild für das "Gespräch in der E migration", das 1934 in der "Neuen Weltbühne" erschien (Nr.34).
Lion Feuchtwanger schreibt am 30.10.58 aus Pacific Palisades (Kalifornien) an Waltraut Nicolas, daß er Ottwalt "sehr flüchtig" gekannt habe und daß er für die Zeitschrift "Das Wort" nur ein oder zwei Beiträge geschrieben habe. "Was Sie mir über die letzten Jahre Ottwalts berichten, glaube ich Ihnen ohne weiteres, und ich werde Ihnen gern und nach Kräften behilflich sein. Es wird aber schwer sein, in dieser Sache durch Briefe etwas zu erreichen. Ich muß also warten, bis ich Gelegenheit haben werde, Männer die mir dabei helfen können, persönlich zu sprechen, sei es hier, sei es in Moskau."

19. Kalifornische Ballade

Es ist eindeutig ein Verdienst der Ottwalt-Forschung in der DDR, daß 1968 die "Kalifornische Ballade": eine Rundfunkerzählung mit Musik von Ernst Ottwalt und Hanns Eisler in der Sammlung "Hörspiele 8" des Ostberliner Henschelverlag der Öffentlichkeit vorgelegt wurde. Die "Kalifornische Ballade", 1932 als Funkerzählung von Ottwalt abgefaßt, wurde 1939 vom Flämischen Rundfunk (mit Songs von Ernst Busch) vermutlich urgesendet. 1968 sendete ein DDR-Rundfunksender in der Regie von Fritz Göhler die Ballade zum ersten Mal auf deutsch. Im Mai 1970 fand die szenische Uraufführung des Hörspiels im Ostberliner Maxim-Gorki-Theater statt. Regie führte Fritz Bornemann.

In einer Nachbemerkung zur Henschel-Edition des Hörspiels nennt Bernd Schirmer die "Kalifornische Ballade" einen "Fund von großem Wert". Es sei nicht mehr genau festzustellen, ob eine deutsche Rundfunkanstalt die Sendung des Werks geplant hatte. Dem von Nathan Notowicz veröffentlichten Werkverzeichnis der Kompositionen von Hanns Eisler sei zu entnehmen, so Schirmer, daß die "Kalifornische Ballade" Opus 47 für Solo, gemischten Chor und Orchester 1934 geschaffen worden sei, dennoch müsse das Werk früher entstanden sein, "denn bereits im Jahre 1932 erschien in der Volksbühnen-Verlags-und-Vertriebs-GmbH eine Manuskriptfassung, die zwar ohne Noten ist, die aber sowohl den Autorennamen Ottwalt als auch den Komponistennamen Eisler als Schöpfer des Werks nennt.(52) Bezeichnend sei dabei die Tatsache, daß in diesem vervielfältigten Manuskript ein Song fehle, der sich in Eislers Partitur finde: "Groß sind die Schätze der Erde".
Ottwalts Funkerzählung beginnt wiefolgt:

> Sprecher: Dies ist die Geschichte Johann August Suters, der seine Heimat verließ, um Ruhe und Frieden zu finden.
> Aber er fand
> die größten Goldlager der Welt.
> Suter: Ich heiße Suter, Johann August mit Vornamen, geboren 1803 in der Stadt Kanders im Großherzogtum Baden und aufgewachsen in der Schweiz, im Kanton Bern.
> Ich verließ mein ärmliches Dorf und ging in die große Stadt. Und so wurde ich hineingezogen in die große Verwirrung, die jetzt herrscht in den Städten Europas.
> Dreißig Jahre bin ich alt, und ich sage von mir:
> Ich habe gestohlen, Wechsel gefälscht und meine Nächsten betrogen.
> Denn ich wollte emporsteigen.
> Fliehend vor den Gerichtsdienern des Kantons Bern, fälschte ich einen Kreditbrief und verschaffte mir so das Reisegeld nach Amerika.

In Amerika glaubt Suter seine Freiheit zu finden. 1834 trifft er in New York ein. 1880 stirbt Suter als alter Bettler, der sich einbildete, der "General des Staates Kalifornien" gewesen zu sein.

Die Suter-Geschichte sei historisch verbürgt und mehrfach literarisch gestaltet worden, schreibt Schirmer (von Blaise Cendrars, Bruno Frank und Stefan Zweig). Vergleiche man Ottwalts Werk mit denen seiner Vorgänger, so falle zunächst auf, daß Ottwalt die Suter-Gestalt "in stärkerem Maße kritisch" sehe. Suters Verdienste würden am Ausmaß seiner Schandtaten gemessen. An die Stelle der Bewunderung des Kolonisators und des Mitleids mit dem Verarmten trete die Untersuchung seiner sozialen Rolle. "Der gesellschaftliche Kausalnexus wird aufgedeckt." (54) Innerhalb seiner Welt und seiner eigenen Wertmaßstäbe weise Suter durchaus tragische Züge auf, "doch das hindert Ottwalt nicht, ihn zu verurteilen als das, was er ist: ein Emporkömmling und Ausbeuter, der sich raffiniertester Methoden bedient." (54) Gleichzeitig werde die Ordnung entlarvt und verurteilt, in der Suter emporkam und fiel, schreibt Schirmer weiter. Ottwalt gehe es um "Parteinahme gegen eine inhumane Ordnung".
Die Geschichte vom Aufstieg und Fall Suters sei, so Schirmer, mehr oder weniger nur Vorwand. Ottwalt gehe es darum, Nachdenken über die Gegenwart zu provozieren, über die kapitalistische Entwicklung überhaupt. Die Suter-Geschichte sei auch Vorwand, "um das Funktionieren des Mechanismus innerhalb der kapitalistischen Produktionsweise zu zeigen, um die raffinierten Praktiken der Herrschenden zu entlarven und um die Demagogie ihres Deckmantels zu berauben". (55)
Ottwalts "Kalifornische Ballade" weise vielerlei Beziehungen zu Brechts epischem Theater auf, meint Schirmer zur Form des Hörspiels. Songs unterbrächen die Handlung, kommentierten das Geschehen, deuteten es au s, vermittelten, und das sei ihre wichtigste Funktion, Erkenntnisse, indem sie einzelnes verallgemeinerten.
Am 3. Mai 1970 besorgte Fritz Bornemann in der Ausstattung von Dieter Berge die szenische Uraufführung des Hörspiels im Ostberliner Maxim-Gorki-Theater. Den Suter spielte Dieter Wien. Der Theaterkritiker des "Neuen Deutschland", Rainer Kerndl, lobte den Phantasie- und Erfindungsreichtum des Unternehmens. Aus dem Detail individueller Verhaltensweisen habe man den gesellschaftskritischen Witz zu beziehen gesucht, aus der betont naiven Vereinfachung die soziale Verallgemeinerung, aus dem respektlos-ironischen Umgang mit den Theatermitteln die Theaterwirkung. "Das Theater inszenierte sich als Theater, genauer: als Zirkus, als flitternde, lärmende Show, als Schaubuden-Panorama einer im Anschein komischen, im Wesen makabren Gesellschaft." Trotzdem erweise sich die Übertragung des Hörspieltextes auf die Theaterszene, so Kerndl weiter, "als mitunter nicht aussagekräftig genug". Über manche Löcher und Durststrecken müsse sich das Ensemble von Gag zu Gag hinweghangeln, und da drohe zuweilen der theatralische Aufwand mangels inhaltlicher Substanz zum bloßen Vorwand zu werden.
Ernst Schumacher schrieb in der (Ost)"Berliner Zeitung", daß das Stück ein "aufschlußreiches Beispiel fragwürdiger Heldenwahl für eine dramatische Richtung" darstelle, die der proletarischen Ideologie nützlich sein solle, wie es zur Zeit Suters die Tragödie "Franz von Sickingen" von Ferdinand von

Lassalle gewesen sei, die Marx und Engeld kritisiert hätten, weil die Analogie zur Gegenwart schon von der Heldenwahl her falsch und wenig ergiebig gewesen sei.
Bornemann hätte versucht, so Schumacher, die grundsätzliche Problematik des Falles Suter in bezug auf seine heutige Relevanz dadurch auszugleichen, "daß er ausstellte, auf welch unmenschlichen Grundsätzen das kapitalistische 'Glück-und-Frieden'-Suchen beruht, zum andern aber sie zu überspielen, indem er theatralische Mittel umfänglich entfaltete." Da aber die ganze Fabel eben doch vorrangig auf das Schicksal von Suter bezogen sei, "ließ sich eine aktuale Verbindlichkeit doch nur bedingt herstellen".

Helmut Ullrich lobt im Gegensatz zu Kerndl und Schumacher in der Ostberliner "Neuen Zeit" v.7.5.70 Fritz Bornemanns Regie ohne Einschränkung. Die Turbulenz der Aufführung habe die Präzision eines Uhrwerks. Jeder Einfall stimme, jeder Gag und jede Pointe säßen. "Primitivität wird zum raffinierten Kunstmittel. Verfremdungseffekte sind selbstverständlich. Ein satirischer Grundzug ist unverkennbar: Alles geht so zu, wie es in Wildwest-Groschenheftchen zuzugehen pflegt. Nur etwas übertriebener noch, womit zugleich eine Vorstellungswelt entlarvt wird."
Horst Gebhardt, Kritiker in "Theater der Zeit" 8/1970, verließ eine normale Repertoire-Aufführung "mit gemischten Gefühlen". Ein "fader Nachgeschmack" bleibe zurück. Was solls eigentlich, müsse man sich fragen. "Steht hier nicht der ungeheure, äußerliche, theatralisch-zirzensische Aufputz im krassen Gegensatz zur relativ simplen Aussage?"
Als einen "Mangel des Ottwaltschen Werkes" bezeichnet Gebhardt die "halbtragischen Züge" Suters, "besonders im zweiten Teil, wenn (Suter) sich, prozessierend und Recht suchend, immer mehr verelendend, durch die Lande schlägt". Hier stelle sich, auch in der Aufführung, Mitleid ein, wenn der arme alte Mann, verhöhnt und verkannt, um Gerechtigkeit betteln müsse. Und damit sei die Sache einigermaßen auf den Kopf gestellt.
Gebhardt: "Unklar bleiben meines Erachtens dem Zuschauer auch die eigentlichen Ursachen, die zur Verarmung Suters führen, zumindest sind sie weder im Text noch in der Aufführung überzeugend herausgearbeitet: Ich meine jene etwas komplizierten historischen Umstände, die mit der Besitzübernahme (oder besser Annexion) des ehemals mexikanischen Kaliforniens durch die Vereinigten Staaten zusammenhängen. Das wird zwar im Programmheft erklärt, szenisch jedoch zu wenig sichtbar."
Dies einige Vorbehalte Horst Gebhardts. Die im Programmheft von H.G. erwähnte historische Analyse stammt übrigens aus der Feder Friedrich Karl Kauls, eine dichte, verständliche Übersicht über die Entwicklung Kaliforniens und das Leben von Johann August Suter.
Im Februar 1974 stellte mir das Maxim-Gorki-Theater Fotos von der Uraufführung zur Verfügung. (vgl. Anhang)

Asja Lacis, die in Riga lebende 85jährige revolutionäre Schauspielerin und Regisseurin, berichtet über die Berliner

Zeit um 1930, daß Brecht und Ottwalt an aktuellen Revuen mit Gesang und Musik arbeiteten, "die den Stehkragenproletarier aufs Korn nahmen ('Krause')". (Lacis: Revolutionär im Beruf, München 1976, S.127). Ottwalt dürfte mit der Lacis in der Sowjetunion zusammengetroffen sein, doch gibt es für diese Annahme keine Bestätigung.

20. Rezeption in der BRD, Neuauflagen

Nach dem Zweiten Weltkrieg ist wiederholt der Versuch unternommen worden, die Werke von Ernst Ottwalt neu herauszugeben. Die beteiligten westdeutschen Verlage winkten jedoch ab.
Und der Ostberliner Aufbau Verlag entschied sich erst sehr spät, Ottwalt in der DDR zu edieren. Für 1977 ist Ottwalts Erstlingsroman "Ruhe und Ordnung" geplant.
1972 tauchten im Westen Deutschlands zwei Raubdrucke von Ottwalt-Büchern auf. Sich über urheberrechtliche Fragen hinwegsetzend, belebten diese beiden angeblich in Holland gedruckten und in Westberlin ausgelieferten Taschenbücher ("Ruhe und Ordnung" und "Denn sie wissen was sie tun") eine sich abzeichnende allgemeine Ottwalt-Renaissance. Die beiden Raubdrucke sind im Laufe des Jahres 1976 sehr rasch wieder verschwunden. Heute ist es kaum mehr möglich, an die billigen Reprints, die in mehreren tausend Stück auf den Markt gekommen sein dürften, heranzukommen. (vgl. Kap. 5 und 6)

Am 21.2.1962, kurz vor ihrem Tode, bittetWaltraut Nicolas Erwin Piscator brieflich um ein Vorwort zu "Ruhe und Ordnung". Vielleicht bringe Ullstein oder Fischer das Ottwalt-Buch heraus, teilt W.N. Piscator mit. Eine Korrespondenz mit den betreffenden Verlagen liegt mir allerdings nicht vor. Piscators Brief an Waltraut Nicolas v.21.12.62 hat die Ottwalt-Witwe in die Malik-Ausgabe von "Ruhe und Ordnung" eingeklebt (auf die zweite Umschlagseite): offenbar sollte der neue Verlag den Piscator-Brief zum Abdruck bringen:

> Liebe Traute! Mit Erschütterung habe ich Ernsts "Ruhe und Ordnung" noch einmal gelesen. Die Erschütterung kam daher, daß man sich fragt, was ein Mensch durchmachen muß, um dann einem solchen Ende wie er entgegenzugehen. Natürlich ist diese Erschütterung auch persönlicher Art, denn wir gingen ja wirklich Schulter an Schulter, und müssen uns am Ende bestürzt umsehen, um die Krümmungen, das Auf und Ab dieses Weges zu erkennen. Wo sind wir richtig gegangen und wo falsch? Und gerade daraus muß uns auch der Trost kommen, daß im Ganzen der Weg zwar tragisch endete, aber daß in einzelnen Teilen wenigstens die Richtung gestimmt hat.
> Den verbrecherischen Weg ist er nicht gegangen, den, den seine damaligen Kameraden weiterverfolgten, und den er verlassen hat zur rechten Zeit. Ich glaube, wenigen ist vergönnt gewesen, in dieser Welt sauber und anständig zu bleiben, und ihm ist das gelungen! Ehre, große Ehre seinem Andenken!!

Nach dem Tode ihrer Schwester hat dann Ilse Bartels die Bemühungen um eine editorische Betreuung Ottwalts fortgesetzt - mit wenig Erfolg. 1964/65 waren die drei Ottwalt-Titel "Ruhe und Ordnung", "Denn sie wissen was sie ztun" und

"Deutschland erwache!" bei Rowohlt im Gespräch. Der damalige Rowohlt-Lektor Bernt Richter schrieb die jeweiligen Gutachten. "Deutschland erwache!" fiel durch: Dieses Buch, so Richter, lasse in mehrfacher Hinsicht Ökonomie, Übersicht und die methodische Einsicht vermissen, daß geringerer Aufwand oft größere Wirkung erzeuge. (Richters Gutachten v.14.12.65)

Bernt Richters Absage an Ilse Bartels hatte folgenden Wortlaut:

> Die Beteiligten stimmten bei aller Sympathie für die politische Position Ottwalts und bei allem Respekt vor seinem publizistischen Kampf gegen den Nationalsozialismus überein in der Auffassung, der Text von "Deutschland erwache!" beweise exemplarisch, daß eine richtige Ausgangsbasis und viele richtige Einzeldiagnosen nicht ausreichen, eine überzeugende und stimmige publizistische Wirkung hervorzubringen. Denn, so meinen die Beurteiler, eine politische Streitschrift als Geschichte des befehdeten Gegners anzulegen, ist schon ein heikles Unterfangen; wenn aber die Darstellung noch so gefaßt wird, daß fast alle der in Deutschland 1919-1932 mächtigen und einflußreichen politischen und gesellschaftlichen Kräftegruppierungen als Wegbereiter, Förderer, Bundesgenossen, ohnmächtige Konkurrenten der politischen Kräftemassierung hingestellt werden, vor der gewarnt werden soll, dann drängt der Verfasser den Lesern die Frage auf, wer denn eigentlich durch die Warnung noch mobilisiert werden sollte zum Widerstand gegen die NSDAP, und wo eigentlich der Verfasser die politischen und gesellschaftlichen Kräfte sieht, die sich zu einem einigermaßen erfolgversprechenden Kampf gegen den Nationalsozialismus hätten verbünden können. (Daß die KPD dieses Ziel allein nicht hätte erreichen können, haben ja nach 1933 sogar die Kommunisten mit der Volksfront-Konzeption ausdrücklich anerkannt.)
> Es tut uns leid, daß wir Ihnen keinen besseren Bescheid zu geben haben, aber wir sind der Meinung, daß Ernst Ottwalts Buch heute wieder veröffentlicht nur als historisches Dokument einer in der Methode verfehlten Bemühung wirken könnte. Und das halten wir nicht für erstrebenswert. (14.12.65)

Von seinen Gutachten für Rowohlt hat sich Bernt Richter später distanziert. "Besonders mißfallen mir heute daran die starken Akzente von professionellem, routinemäßigem Betrachterverhalten." (Brief an mich 12.11.74) Richter erlaubte mir ausdrücklich, seine falsche Ottwalt-Optik von damals heute nachzudrucken: auch ein Beispiel für die geistige Unabhängigkeit und Ehrlichkeit eines heute nicht mehr ausschließlich am Kulturmarkt orientierten Journalisten.
Zehn Jahre später hat sich Richter in der weiteren Ottwalt-Rezeption Verdienste erworben. Sein intelligenter Beitrag "Ernst Ottwalt - Ein kritischer Chronist des deutschen juste milieu" ist am 17.11.74 vom Sender Freies Berlin und danach vom Hessischen Rundfunk ausgestrahlt worden.
Gegen Ottwalts "Ruhe und Ordnung" hatte Richter während seiner

Lektorats bei Rowohlt noch "starken Vorbehalt" (23.12.64); Ottwalts Justizroman erteilte Richter allerdings das Votum "bin dafür" (7.1.65):

> Das Thema Justiz und Gesellschaft in der Weimarer Republik erscheint mir auch jetzt noch wichtig und aktuell genug.- Der mediokre Zuschnitt der Hauptperson erscheint mir gelungen, überzeugend und konsequent durchgehalten.- Anlage und Ausführung der Geschichte einer durchschnittlichen Justizbeamten-Karriere scheinen mir im ganzen so aufklärerisch und realistisch gehalten, daß ich das Buch ergiebig, nützlich und wichtig finde. Deshalb befürworte ich die Neuveröffentlichung.

Dazu ist es indes nicht gekommen. Hätte Rowohlt (Fritz J. Raddatz) damals positiv reagiert, wäre die Ottwalt-Forschung heute gewiß einen enormen Schritt weiter. Vielleicht waren Mitte der sechziger Jahre in Reinbek marktorientierte Überlegungen vorrangig.

Meine eigenen Bemühungen um Ottwalt in den westdeutschen Medien begannen, wenn ich das heute recht konstruiere, am 7.2.73 mit einer 15-Minuten-Sendung im 3. Programm des Norddeutschen Rundfunks (Redakteurin Ute Bromberger), das damals noch mit dem SFB verbunden war; meine Ottwalt-Sendung (die am selben Tag gekürzt auch im SWF lief) konnte also auch in Berlin gehört werden. Einige Hörerzuschriften zeigten ein Echo auf den Ottwalt-Beitrag.

Ein Hörer in Hamburg schrieb daraufhin dem NDR, daß ihm Ottwalts Buch "Deutschland erwache!" bei dem "großen Bombensturm 1943" (in Hamburg?) verbrannt sei. "Der Besitz dieses Buches galt als Hochverrat."

Am 24.2.73 druckte die Zürcher "Tat" (Redakteur Erwin Jaeckle) meinen gekürzten Ottwalt-Text.

Absagen erhielt ich von: Sender Freies Berlin, Frankfurter Hefte, liberal, Wiener Tagebuch und vom Rowohlt Taschenbuch Verlag. Am 15.2.73 schrieb mir Rowohlt-Lektor Jürgen Manthey: von Ottwalt seien gerade zwei Nachdrucke erschienen (gemeint sind die Raubdrucke), die die "wichtigsten Bücher dieses Autors" seien. Damit sei Ottwalt der Vergessenheit "wenigstens bei den interessierten Lesern entrissen". Und mit den Reprints sollte man es, meinte Manthey, "auch nicht übertreiben".

Am 10.2.1975 schloß ich mit Ilse Bartels einen Generalvertrag über die Ottwalt-Werke. Als ersten Titel brachte ich im September 1975 einen Reprint von "Deutschland erwache! Geschichte des Nationalsozialismus" heraus. Der Wiener Hess Verlag (letzter Inhaber war Helgerson) war 1935 erloschen, wie mir der Börsenverein des Deutschen Buchhandels am 28.2.74 auf Anfrage mitteilte. Auch der Österreichische Bunhhändlerverband konnte keinen Rechtsnachfolger ermitteln. Was bedeutete, daß die Urheberrechte an die Erben zurückgefallen waren.

Dank eines Inserats des Verlags Neue Gesellschaft hielten sich die Produktionskosten des Reprints in Grenzen. Die Auflage war sehr begrenzt und mußte, nachdem der Titel vergriffen war, im Januar 1977 neu aufgelegt werden - jetzt durch weitere Inserate vermehrt und mit einer Rezension von Heinz Ludwig Arnold versehen, die am 9.6.76 in den "Nürnberger Nachrichten" erschien.
Arnolds Kritik druckten am 13.8.76 auch die "Basler Nachrichten". Die Frankfurter "Tat" brachte am 23.1.76 eine unsignierte Kritik. Franz Schonauer schrieb für den Hessischen Rundfunk ein längeres Skript über das Buch (Sendung 30.3.76). Von einigen Anzeigen in Zeitschriften und Zeitungen sowie Meldungen, die ich bei verschiedenen Feuilletons unterbringen konnte, abgesehen, war die Verbreitung von Ottwalts "Deutschland erwache!" eher mager. Was selbstverständlich vor allem mit dem Charakter meines Verlagsunternehmens als Einmannbetrieb zusammenhängt. Großwerbung für Ottwalt konnte und kann nicht betrieben werden.
Im April 1976 edierte ich dann endlich - nachdem das Buch schon zwei Jahre lang angekündigt war - Ottwalts "Schriften": Die an den Anfang des Bandes gestellte editorische Notiz des Herausgebers v. März 1976 hat folgenden Wortlaut:

Die Anordnung der zumeist im Reprintverfahren übernommenen und teilweise neu umbrochenen Texte erfolgt im wesentlichen chronologisch, nicht genremäßig. Chronologisch jedoch im periodischen Sinn: mit den Blöcken "Berliner Volkszeitung", "Die Linkskurve" (Berlin), "Neue Deutsche Blätter" (Prag), "Die Neue Weltbühne" (Prag), "Deutsche Zentral-Zeitung" (Moskau), "Internationale Literatur" (Moskau), "Das Wort" (Moskau). Die Überschriften der Beiträge wurden voll beibehalten, die Zwischentitel in der "Berliner Volkszeitung" jedoch weggelassen. Ottwalt schrieb in dieser Zeitung noch unter seinem Geburtsnamen Ernst G.(ottwald) Nicolas. Vermutlich hat er 1928/29 noch weitere Beiträge in der BVZ veröffentlicht. Es konnte nur das Material berücksichtigt werden, das 1973 im Hermannsburger Nachlaß bei Ottwalts Schwägerin Ilse Bartels gefunden wurde. /.../ Ottwalts Beiträge in der "Neuen Weltbühne" (die technisch leider schlecht vorlagen) und in den NDB wurden für diese Edition durch Kopien aus Beständen der Universitätsbibliotheken Basel und der Freien Universität Berlin ermöglicht.
(Von den NDB hat Rütten und Loening, Ostberlin, 1974 einen Reprint hergestellt.)
Ottwalts Beiträge in der "Internationalen Literatur" konnten für diese Ausgabe durch Kopien aus Beständen des Westberliner Zentralinstituts für Soziologische Forschung (FU) bereitgestellt werden. Die Texte aus "Das Wort" wurden dem bei Rütten und Loening herausgekommenen Reprint der Zeitschrift entnommen. /.../ Schwierigkeiten bereiteten die Texte aus der "Deutschen Zentral-Zeitung", die das Institut für Zeitungsforschung der Stadt Dortmund vermittelte: teilweise schwer leserliche Mikrofilmablichtungen, die transskribiert und neu abgesetzt werden mußten. Bernhard Specht und Ivan Denes halfen beim Korrekturlesen. Offensichtliche syntaktische und grammatika-

lische Fehler in der Vorlage wurden verbessert. Auffällig hier die teilweise falsche Autorenangabe: Ottwaldt oder Ottwald; letztere Falschschreibung hat sich bis in die Gegenwart gehalten. /.../

Auch das Echo auf diese Edition war bisher gering. Am 27.12.76 brachte der Westdeutsche Rundfunk in einer 20-Minuten-Lesung Auszüge aus dem Sammelband. Vermehrte Anzeigen im Börsenblatt für den Deutschen Buchhandel und die Aufnahme in das CIP-System der Deutschen Bibliothek Frankfurt sicherten zumindest einen Absatz der beiden Ottwalt-Titel, der die Herstellungskosten wohl wieder einspielen dürfte.

Am 14.3.75 erbaten die Éditions sociales in Paris die Rechte für eine französische Übersetzung von Ottwalts Lukács-Entgegnung. Es hatte sich offenbar inzwischen herumgesprochen, daß der Verlag europäische ideen Inhaber der Ottwalt-Rechte geworden war. Seit dieser Zeit wurde auch mit dem Ostberliner Aufbau Verlag verhandelt, der dann zur Frankfurter Buchmesse 1976 zusagte, die beiden frühen Ottwalt-Romane "Ruhe und Ordnung" und "Denn sie wissen was sie tun" in Lizenz von mir zu übernehmen.
Im März 1977 kam es zum Vertragsabschluß: der Aufbau-Verlag will "Ruhe und Ordnung" in einer Auflage von 5.000 Exemplaren auf den DDR-Markt bringen. Der Ladenpreis wurde mit ca. 6.90 Mark festgelegt.
Aufbau wünschte die Rechte für das gesamte deutschsprachige Gebiet. Doch ich behielt mir vor, Ottwalts Erstling selber neu herauszubringen.

21. Bibliographie

I Ottwalt-Ausgaben, eigenständig

1. Ruhe und Ordnung. Roman aus dem Leben der nationalgesinnten Jugend. Malik, Berlin 1929, 307 Seiten
2. Denn sie wissen was sie tun. Ein deutscher Justiz-Roman. Malik, Berlin 1931, 404 Seiten
3. Deutschland erwache! Geschichte des Nationalsozialismus. Hess, Wien 1932, 390 Seiten
4. Jer oni znaju sta cine (Denn sie wissen was sie tun). Izdanje Nolit, Belgrad 1933, 285 Seiten (serbokroat.)
5. Die letzten Dinge. Novelle. Verlagsgenossenschaft Ausländischer Arbeiter, Moskau 1936, 26 Seiten (Vegaar-Bücherei 2)

nach Ottwalts Tod:

6. Ruhe und Ordnung. Paco Press , Amsterdam 1972. Raubdruck nach der Originalausgabe
7. Denn sie wissen was sie tun. Paco Press, Amsterdam 1972. Raubdruck nach der Originalausgabe
8. Deutschland erwache! Verlag europäische ideen, Berlin 1975, 2.Aufl. 1977. Reprint der Originalausgabe
9. Schriften. Verlag europäische ideen, Berlin 1976, 258 Seiten
10. Ruhe und Ordnung. Aufbau, Berlin (Ost) 1977

II Weitere Werke

11. Jeden Tag vier. Bergarbeiterdrama, Uraufführung im Berliner Wallner-Theater 19.11.1930. Das Manuskript gilt als verschollen
12. Kuhle Wampe. Film. Mitarbeit am Drehbuch 1931. Deutsche Erstaufführung in Berlin 30.5.1932
13. Kalifornische Ballade. Hörspiel. Musik von Hanns Eisler, ca. 1932. Sendungen: 1939 Flämischer Rundfunk, 1968 DDR-Rundfunk. Szenische Uraufführung im Ostberliner Gorki-Theater Mai 1970
14. Ballade vom Reichstagsbrand. Zus.mit Brecht. Uraufführung durch das Deutsche Theater Kolonne links, Moskau 1935 (?)

III Ottwalt-Beiträge in Periodika und Sammlungen

in: Berliner Volkszeitung (signiert: Ernst G. Nicolas)

15. Notberufe, 20.9.1928
16. Zweikampf 4.1.1929
17. Zigeunerlager 6.1.1929
18. Fachschule für... 3.2.1929
19. Geheimnisse des Müllkastens 28.2.1929
20. Verbrechen und "Verbrechen" 13.3.1929
21. "Zwei Jahre Arbeitshaus" 20.3.1929
22. Sozialistische Zukunftsmusik? in: Die Front, Heft 8/9, 1930

23. George Grosz."Die Gezeichneten" und "Das neue Gesicht der herrschenden Klasse" in: Die Welt am Abend 3.1.30
24. "Zeitfreiwillige vor!" in: Der Schulkampf, Heft 2, 1931
25. "Tatsachenroman" und Formexperiment. Eine Entgegnung an Georg Lukács, in: Die Linkkurve
an Georg Lukács, in: Die Linkskurve Okt. 1932
26. Der bolschewistische Mensch, in: Die literarische Welt, Nr. 41/42, 1932
27. Der Student in der deutschen Barbarei, in: Die Welt am Abend 14.6.1932
28. Landesverräter, in: Der Gegenangriff, Nr. 4, 1933

in: Neue Deutsche Blätter, Prag

29. Die Generalversammlung, Sept. 1933 (anonym)
30. Abschied, Okt. 1933 (anonym)
31. Der Turm zu Babel, Dez. 1933
32. Das "Gute Beispiel", Febr. 1934
33. "Revolution im Kaiserhof", Mai 1934
34. Literarische Beihilfe zum Mord, Juni 1934
35. Zwischen gestern und morgen, Juni 1934

in: Die neue Weltbühne, Prag

36. Mathias Rakosi, Nr.24, 1934
37. Schwarze Front, Nr.27, 1934
38. Die Kamarilla, Nr.32, 1934
39. Gespräch in der Emigration, Nr.34, 1934
40. Literarische Rückschalter, Nr.37, 1934
41. Piscators erster Film, Nr.42, 1934
42. Wieder in Moskau, Nr.44, 1934

43. Antwort an den "Völkischen Beobachter", in: Der Gegenangriff, Nr.43, 1934

in: Deutsche Zentral-Zeitung, Moskau

44. Auf Euch blickt die Kulturwelt, 17.8.1934
45. Eine Genossin erzählt, 18.11.1934
46. Stadt und Land. Bemerkungen zu Adam Scharrers Bauernroman "Maulwürfe", 29.11.1934
47. Bolschewik Kirow - unser Vorbild, 3.12.1934
48. Dank an einen Toten, 6.12.1934
49. Das "Weißbuch" über die Erschießungen am 30. Juni, 10.1.1935 (11.1.?)
50. Die andere Seite. Ein Feind berichtet über die Eroberung von Omsk, 11.1.1935 (12.1.?)
51. Sechs Menschen und eine neue Welt, 24.1.1935
52. Das Echo, 23.2.1935
53. Ironie und Pathos. Zu Erich Weinerts neuen Gedichten, 24.3.1935
54. Friseur Zenker hält Monologe, 12.4.1935
55. Kiew, Stadt des Sieges, 12.6.1935
56. Ein Lehrbuch bolschewistischen Verhaltens, 30.8.1935 (31.8.?)

57. Das Echo, in: Der Gegenangriff, Nr.10, 1935
58. Dimitroff - Das Vorbild, in: Der Gegenangriff, Nr.38,1935

in: Internationale Literatur, Moskau

59. An den Unionskongreß der Sowjetschriftsteller, Nr.3,1934
60. "Der Aufstand der Fischer". Bemerkungen zu Erwin Piscators erstem Tonfilm, Nr.6, 1934
61. Der Mann am Ende. Aus dem Roman: Erwachen und Gleichschaltung der Stadt Billigen, Nr.1, 1935
62. Die Prüfung, Willi Bredels Roman aus einem Konzentrationslager, Nr.2, 1935
63. Für Egon Erwin Kisch zum 50. Geburtstag, Nr.4, 1935
64. Gefährliche Geschichtsschreibung, Nr.10, 1935
65. Adagio für Posaune und große Trommel, Nr.12, 1935
66. Die letzten Dinge, Nr. 3, 1936
67. Literatur des Todes, Nr.4, 1936
68. In diesen Tagen, Nr.5, 1936
69. Porträt eines Generals, Nr.8, 1936
70. Irrtum und Leistung, Nr.8, 1936

71. Der Unmensch, in: Das Wort, Aug. 1936
72. Unterhaltungsliteratur?, in: Das Wort, Sept. 1936 (signiert: E.G.N.)

Dieser Teil der Bibliographie basiert auf eigenen Recherchen sowie den"Veröffentlichungen deutscher sozialistischer Schriftsteller in der revolutionären und demokratischen Presse 1918-1945", Aufbau, Berlin 1966.
Auszüge aus den Romanen "Ruhe und Ordnung" und "Denn sie wissen was sie tun" sowie aus dem Drama "Jeden Tag vier", in verschiedenen Zeitungen abgedruckt, wurden für diese Bibliographie weggelassen.
Zwei Nachträge:

73. Sparr will nicht sterben (Auszug aus: Ruhe und Ordnung) in: W.Herzfelde (Hrg.): 30 neue Erzähler des Neuen Deutschland, S.671-680, Malik, Berlin 1932 (darin der Hinweis: In Arbeit ein Roman über die Verhältnisse auf dem Gebiete der Medizin)
74. Erwachen und Gleichschaltung der Stadt Billigen. Romanfragmente abgedruckt unter 29,30,61

Die in mehreren Ottwalt-Bibliographien genannte angebliche Ottwalt-Sammlung "Die Zeit im Lichte dichterischer Gestaltung und andere Essays" existiert nicht und ist vermutlich ein Falsifikat.

75. Ottwalt-Beitrag in der illegalen Tarnschrift des SDS im Exil und der Deutschen Freiheitsbibliothek "Deutsch für Deutsche", Paris 1935 (vorhanden: Deutsche Bibliothek Frankfurt)

nach Ottwalts Tod:

76. "Tatsachenroman" und Formexperiment, in: Zur Tradition der sozialistischen Literatur in Deutschland, Aufbau, Berlin 1967, S.463-472
77. Kalifornische Ballade, in: Hörspiele 8, Henschel, Berlin 1968, S.7-50
78. Der Unmensch
79. Porträt eines Generals, beide in: Traum von Rätedeutschland, Aufbau, Berlin 1968, S.580-619
80. "Tatsachenroman" und Formexperiment, in: Raddatz (Hrg.): Marxismus und Literatur, Bd.2, Reinbek 1969, S.159-165
81. Kuhle Wampe oder Wem gehört die Welt? (Mitarbeit am Drehbuch des Films) Reclam, Leipzig 1971
82. In diesen Tagen, in: Arnold (Hrg.): Deutsche Literatur im Exil 1933-1945, Bd.1, Athenäum, Frankfurt 1974, S.125-141

Der unter 9. aufgeführte Sammelband "Schriften" enthält folgende Ottwalt-Beiträge: 15-21, 29-42, 49-56, 59-72

IV Über Ottwalt (unchronologisch)

bis 1933:

über "Ruhe und Ordnung":

100. Das Tagebuch, Berlin, 21.12.29
101. N.Str., Internationale Presse-Korrespondenz, Berlin, 14.3.30
102. Werner Türk, Die Literatur, Stuttgart, 1929/30 (?)
103. Axel Eggebrecht, Die literarische Welt, Berlin, 50/1929
104. Film und Volk, Berlin, 11/12 - 1929
105, O. Steinicke, Welt am Abend, 284/1929
106. F.G., Die Linkskurve, 2/1930
107. Alfred Kantorowicz, Die Tat, April 1930

über "Jeden Tag vier":

108. Durus (d.i.Alfréd Kemény), Die Rote Fahne, 21.11.30
109. Bur., Berliner Tageblatt, 20.11.30
110. Herbert Ihering (Vossische Zeitung?), 20.11.30 (wiederabgedruckt in: H.I., Von Reinhardt bis Brecht, Bd.3, Berlin 1961)
111. R., Die Linkskurve, 12/1930
112. O. St. (Steinicke), Welt am Abend, 271/1930

über "Denn sie wissen was sie tun":

113. Lutz Weltmann, Die Literatur, 1931, S.342
114. Peter Panter (d.i.Kurt Tucholsky), Die Weltbühne, 2.2.32
115. E., Magazin für alle, 4/1932
116. Alfred Kantorowicz, Die literarische Welt, 17/1932
117. Edith Lüdecke, Die Rote Fahne, 233/1931

118. E.M., Berliner Tageblatt, 193/1931
119. E.O., Der Gegner, Berlin, 7/1931
120. Georg Lukács, Die Linkskurve, 7/8 und 11/12, 1932

über "Kuhle Wampe:

121. Kuhle Wampe oder Wem gehört die Welt? Filmprotokoll und Materialien. Hrg.v. W.Gersch u. W.Hecht. Leipzig 1971 (darin Kritiken u.a.v. Arnheim, Ihering, Lüdecke, B.v. Brentano, London.- Texte v. Brecht, Dudow, Eisler, Krampf.- Bibliographie)

über "Deutschland erwache!"

122. Die Rote Fahne, 7 und 8/1932

nach 1945

123. Waltraut Nicolas: Die Kraft, das Ärgste zu ertragen. Frauenschicksale in Sowjetgefängnissen. Athenäum-Verlag, Bonn 1958 (Dieses Buch hat W.N. 1942 unter Pseudonym und anderem Titel veröffentlicht: Irene Cordes: ...Laßt alle Hoffnung fahren, Junker und Dünnhaupt, Berlin 1942)
124. Waltraut Nicolas: Viele tausend Tage. Erlebnisbericht aus zwei Ländern. Steingrüben Verlag, Stuttgart 1960
125. Alfred Kantorowicz: Ernst Ottwalt, in: A.K.: Deutsche Schicksale, Wien 1964, S.171-182 (wiederabgedruckt in: Kritische Justiz, Frankfurt, 1976/?)
126. Alfred Kantorowicz: Ein Verschollener, Das Lebensbild Ernst Ottwalts, in: Freiheit und Recht, Nr.2/1964, 16-21
127. Willi Köhler, Neues Deutschland, 218/1966
128. Jan Petersen: Die Bewährung, Eine Chronik. Aufbau, Berlin 1970

über "Kalifornische Ballade":

129. Hiltru d Seiler, (Ost)Berliner Zeitung, 1.3.70
130. Christopfh Funke, Der Morgen, Berlin, 7.5.70
131. Horst Gebhardt, Theater der Zeit, Berlin, 8/1970
132. Rainer Kerndl, Neues Deutschland, 7.6.7o
133. Klaus Klingbeil, Melodie und Rhythmus, 16/1970
134. Peter Lux, Magazin, 3/1970
135. Ernst Schumacher, (Ost)Berliner Zeitung, 7.5.70
136. Erika Stephan, Sonntag, Berlin, 17.5.70
137. Helmut Ullrich, Neue Zeit, Berlin, 7.5.70
138. Hansjürgen Schaefer, Musik und Gesellschaft, 11/1968
139. Bernd Schirmer, in: Hörspiele 8, Berlin 1968, S.51-57

140. Marianne Zeschel: Der Schriftsteller Ernst Ottwalt. Literatur als Beitrag zum Klassenkampf. Hannover 1972 (?), Manuskript (Seminararbeit bei Hans Mayer)
141. Andreas W. Mytze: Ernst Ottwalt. Norddeutscher Rundfunk, Hannover, 7.2.73. Kurzfassung in: Die Tat, Zürich, 24.2.73

142. Bernt Richter: Ernst Ottwalt. Ein kritischer Chronist des deutschen juste milieu. Sender Freies Berlin 17.11.74 (später auch: Hessischer Rundfunk)
143. Franz Schonauer: Deutschland erwache! Ernst Ottwalts Aufklärungsschrift über den Nationalsozialismus. Hessischer Rundfunk 30.3.76
144. Die Tat, Frankfurt, 23.1.76
145. Heinz Ludwig Arnold, Nürnberger Nachrichten, 9.6.76 (wiederabgedruckt in: Deutschland erwache! Berlin 1977 2.Aufl.), und Basler Nachrichten, 13.8.76
146. Juerg Albrecht: Über Ernst Ottwalt. Manuskript ohne Titel, Bern 1977

(allgemeine Literatur)

147. Susanne Leonhard: Gestohlenes Leben. Schicksal einer politischen Emigrantin in der Sowjetunion. Steingrüben, Stuttgart 1959, 4.Aufl.
148. Ervin Sinkó: Roman eines Romans. Moskauer Tagebuch. Wissenschaft und Politik, Köln 1962
149. Bruno Frei: Der Papiersäbel. S. Fischer, Frankfurt 1972
150. Margarete Buber-Neumann: Als Gefangene bei Stalin und Hitler. Deutsche Verlags-Anstalt, Stuttgart 1958
151. Julius Hay: Geboren 1900. Erinnerungen. Wegner, Reinbek 1971
152. DTrude Richter: Die Plakette. Mitteldeutscher Verlag, Halle 1972
153. Oskar Maria Graf: Reise in die Sowjetunion 1934. Luchterhand, Darmstadt 1974
154. Bernhard Reich: Im Wettlauf mit der Zeit. Erinnerungen. Henschelverlag, Berlin (Ost) 1970
155. Harry Wilde: Theodor Plievier. Nullpunkt der Freiheit. Desch, München 1965
156. Sergej Tretjakow: Die Arbeit des Schriftstellers. Rowohlt, Reinbek 1972
157. Helga Gallas: Marxistische Literaturtheorie. Luchterhand, Neuwied 1971
158. Sergej Tretjakow: Lyrik, Dramatik, Prosa. Reclam, Leipzig 1972
159. Haarmann/Schirmer/Walach: Das "Engels" Projekt. Ein antifaschistisches Theater deutscher Emigranten in der UdSSR (1936-1941). Heintz, Worms 1975
160. Harald Engberg: Brecht auf Fünen. Exil in Dänemark 1933-1939. Hammer, Wuppertal 1974
161. Bernard Brentano: Berliner Novellen. Oprecht und Helbling, Zürich 1934
162. Karlo Stajner: 7000 Tage in Sibirien. Europaverlag, Wien 1975
163. Hans-Albert Walter: Deutsche Exilliteratur 1933-1950, mehrere Bände. Luchterhand, Darmstadt 1972 ff.

Ottwalt-Eintragungen in Lexika und Sammelbänden:

200. Kürschners deutscher Literatur Kalender 1932

201. Proletarisch-revolutionäre Literatur 1918-1933, Volk und Wissen, Berlin 1962, S.131-138
202. Lexikon sozialistischer deutscher Literatur, Halle 1963 (wiederabgedruckt 1973 angeblich in Holland als Rotdruck mit BRD-Bezugsquelle), S.393-394
203. Lexikon deutschsprachiger Schriftsteller, Bd.2, Leipzig 1974 (1.Aufl.1968), S.151-152
204. Bibliographische Kalenderblätter der (Ost)Berliner Stadtbibliothek, Heft 11, 1976, S.20-26
205. Manfred Durzak (Hrg.): Die deutsche Exilliteratur 1933-1945. Stuttgart 1973, S.565
206. Lexikon der deutschen Gegenwartsliteratur, München 1977: Verf. Mytze (wiederabgedruckt in: Deutschland erwache! Berlin 1977, 2.Aufl., 4.U.)

Ottwalts Eltern: Heinrich Nicolas und
Martha, geb. Moehr. ca. 1900

Taufschein.

Ernst Gottwalt Nicolas,

eheliche r Sohn — ~~Tochter~~ des Pfarrers Heinrich Nicolas

— zu Zippnow —

und dessen Ehefrau Martha geb. Moehr,

ist geboren am 13. – dreizehnten – November 1901 – 1900 = und eins – und getauft am 4. Dezember desselben Jahres

Dieses wird auf Grund der hiesigen Taufregister hiermit amtlich bescheinigt.

Zippnow, den 16ten März 1907.

Das evangelische Pfarramt.

[illegible]

Pfarrer.

STADTGYMNASIUM ZU HALLE a. S.

Zeugnis der Reife.

Ernst Gottwald Nicolas,

geboren den 13. November 1901 zu Zippnow, Kreis Deutsch Krone; evangelischer Konfession,

Sohn des Pastors Heinrich Nicolas zu Wildau, Kreis Jüterbogk,

war 2½ Jahre auf dem Gymnasium, und zwar 2½ Jahre in Prima.

I. Betragen und Fleiss.

Sein Betragen war gut; sein Fleiß im ganzen gut.

II. Kenntnisse und Fertigkeiten.

1. Religionslehre.

Gut.

1440 21. jun.

Die unterzeichnete Prüfungs-Kommission hat ihm demnach, da er jetzt das Gymnasium verlässt, um Schauspieler zu werden, das Zeugnis

der Reife

zuerkannt und entlässt ihn mit den besten Wünschen.

Halle a. S., den 15. September 1920.

~~Königliche~~ Prüfungs-Kommission.

Prof. Schmidt Königl. Kommissar.

Stadtschulrat ..., Vertreter des Magistrats ~~Kuratoriums~~.

Prof. Schmidt Gymnasial-Direktor.

Wenzlau

Zeugnis der Reife, S. 1 und 3

Thüringische
Landesuniversität Jena

Abgangs-Zeugnis

Herr Ernst N i c o l a s

aus Wildau

ist auf Grund des Reifezeugnisses des Stadtgymnasiums zu Halle a.S. vom 15.September 1920

vom 27.Mai 1921 bis Ende Wintersemester 1921/22

als Student der Rechte

an der Universität Jena immatrikuliert gewesen und hat während dieser Zeit die im angehefteten Belegbuche verzeichneten Vorlesungen ordnungsmäßig belegt.

Hinsichtlich der Führung ist Nachteiliges nicht bekannt geworden.

Jena, den 25.April 1922.

Rektor. Universitätsamtmann.

20 M. Gebühr.

Nr. 42.

300. III. 22. Universitätsbuchdruckerei G. Neuenhahn, Jena.

Universität Jena.

Tag der Anmeldung: 24. Mai 1921

Einschr. Nr. 844 S. M. 1921.

Belegbuch

für

Herrn Stud. jur. Ernst Nicolas

aus (Geburtsort) Wiltau

Staatsangehörigkeit Preußen

Vor der Aufnahme sind zu zahlen:

40 M.	– Pf.	Aufnahmegebühr (§ 2, Abs. 1, 2; § 3, G.-O.).	
	„	„	Gebühr nach § 5 G.-O.
10 „	— „	Auditoriengeld.	
5 „	— „	Bibliotheksbeitrag.	
10 „	— „	Krankenvereinsbeitrag.	
2 „	— „	Idealfondsbeitrag.	
10 „	— „	freiw. Asta-Beitrag.	
„	„	Ausländergebühr.	

77 M. – Pf.

Vorstehende Beiträge erhalten.

Jena, den 24. Mai 1921.

Universitätsrentamt.

Jaeger i. a.

Das Belegbuch gilt für die ganze Studienzeit in Jena. Die sorgfältige Aufbewahrung und gute Instandhaltung liegt im Interesse des Inhabers, da es später dem Abgangszeugnis beigeheftet wird. Ein neues Belegbuch kostet 20 M.

Ottwalt mit Ilse Mattenklott im
Wildauer Pfarrgarten ca. 1924
Foto:Mattenklott

Pfarre in Wildau (b.Dahme)
ca. 1920
Foto:Mattenklott

Waltraut Nicolas um 1929

1943

Zeichnungen Ottwalts um 1925

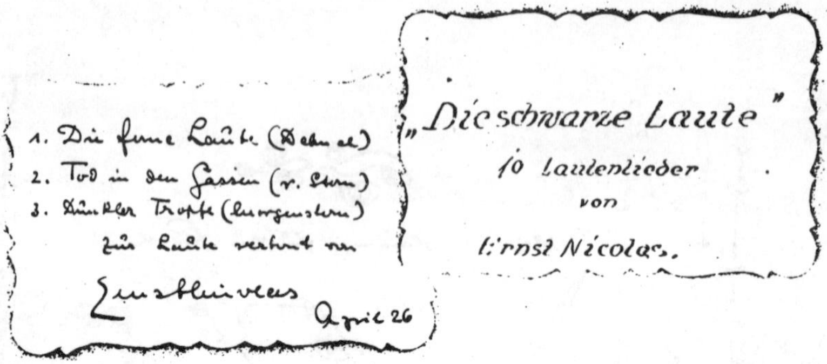

Etikette der Lautenbücher 1926

Komposition Ottwalts

Die Brücke.

12 Sonette.

1.

Was helfen Worte, wo das Leben rinnt,
Eh unsre müden Lippen noch sich schließen?
Ein Klirren hin, zerflattern und zerfließen
In leerer Luft zu Spiel und Spott dem Wind.

Eh noch die Zeit verrauscht, die sie gebar,
Sind sie schon tot, als ob sie nie geboren
Und hätten lang sich schon ins Nichts verloren,
Eh diese Buch noch ~~[illegible]~~ Druck und ungeeint war.

Was soll dies Kind, das nur mit Worten spielt,
Mit Räthseln, die sich niemals noch entsiegelt?
Daß es zu Schaffenslust und Schönheit löge,

Was dieses Herz für Rausch und Sturm nicht fühlt?
Es ist erfüllt, wenn es die Sehnsucht spiegelt
Nach Freunden, die uns Gott bescheren möge.

Sonettzyklus "Die Brücke". Beginn der 2. Fassung

I. Akt.

(Zimmer im Hause Dr. Sturms. Der Schein einer verhangenen Stehlampe fällt auf gutbürgerliches Mobiliar und auf die Platte eines runden Tisches, an dem Maria, Sturms Frau, über einer Handarbeit sitzt, von Zeit zu Zeit leise aufseufzend. Eine Uhr schlägt zwölf. Dann Rasseln von Schlüsseln, ein leiser Schritt auf dem Gange und vorsichtiges [illegible], dann jähes Öffnen der Tür. Dr. Sturm tritt ein, [illegible] unter dem [illegible] Eindruck, unruhig und zerstreut.)

Sturm (heiter): Guten Abend, Maria! Du bist noch auf?

Maria (ruhig): Ja, ich glaubte, du würdest nicht lange bleiben. Dein Vortrag muß doch längst zu Ende sein?

Sturm (abwehrend): Ja, das ist auch [illegible] [illegible]. Die Versammlung ist lange aus.

(Schweigen. Sturm setzt sich seiner Frau gegenüber.)

Maria: Wurdest du noch aufgehalten, [illegible].

Sturm (aufsehend): Wie meinst du?

Maria: Ob du noch aufgehalten wurdest?

Sturm: Ja, ich habe noch eine ganze Zeit mit dem ... mit einem Herrn zusammengesessen. Er wollte mir noch etwas erzählen.

Maria: Mußte denn das heute Abend gewesen sein? Du

Beginn eines Dramenfragments

Offenbarung

Woher? Wohin? – Was fragst du
und schaffst dir Pein?
Ob zweifelst, sinnst und klagst du:
nie wirst du rein,

solang im Schlund des Denkens
du lichtlos gehst.
Verzicht des Sich-verschenkens
noch nicht verstehst.

Sei Mensch und Bruder allen,
was liebend irrt!
Was dich als Qual befallen,
dann Segen wird:

Herz, Hirn und Hand erfüllt sich
und wird zu eins,
und strahlend dir enthüllt sich
der Sinn des Seins.

Offenbarung

Ballade.

Sie gehen immer noch Hand in Hand
Und heißen Mann und Frau.
Der Alltag würgt sie wie ein Eisenband,
Und ihr Haar wird nun bald grau.

Sie gingen zusammen durch Leid und Lust
Und wissen selbst nicht, warum.
Manchmal schreit einer aus tiefer Brust,
Dann gehen sie stumpf und stumm.

Manchmal ein Wort, das sein Ziel nicht fand,
Ein Stimmen schiebt's draus her.
Sie gehen immer noch Hand in Hand
Und kennen sich doch nicht mehr.

Und haben einander nie gekannt,
Und alles ist ~~fremd~~ fremd und ist leer —
Und immer noch gehen sie Hand in Hand
Stumm neben einander her.

Sie gehn bis zum Tode Hand in Hand.
Sich selbst zur Lust? Sich selbst zur Qual?
Sie haben einander nie gekannt
Und wissen es nicht einmal.

Ballade

Da des verlornen Sohnes Heimgedenken
ziellos in Wünschen und Träumen lebt
und nie sich noch zu Wirklichkeiten hebt
als dieses Unbewussten Raum und denken,

da irgend Ziel verlangt ein dumpfes Wollen
das nie zu Tat und Klarheit noch gedieh
gehemmt stets durch ein unbekanntes Wie
gestaltenlos wie fernen Donners Grollen,

glänzt ihm als einer Wunsch, als halber Wille
– nur halb wie alles, was dies Herz durchwebt –
die Eintracht dieser ganz erfüllten Stille

Dies: deiner Blondheit zagender Gebet
ein Ort, da Milch und Brot bereitet steht
ihm, diesem Müden, der in Irren geht.

27. mai 1928.

Keine Zeit mehr zu verlieren!
Aufruf
zum Eintritt als Freiwilliger!
Ruhe und Ordnung für unser Vaterland!
Friedliche Arbeit und Schutz des Eigentums!
Freiwillige vor!
Arbeiter, Bürger, Bauern! Meldet Euch beim
Korps mit dem silbernen Eichenkranz auf dem Kragen!
wollen Ruhe und Ordnung im Innern.
schützen die National-Versammlung und
die Durchführung ihrer Beschlüsse.
kämpfen für deutsches Land gegen
und jeden, der es uns entreißen will.
Ruhe und Ordnung?
Der helfe!
führerischen Elemente, unter deren Gewalt-
herrschaf so schwer leidet, haben auch die Werbung
für die willigenverbände bei Euch verboten und
durch unmöglich gemacht
Sie sen uns, weil unsere wohlgeordneten Ver-
ERNST OTTWALT
RUHE UND ORDNUNG
Ein wahrheitsgetreues Protokoll eigener Erlebnisse in den Reihen der Nachkriegsjugend, die sich die „nationale“ nennt / Nicht Einmaliges und Zufälliges wird hier berichtet: es läuft ein roter Faden von den Novemberkämpfen über München und Kapp, Mitteldeutschland, Oberschlesien bis zu den Bombenattentaten der Landvolkleute / Ich half diesen Faden spinnen / Dieses Buch soll ihn zerreißen helfen.
ERNST OTTWALT
RUHE UND ORDNUNG

Umschlagentwurf: John Heartfield. Malik Verlag 1929

Bergarbeiterdrama "Jeden Tag vier"
Piscatorbühne Berlin 1930

"Ballade vom Reichstagsbrand" von Brecht/Ottwalt
Deutsches Theater Kolonne links, Moskau ca. 1935

Ernst Ottwalt
DENN
SIE
WISSEN
WAS
SIE TUN
Ein deutscher Justiz-Roman

Malik Verlag 1931

Ottwalt um 1930

Ottwalt mit Frau in Kleinmachnow
1933, kurz vor der Emigration

Ottwalt mit der Brecht - Tochter Barbara Berg - Schall
Sommer 1933 in Dänemark

Asylhäuschen in Dänemark

Belgrad 1933
"Denn sie wissen was sie tun"

Moskau 1936

Berlin 1975

Berlin 1976

FRNST OTTWALT

DIE ZEIT IM LICHTE DICHTERISCHER GESTALTUNG

UND ANDERE ESSAYS

1934? 1935

Herausgeber und verantwortlich für den Inhalt: Markéta Weisskopfova

Druck: Heinr. Mercy Sohn, Prag II

Verkürzte Montage von 2 losen Blättern, die der Verf. im Juni 1977 bei Frau Rose Sternfeld, London, fand. Dieser nichtexistente Ottwalt-Titel (angeblich 1934) geistert durch mehrere Bibliographien (Sternfeld/Tiedemann; Luce d'Eramo) und stellt nach Herzfelde ein Ottwalt belastendes Indiz dar: ein angeblicher Beweis für Ottwalts "Aufschneiderei" in der Emigration.- In Wirklichkeit dürfte der Titel ein Falsifikat sein: wer war dessen Urheber?

A. A. eing. 24. JUN 1936

Der Reichs- und Preußische Minister des Innern

Nr. I A 5355 II/5013 c

Es wird gebeten, dieses Geschäftszeichen und den Gegenstand bei weiteren Schreiben anzugeben

Berlin NW 40, den 23. Juni 1936.

Königsplatz 6

Fernsprecher: Abt. Z, I, IV, VI, VII Sammel-Nr. A 1 Jäger 0027 · II, III, V (Alt-Moabit 72–74) Sammel-Nr. A 2 Flora 0084

Drahtanschrift: Reichsinnenminister

An

das Auswärtige Amt.

Eilt!

Auswärtiges Amt: 83-76 23/6

eing. 24. JUN. 1936

Betrifft: Ausbürgerung des Schriftstellers Ernst Gottwald Nicolas (Ernst Ottwalt).

Zu 83-76,24/12 Nicolas vom 8.Januar 1936.

Wie aus den mir zur Einsicht vorgelegten Akten des Preußischen Geheimen Staatspolizeiamts hervorgeht, beruhen die Feststellungen über die Personengleichheit des Ernst Gottwald N i c o l a s mit "Ernst O t t w a l t" auf Meldungen von Vertrauensleuten des Preußischen Geheimen Staatspolizeiamts, die als durchaus zuverlässig bekannt sind und übereinstimmend, und zwar unabhängig voneinander, berichtet haben. Ich erachte daher die Personengleichheit Nicolas-Ottwalt als hinreichend nachgewiesen und die Ausbürgerung im vorliegenden Falle für geboten. Abschrift der Stellungnahme des Herrn Reichsministers für Volksaufklärung und Propaganda vom 13.Februar 1936 zu der Frage der Personengleichheit füge ich zur gefälligen Kenntnisnahme bei. Ich werde Nicolas in die nächste Ausbürgerungsliste aufnehmen.

Im Auftrag

gez. Hering.

Reichs- und Preußisches Ministerium des Innern

Beglaubigt.

Weinelt

Justizsekretär

83-76

Abschrift I A 11585/5013c.

Preussische Geheime Staatspolizei
Der stellvertretende Chef und
Inspekteur.
B.-Nr. II 1 B 2 - 61348/2390/34 E.

Berlin SW 11, den 9.September 1935.

An

den Herrn Reichs- und Preussischen
Minister des Innern

in Berlin NW 40.

Zum Erlass vom 11.10.1934 - IV 5013 c/4.10.-
Betrifft: Aberkennung der Deutschen Staatsangehörigkeit

—

Im Anschluss an mein Schreiben vom 17.Dezember 1934 - Geschäfts.Z. wie oben - teile ich mit, dass nach dem nunmehr vorliegenden Ermittlungsergebnis Ernst Ottwalt das Pseudonym für den Schriftsteller und Journalisten Ernst Gottwald Nicolas, ev. geboren am 13.11.1901 zu Zippnow, Kreis Deutsch-Krone, ist. Nicolas, alias Ottwald, gelangte am 5.4. 1933 zusammen mit seiner Ehefrau Waltraut, geb. Bartels, gesch. Mattenklott, am 5.1.1897 zu Barkhausen geboren, zur Abmeldung. Er war zuletzt in Berlin, Brückenallee 31,polizeilich gemeldet. Es wurde weiter festgestellt, dass N. Mitarbeiter an den Emigrantenblättern "Prager Gegenangriff","Neue Deutsche Blätter", "Die Neue Weltbühne" und bei dem kommunistischen Malik-Verlage ist.

Die Ermittlungen über seine Staatsangehörigkeit sind noch nicht zum Abschluss gelangt. Ich behalte mir daher weiteren Bericht vor.

Im Auftrag:
Unterschrift.

—

An
das Auswärtige Amt.

Preussische

uswärtiges Amt

Berlin,den 28.Juli 1936.

Nr.83-76 22/7.

In Abschrift
den
deutschen diplomatischen und berufskonsularischen Vertretungen

im Anschluß an den Erlaß vom 5.März d.J. - 83-76 29/2 - zur Kenntnis.

Bei sich bietender Gelegenheit sind den Betroffenen die in ihren Händen befindlichen deutschen Pässe abzunehmen.

Die Gewährung deutschen Schutzes kommt selbstverständlich nicht mehr in Frage.

Im Auftrag

VERANTWORTLICHER REDAKTEUR: JOHANNES R. BECHER
STELLVERTRETENDER REDAKTEUR: HUGO HUPPERT
REDAKTIONSKOMITEE: A. BARTA WILLI BREDEL ANDOR GABOR
HANS GÜNTHER GEORG LUKACS ERNST OTTWALT TH PLIVIER
G. SAWATZKY S. TRETJAKOW ERICH WEINERT FRIEDRICH WOLF

Impressum der Moskauer "Internationalen Literatur" 10/1936. - Die Ausbürgerung Ottwalts durch die Nazis und das Säubern Ottwalts aus dem IL-Impressum (Nov. 36) durch die Stalinisten verweisen auf tragische Parallelen. IL. 11/1936

VERANTWORTLICHER REDAKTEUR: JOHANNES R. BECHER
STELLVERTRETENDER REDAKTEUR: HUGO HUPPERT
REDAKTIONSKOMITEE: ALEXANDER BARTA / WILLI BREDEL / ANDOR
GABOR / GEORG LUKACS / THEODOR PLIVIER / GERHARD SAWATZKY
SERGEJ TRETJAKOW / ERICH WEINERT / FRIEDRICH WOLF

Abschrift zu 83-76 22/7.

Deutscher Reichsanzeiger und Preußischer Staatsanzeiger

Nr. 171 vom 25.Juli 1936.

B e k a n n t m a c h u n g .

Auf Grund des § 2 des Gesetzes über den Widerruf von Einbürgerungen und die Aberkennung der deutschen Staatsangehörigkeit vom 14.Juli 1933 (Reichsgesetzbl.I S.480) erkläre ich im Einvernehmen mit dem Herrn Reichsminister des Auswärtigen folgende Reichsangehörige der deutschen Reichsangehörigkeit für verlustig, weil sie durch ein Verhalten, das gegen die Pflicht zur Treue gegen Reich und Volk verstößt, die deutschen Belange geschädigt haben:

1. A b i c h t , Karl Fritz, geboren am 26.2.1912,
2. A r z t , Georg Arthur, geboren am 9.10.1880,
3. B e r e n d s o h n , Walter, geboren am 10.9.1884,
4. D a h l e m , Franz, geboren am 14.1.1892,
5. Fricke, Bruno, geboren am 7.11.1900,
6. G e y e r , Kurt, geboren am 19.11.1891,
7. G l ä s s e r , Wolfgang, geboren am 9.9.1908,
8. G ü n t h e r , Hans, geboren am 8.9.1899,
9. H a r i n g e r , Jakob, geboren am 16.3.1898,
10. K r a u s - F e s s e l , Meta, geboren am 6.8.1884,
11. N i c o l a s , Ernst Gottwald (Ernst Ottwaldt), geboren am 13.11.1901,
12. S c h u l z e , Max Karl Gustav, geboren am 10.7.1891,
13. Z i r k e r , Milly, geboren am 4.1.1888,
14. B u d e r , Gustav, geboren am 9.7.1903,
15. H e r r g u t h , Erich, geboren am 3.7.1893,

15.

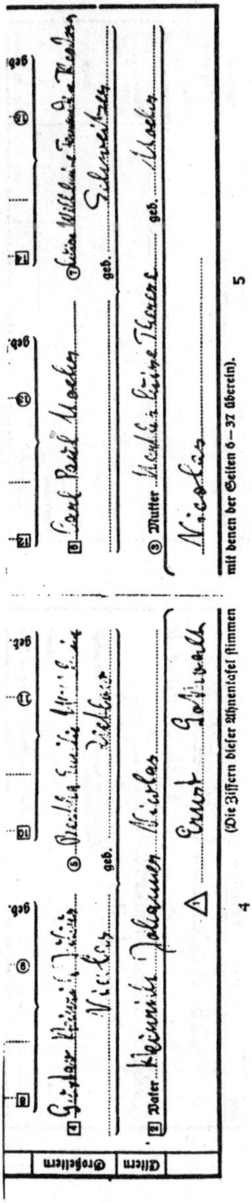

Eltern | Großeltern

4 geb. | 5 geb. | 1 Vater | 6 geb. | 7 geb. | 3 Mutter

Nicolas

△ Ernst Gottwalt

(Die Ziffern dieser Ahnentafel stimmen mit denen der Seiten 6—37 überein).

4 | 5

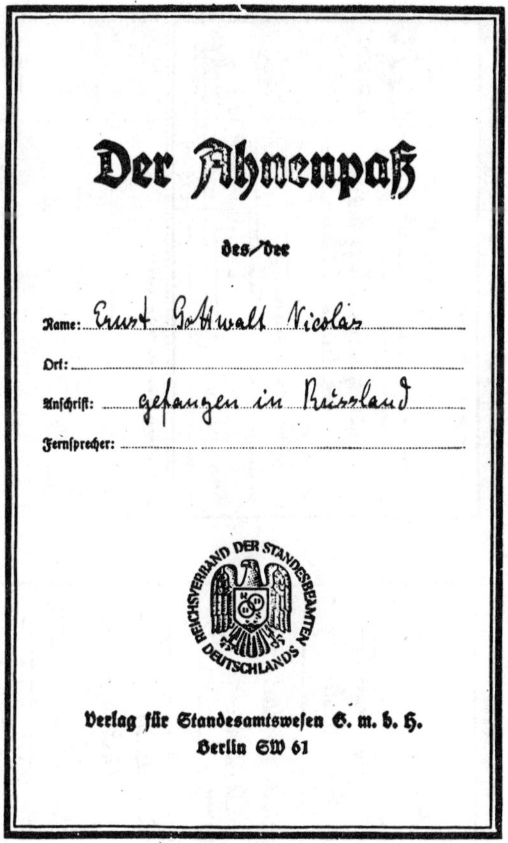

Der Ahnenpaß

des/der

Name: Ernst Gottwalt Nicolas

Ort:

Anschrift: gefangen in Russland

Fernsprecher:

Verlag für Standesamtswesen G. m. b. H.
Berlin SW 61

Ausgabe 31 (mit Sterbebeurkundungen)

1941, Handschrift von Waltraut Nicolas

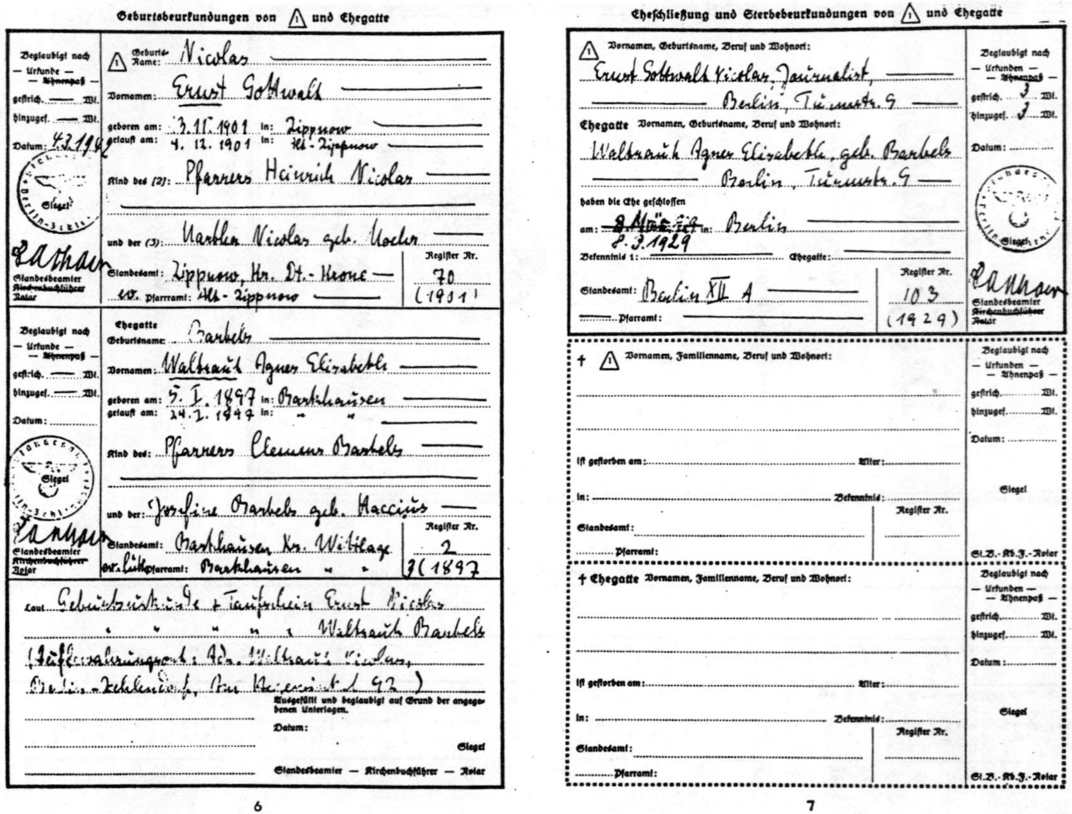

Geburtsbeurkundungen von △1 und Ehegatte

Beglaubigt nach — Urkunde — — Ahnenpaß — gestrich. — Wt. hinzugef. — Wt. Datum: 4.3.1942 Siegel Standesbeamter Kirchenbuchführer Notar

△1 Geburts-Name: Nicolas

Vornamen: Ernst Gottwalt

geboren am: 3.11.1901 in: Zippnow
getauft am: 4.12.1901 in: Alt-Zippnow

Kind des (2): Pfarrers Heinrich Nicolas

und der (3): Martha Nicolas geb. Moeller

Standesamt: Zippnow, Kr. Dt.-Krone — Register Nr. 70 (1901)
ev. Pfarramt: Alt-Zippnow

Beglaubigt nach — Urkunde — — Ahnenpaß — gestrich. — Wt. hinzugef. — Wt. Datum: Siegel Standesbeamter Kirchenbuchführer Notar

Ehegatte Geburtsname: Barkels

Vornamen: Waltraut Agnes Elisabeth

geboren am: 5. I. 1897 in: Barkhausen
getauft am: 24.2.1897 in: " "

Kind des: Pfarrers Clemens Barkels

und der: Josefine Barkels geb. Haccius

Standesamt: Barkhausen Kr. Wittlage — Register Nr. 2 (1897)
ev. luth. Pfarramt: Barkhausen " "

Laut Geburtsurkunde + Taufschein Ernst Nicolas
" " " " Waltraut Barkels
(Aufbewahrungsort: Fr. Waltraut Nicolas,
Berlin-Zehlendorf, [illegible] 92)

Ausgefüllt und beglaubigt auf Grund der angegebenen Unterlagen.
Datum:
Siegel
Standesbeamter — Kirchenbuchführer — Notar

6

Eheschließung und Sterbebeurkundungen von △1 und Ehegatte

△1 Vornamen, Geburtsname, Beruf und Wohnort:
Ernst Gottwalt Nicolas, Journalist,
Berlin, Turmstr. 9

Ehegatte Vornamen, Geburtsname, Beruf und Wohnort:
Waltraut Agnes Elisabeth, geb. Barkels
Berlin, Turmstr. 9

haben die Ehe geschlossen
am: ~~8. März 29~~ 8.3.1929 in: Berlin
Bekenntnis 1: Ehegatte:
Standesamt: Berlin XII A — Register Nr. 103 (1929)
Pfarramt:

Beglaubigt nach — Urkunden — — Ahnenpaß — gestrich. 3 Wt. hinzugef. 3 Wt. Datum: Siegel Standesbeamter Kirchenbuchführer Notar

† △1 Vornamen, Familienname, Beruf und Wohnort:
ist gestorben am: Alter:
in: Bekenntnis:
Standesamt: Register Nr.
Pfarramt:

Beglaubigt nach — Urkunden — — Ahnenpaß — gestrich. Wt. hinzugef. Wt. Datum: Siegel St.B.-Kb.F.-Notar

† Ehegatte Vornamen, Familienname, Beruf und Wohnort:
ist gestorben am: Alter:
in: Bekenntnis:
Standesamt: Register Nr.
Pfarramt:

Beglaubigt nach — Urkunden — — Ahnenpaß — gestrich. Wt. hinzugef. Wt. Datum: Siegel St.B.-Kb.F.-Notar

7

Erwin Piscator Dillenburg/Hessen den 30.Juli 1955
Hauptstr. 108

Frau

Waltraud Nicolar

Hermannsburg b.Celle

Blockhaus, im Schlege 3

Liebe Traute,

mit Erschütterung las ich Ihren Brief und muss Sie nun um Verzeihung bitten, dass ich durch Reisen und Arbeit nicht den rechten Augenblick fand, Ihnen zu antworten. Und vielleicht nicht aus diesem Grund allein. Was kann man antworten?

Auch deutsche Freunde wurden ja damals nicht informiert. Erinnern Sie sich nur an Carola Neher, von der man heute noch nicht weiss, wo sie ist und wie sie sich befindet.

Ich habe nie vermocht an Legenden und Märchen zu glauben und auch nicht an "T tsachen", die mir von dritten erzählt wurden. Aber wi kann man helfen?

Im Augenblick sieht es ja so aus,als ob die Stimmung sich bessere und als ob doch noch einmal Versuche gemacht werden könnten,etwas zu erfahren. Ich selbst aber weiss nicht wie, weil ich keine Verbindungen habe,meine Arbeit tue, wie ich sie für richtig halte und das ist alles.

Ich würde mich sehr freuen, Sie einmal wieder zu sehen. Auf meinen Reisen bin ich auch schon einige Male nach Celle gekommen. Wenn Sie hören, dass ich irgendwann einmal in der Nähe bin, versuchen Sie doch, mich zu erreichen.

Mit den herzlichsten Grüssen und der Hoffnung, dass es Ihnen doch wenigstens sonst gut gehe

bin ich

Ihr

Erwin Piscator

Auszugsweise Abschrift mit Übersetzung

СССР
ИСПОЛНИТЕЛЬНЫЙ КОМИТЕТ
СОЮЗА ОБЩЕСТВ
КРАСНОГО КРЕСТА И КРАСНОГО ПОЛУМЕСЯЦА

Москва, К-31, Кузнецкий мост, д. 18/7 Телефон Б 8-20-22

№ ОС/231-в Москва, 18 января 1958 г.

Дело:

Германскому Красному Кресту
г. Бонн

218. ОТВАС-НИКОЛАС, Эрнст Генрихович.
Умер 24 августа 1943 года.

Н. ЧИКАЛЕНКО
ЧЛЕН ПРЕЗИДИУМА ИСПОЛНИТЕЛЬНОГО КОМИТЕТА
НАЧАЛЬНИК УПРАВЛЕНИЯ ВНЕШНИХ СНОШЕНИЙ

Ü B E R S E T Z U N G

UdSSR
Exekutiv-Komitee
der Allianz der Gesellschaften vom
Roten Kreuz und Roten Halbmond

Moskau K-31, Kusnezkij Most Nr. 18/7 Telefon B 8-20-22

Nr. OS/231-s Moskau, 18. Januar 1958
Akte:

An das
Deutsche Rote Kreuz
Stadt Bonn

218. OTWAS-NIKOLAS, Ernst Genrichowitsch (Heinrichowitsch).
Gestorben am 24. August 1943.

N. TSCHIKALENKO
MITGLIED DES PRÄSIDIUMS DES EXEKUTIVKOMITEES
LEITER DER VERWALTUNG AUSWÄRTIGER BEZIEHUNGEN

Für die Richtigkeit der Abschrift
und Übersetzung:

(Lea Beinroth)

PROF. DR. ALFRED KANTÓROWICZ

München 22,
Prinzregentenstraße 16
Fernruf 29 71 13

9.5.1958

Liebe Frau Nicolas,

Ihr Brief hat mich verständlicherweise sehr bewegt. Gewiss kannte ich Ottwald und wenn mich nicht alles täuscht auch Sie. Ich war mit Ottwald noch wenige Tage vor seiner Verhaftung in Moskau zusammen, wo ich damals, im Herbst 1936 zum letzten Male übrigens, als Gast der sowjetischen Schriftsteller nach einem Erholungsaufenthalt im Kaukasus, der Parade des 7. November zusah. Am 8. oder 9. fuhr ich ab. Unmittelbar vor meiner Abfahrt rief ich noch mehrfach dringend bei Ottwald an, da wir verabredet waren, uns vor meiner Abreise noch einmal zu sehen. Ich konnte ihn nie erreichen. Es hiess er sei nicht anwesend. Vielleicht ist er damals schon verhaftet gewesen. Ich habe oft an ihn gedacht, sowie von ihm gesprochen und mehrfach über ihn geschrieben. Der Zufall will, daß ich gerade vor einer Woche hier für BBC, den 4. Vortrag meiner Sendereihe "Ich spreche für die Schweigenden" auf Band gesprochen habe, in dem Ottwalds Name in folgenden Zusammenhängen vorkommt: "Über diese und so viele Nichtgenannte hinaus, aber weitete sich der Kreis des Widerstandes gegen Nazibedrohung. Mit uns - oder wir mit ihnen - waren in Berlin Theodor Plivier, Bert Brecht, Ernst Ottwald, der Autor der zu Unrecht vergessenen Romane "Ruhe und Ordnung" und "Denn sie wissen, was sie tun", der seit 1936 in Moskau verschollen ist, eines der ersten Opfer der Stalin'schen Säuberung ..."

Oft habe ich nach dem Verbleib von Ottwald geforscht und immer nur ein Achselzucken als Auskunft erhalten. Nun sehe ich, daß auch Sie schrecklicherweise noch im Ungewissen sind. Es ist gewiss meine Absicht, alle die zu Unrecht vergessenen, aber ebensowohl auch die zu Unrecht drüben in Anspruch genommenen deutschen Schriftsteller (wie etwa Friedrich Wolf, Rudolf Leonhard, Bert Brecht, Max Schröder) aus dem Dunkel, das sie hier im Westen umgibt, ins rechte Licht zu rücken. Meine Kräfte sind indessen schwach. Ich selber habe, wie Sie sich wohl denken können, viel durchlitten und bin abgenutzt. Was ich noch tun kann, soll getan werden.

In Verbundenheit

Ihr

A. Kantorowicz

Zweiseitiger Brief: leicht gekürzt.

PROF. DR. ALFRED KANTOROWICZ

München 22, 23.3.59
Prinzregentenstraße 16
Fernruf 297113

Liebe und verehrte Freundin,

Sie werden sich denken können, mit welcher Bewegung ich Ihren Bericht gelesen habe. Manches ist mir ja, soweit man das Unfaßbare aufnehmen kann, bereits aus Erzählungen von Zenzi Mühsam und aus den Büchern von Susanne Leonhard und Anderen im Umriß bekannt geworden, aber die Einzelheiten, die Sie mitteilen, haben das innere Bild vom Inferno unseres Zeitalters nicht nur ergänzt, sondern vertieft. Zum ersten Mal habe ich nun auch erfahren, wie sich Ernst Ottwalts Verhaftung zugetragen hat, durch welche Höllen er gejagt worden ist - von seinem vermutlichen Ende zu schweigen. Mehr denn je bin ich unser Aller Verpflichtung inne, mit dem was uns an Kraft noch bleibt, für die Opfer Zeugnis abzulegen und ihr Andenken zu wahren und zu überliefern, so schwer einem das auch gegenwärtig in beiden Teilen Deutschlands gemacht wird. Wir sollten bei Gelegenheit doch noch einmal ratschlagen, was man von den Büchern Ernst Ottwalts, die mir auch heute noch als ein wesentlicher menschlicher, literarischer und dokumentarischer Beitrag zur Zeitgeschichte erscheinen, wieder zugänglich machen könnte. Vielleicht sollte man es einmal mit einer Anthologie unter dem Titel: "Die Vergessenen" versuchen.

Über mich will ich jetzt nicht viel schreiben. Ich habe meinen Packen zu tragen, so gut ich kann. Lassen Sie uns in Verbindung bleiben.

Mit sehr herzlichen Grüßen und Wünschen
Ihr

A. Kantorowicz

ERWIN PISCATOR DILLENBURG/HESSEN · HAUPTSTR. 108 · TELEFON 258

z. Z. Berlin-Charlottenbg. bis 21. September 1960
Savoy Hotel
Fasanenstr.

16. August 1960

Liebe Traute,

herzlichen Dank für das zweite Buch - das ja das erste ist - und Deinen Brief, aus dem hervorgeht, wie wir alle in dieser kurzen Lebensspanne, die vor uns liegt, aneinander vorbeigehen. Natürlich hatte ich auch unter Mac Carthy zu leiden, ich verliess das Land; aber wir bleiben wohl Dauer-Emigranten. Selbstverständlich hat es Sinn, für Ernsts Rehabilitierung weiterzukämpfen, weiterzuarbeiten: die heute oben sind, sind morgen unten, und die, die heute vergessen sind, bestimmen das Morgen. Ich meine, die Geschichte lehrt uns, dass wir ihr mit einem gewissen Gleichmut begegnen sollen. Auch ich würde mich freuen, Dich einmal wiederzusehen, obwohl das trotz der Kleinheit Deutschlands anscheinend sehr schwieirg ist. In Berlin inszeniere ich anlässlich der Festwochen die Blach-Kaiser-Oper "Rosamunde Floris" in der Städtischen Oper.

Hoffentlich erholst Du Dich gut. Auch Dein erstes Buch habe ich in einem durchgelesen und war so erschüttert wie bei dem anderen. Natürlich, besonders wenn man einen Menschen kennt, durchlebt man es ja noch intensiver, als wenn man diese greulichen Dinge über einen dritten hört. Eure Verhaftung war ja einfach grotesk. Meine Frau, die gerade von Amerika da ist, will die Bücher mitnehmen und sehen, ob man daraus dramatisieren kann. Auch ich dachte, man müsste das irgendwie verarbeiten können. Aber leider geht ja eine solche Kritik häufig in die falsche Richtung, eine Dritte nämlich, eine total Neutrale, gibt es nicht.

Für heute in Eile, doch mit herzlichem Dank

Dein
gez. Erwin Piscator
(bereits abgereist)
i.A.

Gnauck

Zweiseitiger Brief

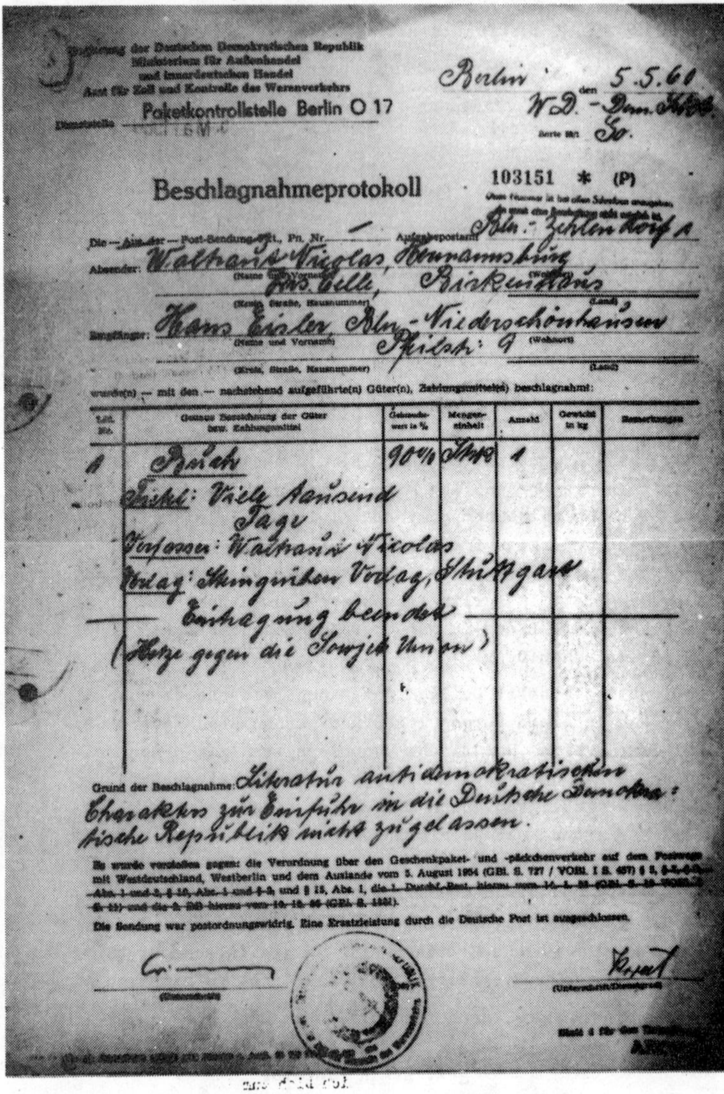

Regierung der Deutschen Demokratischen Republik
Ministerium für Außenhandel
und innerdeutschen Handel
Amt für Zoll und Kontrolle des Warenverkehrs

Dienststelle Paketkontrollstelle Berlin O 17

Berlin den 5.5.61
W.D. - Dum. [illegible]
Serie Nr. So.

Beschlagnahmeprotokoll

103151 * (P)

Die — An der — Post-Sendung-Nr., Pn. Nr. / Aufgabepostamt Bln.-Zehlendorf 1

Absender: Waltraut Nicolas, Hermannsburg (Name und Vorname) (Wohnort)
Kreis Celle, Birkenhaus (Kreis, Straße, Hausnummer) (Land)

Empfänger: Hans Eisler, Bln.-Niederschönhausen (Name und Vorname) (Wohnort)
Pilstr. 9 (Kreis, Straße, Hausnummer) (Land)

wurde(n) — mit den — nachstehend aufgeführte(n) Güter(n), Zahlungsmittel(n) beschlagnahmt:

Lfd. Nr.	Genaue Bezeichnung der Güter bzw. Zahlungsmittel	Gebrauchswert in %	Mengeneinheit	Anzahl	Gewicht in kg	Bemerkungen
1	Buch Titel: Viele tausend Tage Verfasser: Waltraut Nicolas Verlag: Steingrüben Verlag, Stuttgart Eintragung beendet (Hetze gegen die Sowjet Union)	90%	Stck.	1		

Grund der Beschlagnahme: Literatur antidemokratischen Charakters zur Einfuhr in die Deutsche Demokratische Republik nicht zugelassen.

Es wurde verstoßen gegen: die Verordnung über den Geschenkpaket- und -päckchenverkehr auf dem Postwege mit Westdeutschland, Westberlin und dem Auslande vom 5. August 1954 (GBl. S. 727 / VOBl. I S. 457) § 1, ~~§ 2, § 3~~ ~~Abs. 1 und 2, § 10, Abs. 1 und § 9,~~ und § 15, Abs. 1, ~~die 1. Durchf.-Best. hierzu vom [illegible] (GBl. [illegible])~~ ~~und die 2. DB hierzu vom [illegible] (GBl. S. 1321)~~.

Die Sendung war postordnungswidrig. Eine Ersatzleistung durch die Deutsche Post ist ausgeschlossen.

(Unterschrift) (Unterschrift/Dienstgrad)

W. STERNFELD

Flat 2, Cleve House,
Cleve Road,
London N.W. 6
Tel: MAI 7658

1.Dezember 1965

Fräulein
Ilse Bartels
3102 Hermannsburg
Lutterweg 9

Liebe Ilse,

sei vielmals bedankt für Deinen lieben, netten Brief und ebensosehr für die drei Photos, die Du mir gesandt hast. Die von Ernst und Traute gehen mit gleicher Post nach Frankfurt/M. an die Deutsche Bibliothek, damit man dort eines Tages feststellen kann, wie unsere Traute und wie unser Ernst, der mir immer aus persönlichen Gründen besonders nahe gestanden hat, einst aussahen.

Ilse, ich werde nie vergessen, dass, als ich zum ersten Mal die Wohnung der kommunistischen Freunde Ernst und Traute betrat, ich im Vorzimmer die alte dreihundertjährige Bibel liegen sah. Dieses Buch gab mir damals Vertrauen zu den Charakteren beider.

Ich bin Dir sehr dankbar dafür, dass Du auch meiner in letzter Zeit gedacht hast. Wenn man, wie ich, bald 78 ist, denkt man weit intensiver an all die Jahre und Erlebnisse, die hinter einem liegen und gerade die Jahre 193o bis 1935 haben sich sehr stark in die Erinnerung eingeprägt. Ernst Ottwalt war ich weit mehr menschlich als politisch verbunden, in Traute habe ich immer eine seelische Freundin gesehen und mehrfach hat auch sie mir gezeigt, dass dies auch der Angelpunkt unserer Beziehungen war. Dich, Ilse, habe ich immer nur geistig und auch körperlich aatraktive gefunden und ich werde nie unser plötzliches Zusammentreffen in Rheinsberg vergessen.

Apropos, Jussy Hollos war vor vierzehn Tagen hier in London und wir haben uns für eine halbe Stunde gesehen. Seine Interessenwelt ist grundverschieden von der meinigen, aber uns verbindet nicht nur das gemeinsame Schicksal, sondern auch ein enges menschliches Mitempfinden. Ich weiss nicht, ob Du seine Frau je kennengelernt hast, aber ich kann Dir sagen, dass sie Dir sehr ähnlich in ihren Empfindungeh und Gedanken ist.

Die Arbeit, die ich im Antiquariat Pinkus & Co.,Froschaugasse 7, Zürich 1, entdeckte, war die Schrift "Die letzten Dinge". Als ich sie bestellen wollte, hatte mir bereits ein anderer dieses Exemplar weggeschnappt, aber man hatte sich den Namen des Käufers notiert und konnte mir für sehr teueres Geld eine Photo-Kopie anfertigen lassen,die sich heute im Besitz der Deutschen Bibliothek in Frankfurt/M. befindet. Dort liegen auch alle anderen Bücher von Ernst und von Traute, die sie nach 1932 veröffentlicht haben.

Ich danke Dir, Ilse, für Dein eigenes Bild und ich sehe, dass nicht nur ich, sondern auch Du ein klein bischen älter geworden bist.Aber schlank bist Du, wie Du es warst als ich Dich zum letzten Mal 1933 vor mir sah.

Mit besten Grüssen bin ich

Dein

W. Sternfeld

Zweiseitiger Brief

PROF. WIELAND HERZFELDE
104 Berlin
Friedrichstraße 129
Block D 1

Frau
Ilse Bartels
031o2 Hermannsburg
Lutterweg 9

24.1o.66.

Liebe Ilse Bartels,

mit dem Foto, nicht minder mit Ihrem Brief, haben Sie mir eine ungewöhnliche Freude gemacht. Fotos bringe ich von vielen Autoren, schwer wird es, Fotos aus der Zeit zu bekommen, als sie mir begegneten. Und gerade 1936 und in den Jahren zuvor habe ich ja mit Ottwalt zusammen gearbeitet. Schön, dass ich auch beim Quellenhinweis den Fotografen und das Jahr anführen kann.

Aber mehr noch hat mich Ihr Brief gefreut, denn da ist ja doch eine alte Frage von mir noch nicht zu den Akten gelegt worden. Vielleicht wissen Sie, dass Ihre verstorbene Schwester Traute Ottwalt mir vor mehreren Jahren begreiflich ausschlich allerlei Vorwürfe gemacht hat, bei denen sie sich u.a. auch auf Sie berief. Ich habe damals ausführlich geantwortet, den Brief aber dann nicht abgeschickt. Warum? Weil ich um die Zeit gerade in einem Buch von Frau Traute las, wie sehr sie den Fall Ottwalt im Sinne des kalten Krieges interpretierte. Das hätte sie mit meinem Brief möglicherweise auch gekonnt. Mir liegt aber daran, meinem einstigen Freund und Autor, soweit es mir möglich erscheint, gerecht zu werden, aber nicht dadurch, dass ich eine Agitation fördere, die letzten Endes auch zur Wiederherbeiführung von Vorgängen führen könnten, deren Opfer Ottwalt geworden zu sein scheint. Ich sage scheint, weil ich an Details zu wenig und zu Widerspruchsvolles gehört habe.

Ich glaube, sinnvoller als irgend eine Wiederaufnahme mancher mir unklarer Fragen ist es, jenen Ottwalt, der die beiden Bücher im Malik-Verlag geschrieben hat, nicht zu vergessen und nicht zu verkennen. Und dazu gibt mir die Ausstellung Gelegenheit.

Sie haben mir mit der Übersendung des Bildes geholfen und ich danke Ihnen dafür.

Ich weiss nicht, ob Ihre heutigen Lebensverhältnisse oder -Anschauungen es Ihnen möglich machen, die Ausstellung zu besichtigen. Sie wird am 1. Dez. eröffnet und läuft bis 15. Januar 1967.
Sollten Sie kommen können, so würde ich mich freuen, Sie wiederzusehen.

Ich lebe seit langem nicht mehr in Leipzig, bin schon über 7o und emeritiert.

Mit aufrichtigen Grüssen
Ihr W. Herzfelde

Zweiseitiger Brief: neu umbrochen
Unterstreichungen von A.W.M.

Bonn 1958

Stuttgart 1960

Ostberlin 1970

Leipzig 1971

KALIFORNISCHE BALLADE

von ERNST OTTWALT

Musik von HANNS EISLER

Musikalische Bearbeitung:
GÜNTER HAUK

REGIE: FRITZ BORNEMANN
AUSSTATTUNG: DIETER BERGE
MUSIKALISCHE LEITUNG: GÜNTER HAUK
PANTOMIMISCHE MITARBEIT: VOLKMAR OTTE
DRAMATURGIE: MANFRED MÖCKEL,
DOROTHEA NITZSCHKE

Regieassistent: Ingeborg Panzner / Technische Leitung: Karl Rhinow
Werkstätten: Alfred Lau / Leitung der Kostümabteilung: Jutta Tietze
Masken: Wieland Leonhardt / Garderobeninspektor: Hermann Giese / Bühnenmeister: Dieter Mallach / Beleuchtung: Eberhard Ende / Requisite: Julius Müller
Inspizient: Helmut Burghof — Souffleuse: Inka Jonack

Pause nach dem 21. Bild

Bühnenvertrieb: Henschelverlag Berlin

Uraufführung am 3. und 4. Mai 1970

SÄNGER UND SPRECHER	Helmut Müller-Lankow und Horst Westphal
JOHANN AUGUST SUTER	Dieter Wien
PATER und andere Rollen	Hilmar Baumann
MARCHAIS und andere Rollen	Christoph Engel
MOSES und andere Rollen	Walter Jupe
WIMMER und andere Rollen	Jürgen Kluckert
MUFFY und andere Rollen	Otfried Knorr
MARSHALL und andere Rollen	Reinhard Michalke
BÄRLI und andere Rollen	Dietmar Obst
TOM BELL und andere Rollen	Eckhart Strehle
BIG BILL und andere Rollen	Jochen Thomas
HANOKU und andere Rollen	Günter Wolf
	Inka Jonack Eva Lewandowski Elfriede Tromski Gerd Peter Lückert

Musiker des Maxim Gorki Theaters und anderer Berliner Orchester

Fotos: Kootz

"Kalifornische Ballade".
Gorki Theater, Ostberlin 1970

Fotos: Kootz

Ernst Ottwalt "Zeitfreiwillige vor!"

Wir erhalten von E r n s t O t t w a l t, dem Verfasser des bekannten Buches "Ruhe und Ordnung", diesen Beitrag, der große aktuelle Bedeutung hat. Denn wir stehen heute am Vorabend einer Epoche, in der die höheren Schüler wieder aktiv im Dienste der Bourgeoisie zu den Waffen greifen werden - nur daß sie diesmal besser vorbereitet sind!

Dieser Ruf stand am Anfang. Was folgte, war der Prozeß der Faschisierung Deutschlands, dessen Höhepunkt wir jetzt erleben. Die

Weltgeschichte wiederholt sich nicht, aber ein Rückblick auf die ersten Anfänge jener Entwicklung kann wohl dazu dienen, den Blick für die gegenwärtige Situation zu schärfen. Denn was damals sich von den Ehrhardt, Lettow, Roßbach gegen kämpfende Arbeiter hetzen ließ, das steht heute bei Hitler. Die Zeitfreiwilligen von einst sind die Nationalsozialisten von heute, sind deren aktivste, unbedenklichste Führer, die Führer der bürgerlichen Jugend auf ihrem Weg ins Nichts.
Es ist nicht allzu leicht, zu entscheiden, was die Gymnasiasten, Studenten und Handlungsgehilfen in den ersten Jahren der Republik in die Freikorps trieb. Die Konstruktion eines wohlverstandenen Klasseninteresses ist ebenso falsch, wie die Plakatierung "Abenteuerlust und Minderwertigkeit" billig und - gefährlich ist. Mit derartigen Halbheiten und Oberflächlichkeiten gelangt man nicht zu jenen Festpunkten, von denen aus sich heute die Hebel erfolgversprechender Agitation und energischer Gegenwehr ansetzen ließen.
Ich möchte aus eigener Erfahrung auf einige Argumente hinweisen, die mir zu wenig beachtet zu werden scheinen. Man hat häufig der bürgerlichen Freikorpsjugend ihre Vergreistheit, ihre Unjugendlichkeit vorgeworfen, die man hauptsächlich in der törichten und dick aufgetragenen Vorwegnahme "männlicher" Ehrgeize erblickte. Objektiv richtig. Nur hat diese Jugend sich damals keineswegs in der brutalen Attitüde des Landsknechtstums so gefühlt. Im Gegenteil: in dieser Bewegung reagierten die jungen Leute zunächst typisch jugendliche Rebelleninstinkte ab, denn der Kampf, in den sie geführt waren, stellte sich in ihren Köpfen dar als der Kampf gegen das Bestehende, die Autorität, die Staatsgewalt: die deutsche Republik. Unfähig, die Hintergründe des Freikorpsunwesens zu erkennen, glaubten sie sich nicht Reaktionäre, sondern Rebellen, und jede noch so schüchterne Abwehrbewegung der republikanischen Behörden bestärkte sie in diesem Wahn. In diesem Zusammenhang ist es interessant, zu wissen, daß die Agitation für den Eintritt in die baltischen Grenzschutzorganisationen gerade unter der jungen Generation überraschend wenig Erfolg gehabt hat. Ich erinnere mich, daß von allen meinen Schulkameraden nur zwei dieser Werbeparole folgten, und zwar einzig deswegen, weil sie nach aller menschlichen Voraussicht "das Klassenziel nicht erreichen" würden und auf die versprochenen Examenserleichterungen spekulierten. Das Kampfziel - "Schutz der bedrohten Ostmark" - war zu überlegt, zu nüchtern und darum zu abseitig. Der Radau innerhalb Deutschlands mit allen seinen ausgesprochenen republikfeindlichen Tendenzen, die rüpelhafte Art, mit der die Freikorpsführer den gesetzlichen Autoritäten entgegentraten - das lockte.

Die jungen Bürger der Freikorps waren übrigens nur zum geringen Teil Angehörige der Großbourgeoisie. Weit stärker war der Andrang aus den Schichten des Kleinbürgertums. Und das kann ja auch nicht überraschen, wenn man bedenkt, daß das Kleinbürgertum die Neigung hat, die Ideologie der herrschenden Klasse nicht nur zu übernehmen, sondern sie bis ins äußerste Extrem zu übersteigen. Es hat sich in der Freikorpszeit niemand gefunden, der die ideologische Ausrichtung dieser jungen Leute durch die Klarlegung der ökonomischen Stellung des Kleinbürgertums erschüttert hätte. Die Aufgabe war vielleicht schwer, aber es hat niemand sie zu lösen versucht. Ich darf aus eigener Erfahrung behaupten, daß ein Zusammenstoß mit überlegter marxistischer Aufklärungsarbeit damals bei einem Teil der Freikorpsleute Erfolg versprechen würde - wie es heute bei der nationalsozialistischen höheren Jugend ist. Bedenkt man, daß die soziologische Schichtung der höheren Schüler in den letzten zwölf Jahren sich immer mehr zugunsten des Kleinbürgertums verändert hat und daß dieses Kleinbürgertum heute mehr oder weniger proletarisiert ist, so muß ein solches Unternehmen jetzt doppel aussichtsreich erscheinen.

Und noch ein Drittes: der Zeitfreiwilligengeneration war in der Schule die These "Männer machen die Geschichte" bis zur plattesten Selbstverständlichkeit eingehämmert worden. Ich entsinne mich, erst als Student zum ersten Mal den Ausdruck "materialistische Geschichtsauffassung" gehört zu haben. Damals gab es auf höheren Schulen noch keine Sozialisten, wir waren mit unserer bourgeoisen Ideologie durchaus unter uns. Kein Gegenargument lockte zu Klärungsversuchen. Die balladeske Idyllisierung der Weltgeschichte war eine, gegebene Tatsache. Ich bin überzeugt, erst die Vermischung jener angedeuteten unterbewußten Jugendlichkeit mit dieser idealistischen Vernebelung hat es den Drahtziehern der Reaktion so ungeheuer leicht gemacht, indifferente junge Leute zu Ordnungsbestien zu erziehen.

Es ist freilich unmöglich, im Rahmen einer solchen kurzen Abhandlung diesen Fragenkomplex erschöpfend zu beleuchten. Aber ich hoffe, auch diese kurzen Hinweise können genügen, um die Kampfstellung der sozialistischen höheren Schüler gegen die faschistischen Tendenzen unter ihren Altersgenossen auf ihre Richtigkeit zu überprüfen. Persönlich sehe ich in der Existenz des Sozialistischen Schülerbundes ein wirksames Gegenmittel gegen die neue Zeitfreiwilligengeneration. Freilich gehört dazu eine stille, zähe Arbeit, die um so schwieriger ist, als sie weit von jener idealistischen und verlogenen "Heldenhaftigkeit" entfernt ist, für die es in der neuen Welt keinen Raum mehr geben darf und wird.

Schulkampf, Februar 1931
Zur Verfügung gestellt von S.W. Nelki, London

Eine Genossin erzählt

Aus dem vor Vollendung stehenden neuen, großen Roman Ottwalts: ' Erwachen und Gleichschaltung der Stadt Billigen '.

Die ersten Stunden waren die schlimmsten. Da saßen die beiden: dick der eine, mit schläfrigen Augen und einem kleinen Schnurrbart, der sich beim Atmen komisch hob und senkte; der andere war ein großer Magerer mit einem bösen Gesicht. Ging ich auf den Korridor, ging einer von ihnen mit. Sagte ich, ich muß einholen, dann kam einer mit. Ich konnte sie nicht los werden. Alles hab ich versucht, ich habe geschimpft, geweint, sie gebeten, mich allein zu lassen - alles umsonst. "Wir können warten. Einmal muß Ihr Mann ja doch nach Hause kommen", das war alles, was sie sagten.

Und das war gerade der Tag, an dem ich meinen Treff mit Karl haben sollte. Du weißt, ich kann ihn nur jeden Monat auf ein paar Stunden sehen. Immer freue ich mich auf den Tag, ich zähle fast die Stunden bis dahin, wo ich ihn wiedersehe. Und nun sitze ich in der Küche und heule. Ganz genau weiß ich: jetzt steht er an der Selterwasserbude und sieht in die Richtung, aus der ich kommen muß. Dabei kaut er auf Streichhölzern. Ich kann das eigentlich nicht leiden, aber wenn ich ihn dann jeden Monat einmal an der Bude stehen sehe, und er die Streichholzenden von sich spuckt und so ganz einfach sagt "Da bist du ja, Mädchen", weißt du, dann liebe ich auch dieses Kauen auf Streichhölzern.

Und ich weiß genau, jetzt steht er da und wartet, und ich kann nicht kommen. Ich sitze hier und heule den beiden Schweinen von der Gestapo etwas vor. Vier Uhr, viertel fünf. Jetzt wird er gehen. Jetzt denkt er, ich bin hochgegangen. Und in diesem Augenblick sagt der eine von den beiden noch so schleimig: "Weinen Sie doch nicht so, wir tun ihnen ja nichts, wir wollen ja bloß Ihren Mann!" Bloß, sagt das Aas und schämt sich nicht einmal vor mir. Da habe ich mich denn zusammengenommen und gar nichts mehr gesagt. Aber davon wurde es auch nicht leichter. Die Angst, du, die Angst, daß er eine Dummheit macht, daß er hierher kommt, um nach mir zu sehen! Daß er sich vielleicht bei den Genossen aus meiner Zelle erkundigt! In dem Bezirk kennen ihn doch alle, da darf er doch nicht hin.

Und ich hatte keinen Menschen, den ich zu dem Treff schicken konnte. Karl ist doch schon seit Hitler illegal, und nach meiner Haftentlassung bin ich dann in dieses Viertel gezogen, wo mich kein Mensch kennt. Hier weiß keiner von mir. Ich arbeite weiter in meiner alten Zelle.

So vergingen drei Stunden, vier Stunden. Und ich sitze da mit meiner Angst. Immer denke ich, Karl ist doch ein erfahrener Illegaler, er wird nicht herkommen, er wird vernünftig sein, wenn es auch schwer ist. Aber dann denke ich: er hat mich doch lieb, er muß doch wissen wollen, was mit mir ist, und dann kommt er her, und die Polizei schnappt ihn. Und dann klingelt es in einem fort. Bei jedem Klingeln fahre ich zusammen, und die beiden Bullen greifen nach ihren Pistolen, und einer kommt mit an die Korridortür. Eine Frau aus dem Haus, die ein Plätteisen borgen wollte. Ein paar Hausierer, der Portier wegen des Wassergeldes, und ich denke immer "Karl" und nichts als "Karl".

Dann fängt der Magere an, mit mir zu sprechen. Ich wäre ihm am liebsten ins Gesicht gesprungen, aber ich mußte ja ruhig sein. Da seufzt er ganz scheinheilig und sagt so aus dem Magen heraus: "Leid können Sie einem tun, Sie arme Frau. Mit einem Kommunisten verheiratet sein, muß nicht leicht sein." Und ich hätte ihm fast ins Gesicht geschrieen: "Aber schön ist es! Und richtig ist's! Was verstehen Sie davon!" Aber ich mußte schweigen. Ich hatte gar keinen Appetit, aber bloß um sein Quatschen zu stören, habe ich angefangen zu kochen, habe Kaffee gemahlen. Dann wollten sie Kaffee haben. Ich habe gesagt, daß ich nichts zu verschenken habe. Da wollten sie ihn bezahlen und ich habe die halbe Kanne in den Ausguß geschüttet. "Sie, wern Sie hier nich frech", knurrt da der Dicke.

Und ich zermartere mir den Kopf: was kannst du bloß machen? Und mir fällt nichts ein als lauter Wahnsinn. Ich wollte schon aus dem Fenster springen, nur um Aufsehen zu machen. Ich dachte, Karl müßte gerade dazu kommen und dann weggehen. So verrückt war ich schon. Ich wollte beim Kaufmann Krach machen, daß die Bullen mich verhaften. Alle Leute auf der Straße werden dann davon sprechen, dachte ich mir. Lauter so Unsinn.

Gegen Abend wurden die beiden abgelöst, und es kamen zwei andere. Ich hab ihnen gesagt, hier können Sie warten bis Sie schwarz werden. Mein Mann kommt niemals hierher, ich habe ihn seit acht Monaten nicht gesehen. Die beiden Neuen haben nur geantwortet, daß sie vier Wochen Zeit haben, wenn es sein muß. Und da war ich doch stolz auf Karl, daß sie ihn so wichtig nehmen.

Und dann die Nacht! Als ich in der SA-Kaserne war und sie mich prügelten, daß ich vierzehn Tage nicht aufstehen konnte, ich glaube, das war nicht so schlimm wie diese Nacht hier. Kein Auge habe ich zugetan. Die beiden Gestapoleute saßen in der Küche. Ich lag im Bett in der Stube und hörte immerfort Karls Stimme. Und du - ich muß dir etwas sagen, ich will ganz ehrlich sein, du mußt es nur keinem weiter sagen, nein? Einmal habe ich dann auch gedacht, warum liegt Karl hier nun nicht neben mir und schläft, und nebenan schläft unser Kind, und der Regulator tickt, und Karl wird morgen wieder auf Arbeit gehen und braucht nicht illegal zu sein. Wir bleiben immer zusammen und brauchen uns nicht zu verstecken. Warum muß Karl Kommunist sein? So herunter war ich schon vor lauter Angst, daß er kommen könnte. Ich habe mich dann geschämt, daß ich am liebsten heulen wollte. Aber davon wurde es nur noch schlimmer.

Am nächsten Morgen kamen dann die beiden alten Gestapoleute wieder. Der Dicke fing wieder gleich an, vor sich hin zu dösen, und der Magere hat mir nationalsozialistische Reden gehalten. Ich habe nichts mehr gesagt. Und dann, du - so gegen elf Uhr am Vormittag klingelt es wieder. Ich gehe zur Tür und Karl steht vor mir. Er sieht mich an, sieht den Mageren, der neben mir steht. Und wenn ich auch achtzehn Stunden an nichts anderes gedacht habe als an diesen Augenblick, mir klappte das Kinn herunter, und ich konnte nichts sagen. Karl hat mich ganz groß angesehen. Mir kam es so vor, als ob an seinen Schläfen das Haar schon wieder etwas grauer geworden wäre. Und die Backen so eingefallen und blaß ... Das alles hat nur zwei Sekunden gedauert, dann habe ich ihn angebrüllt: "Die verfluchte Bettelei! Ich habe selbst nichts zu fressen" und habe die Türe zugeschlagen.

Der Magere hat mich mißtrauisch angesehen, hat aber nichts gesagt, denn er kannte Karl ja nicht. Den Atem habe ich angehalten und die Lippen aufeinander gepreßt, und ich hörte, wie er die Treppe hinunterging. Dann sah ich noch aus dem Fenster, wie er die Straße entlang ging, gar nicht hastig, nur die Schultern so ein bißchen angezogen. Und nicht einmal umgedreht hat er sich. Mir wurde etwas schwindlig, aber ich habe noch eine halbe Stunde gewartet.

Dann drehe ich mich zu dem Mageren um und sage: "Sie können gehen. Der Bettler vor einer halben Stunde, das war mein Mann. Jetzt weiß er Bescheid."

Ganz dicht ist der Kerl an mich herangetreten. "Da, du Sau!" zischt er und schlägt mir zweimal mit der Faust ins Gesicht. Ich habe ihn ganz fest angesehen und noch gegrinst. Schlag du man, den Karl kriegst du doch nicht. "Wir sehen uns wieder", sagte der Magere, und dann sind sie gegangen.

Das ist jetzt zwei Monate her. Ich habe keine Verbindung mehr mit Karl aufnehmen können. Die Genossen meinten, ich würde beobachtet. Nur ein einziges Mal hat mir Karl einen Gruß bestellen lassen. Nichts weiter. Aber ich weiß, daß er lebt. Nein, nein, ich bin schon ganz ruhig, ich mache nicht schlapp, du. Natürlich, das ist nicht so einfach. Aber er lebt ja. Und er arbeitet ja, das weiß ich. Und daß er arbeitet, ist die Hauptsache. Du kennst ihn ja - ist er nicht wirklich ein sehr guter Genosse?

Deutsche Zentral - Zeitung (DZZ),
Moskau, 10.11.1934

Stadt und Land

Bemerkungen zu Adam Scharrers Bauernroman ' Maulwürfe '

Es besteht besonderer Anlaß, hier von dem Bauernroman des deutschen proletarischen Schriftstellers Adam Scharrer zu sprechen, denn die Verlagsgenossenschaft für Ausländische Arbeiter in der UdSSR legt jetzt eine deutsche Ausgabe dieses Romans vor, die in buchtechnischer Hinsicht die Konkurrenz der westeuropäischen Buchkultur nicht zu scheuen braucht. Der Roman hat unter den Bauern der Randgebiete des Deutschen Reichs bereits seinen hohen operativen Wert bewiesen: die deutsche proletarische Emigration liebt dieses Buch als einen der ersten ernsthaften und mit zulänglichen Mitteln unternommenen Versuch, Leben, Schicksal und Erscheinung des deutschen Bauern wahrheitsgetreu darzustellen, und einige Exemplare dieses Romans haben ihren Weg auch ins Dritte Reich hinein gefunden. Es wird kein Geheimnis damit verraten, wenn berichtet wird, daß unter dem Einfluß dieses neuen Werks des Genossen Scharrer einige junge Landarbeiter und Jungarbeiter in Deutschland daran gegangen sind, die besonderen Bedingungen ihres Existenzkampfes in Hitlerdeutschland zu gestalten. Läßt sich mehr, läßt sich Besseres über das Werk eines proletarischen Schriftstellers und seinen Wert sagen? Es soll hier nicht von der dummen und verbrecherischen Blut- und Boden-Demagogie der Nationalsozialisten gesprochen werden. Das Buch Adam Scharrers erhält seinen Wert nicht erst durch die Negation, nicht erst dadurch, daß man es mit den vorhandenen literarischen Erzeugnissen konfrontiert und dann feststellt, es sei etwas Besonderes. Dieses Besondere hat der Roman aus sich heraus, aus der Kraft seiner Gestaltung, aus dem tiefen und leidenschaftlichen Willen eines guten Proletariers, mit den Mitteln künstlerischer Gestaltung die fortgeschrittene Industriearbeiterschaft Westeuropas mit dem Landproletarier, dem Tagelöhner, dem Häusler und Kleinbauern bekannt zu machen.

Es gibt wenige, die zu diesem Unternehmen mehr befähigt wären als Adam Scharrer: selbst Sohn eines armen fränkischen Gemeindehirten wurde er in der Stadt frühzeitig von der revolutionären Arbeiterbewegung ergriffen und hat den Zusammenhang mit dem flachen Lande nie verloren. Die Faschisten wissen, was sie tun, wenn sie zwischen dem Industriearbeiter und dem Landproletariat die Schranke eines nebelhaften, verlogenen Schollenmythos aufrichten, denn sie müssen mit aller Kraft verhindern, daß diese beiden Schichten von Ausgebeuteten und Entrechteten die Gemeinsamkeit ihrer Interessen erkennen, und aus dieser Erkenntnis heraus den Kampf gegen die gemeinsamen Unterdrücker gemeinsam aufnehmen. Mit künstlerischer Kraft, tiefer Sachkenntnis und klarem politischen Willen geht Adam Scharrer in den "Maulwürfen" daran, diese Schranke niederzureißen. Und das ist das große Verdienst dieses Romans, das auch jenseits aller literarischen Wertungen bestehen bleibt.

Scharrer schildert die Geschichte eines fränkischen Dorfes in den letzten dreißig Jahren durch die Gestalt des Armbauernsohnes Georg Brendel. Er entrollt im ersten Teil des Romans - dessen Knappheit und Schärfe fast klassisch zu nennen ist - ein Bild des landläufigen Entwicklungsganges eines Tagelöhnersohnes: Jugendstreiche, Arbeit als Knecht auf Bauernhöfen, die Liebe zu einer reichen Bäuerin und so fort. Er schildert dann den Ausbruch des Krieges, den verheerenden Einfluß der Inflation, die unheimlich wachsende Verelendung der kleinen und mittleren Bauern, die aus der Not des Alltags keinen anderen Ausweg sehen als die Flucht in den Abgrund, als den Eintritt in die Nationalsozialistische Partei. Von der Sozialdemokratie um die Früchte der Revolution von 1918 betrogen, der wachsenden Anmaßung und Unterdrückung der Gutsherren ausgeliefert, abgeschnitten vom technischen Fortschritt und von der Verbreitung allgemeinen Wissens erliegen sie der faschistischen Demagogie.

Aber Scharrer wäre nicht der sozialistische Realist, der er ist, wollte er nicht den wachsenden Widerstand der Armbauern gegen die Unterdrückung und gegen die Demagogie schildern. Die Bauern des Dorfes Steinernlaibach gründen den unter kommunistischer Führung stehenden "Bund der Frankenbauern" und das brüderliche Bündnis zwischen den Industriearbeitern der Stadt und dem fortgeschrittensten Teil des Landproletariats beginnt seine Früchte zu zeitigen, als der Reichstagsbrand und die unverhüllte faschistische Unterdrückung die Gegensätze zur Explosion bringt. Der Roman schließt mit den Ereignissen des Sommers 1933 ab. Aber klar und offen liegt die Perspektive vor den Augen des Lesers: der Weg des gemeinsamen Kampfes mit dem Industrieproletariat unter den Parolen der kommunistischen Partei ist durch keine Willkür und keinen Terror zu versperren, und was die Faschisten als Ende einer alten - ihnen schädlichen - Entwicklung ansehen wollten, das wird zum Beginn einer neuen Entwicklung, eines neuen Aufstiegs, an dessen Ende die Einheitsfront des Industrie- und des Landproletariats und ihr Sieg steht.

Mit diesen dürftigen Hinweisen ist der Inhalt der "Maulwürfe" freilich nicht erzählt. Es gibt eine Fülle von Episoden, eine Fülle von starken Einzelszenen, die unter dem weiten Bogen der Handlungsführung Platz haben. Die Klassengrenze auf dem Dorfe, die Großbauern und Armbauern durch einen Abgrund gegensätzlicher Interessen trennt, wird keinen Augenblick verwischt.

Und weil dies alles so ist, darum besteht keinerlei Anlaß, zu verschweigen, daß dieses starke Buch auch seine Mängel hat. Die Spannungsweite der Fabel ist so groß, daß die Konstruktion hier und da löcherig erscheint. Die politischen Diskussionen unter den Bauern sind nicht durchweg in Handlung und Gestaltung aufgelöst, sondern bleiben - trotz dem Dialekt, den Scharrer meisterhaft verwendet - hier und da im Klischeehaften stecken. Aber was wiegen diese möglichen Einwände gegen die Tatsache, daß hier ein politisch klares, künstlerisch starkes und in seiner unmittelbaren Gegenwartswirkung kaum zu überschätzendes Buch geschrieben worden ist! Die Landbevölkerung der Sowjetunion, wo das brüderliche Bündnis zwischen dem Proletariat der Stadt und dem des Dorfes längst Wirklickeit geworden ist, wo der lähmende Druck der Krise im Kapitalismus nicht nur nicht zu spüren ist, sondern wo Millionen von Kollektivbauern dem Wohlstand entgegengeführt werden, können an diesem Buche sehen, wie gewaltig ihr neues Leben sie über die Lage ihrer Brüder in den kapitalistischen Ländern emporhebt. Die phantastische Verlogenheit der deutschen Faschisten, die angesichts des ungeheuerlichen Bauernelends im Dritten Reich den Mut zu ihrer "Brüder in Not"-Kampagne aufgebracht haben, erhält in Scharrers Buch eine vernichtende Widerlegung.

Und an ihre Adresse richtet sich die wundervolle Schlußszene der "Maulwürfe". Da steht der kriegsblinde Armbauer Bernhard im Wirtshaus, und um ihn, der mutig und unerschrocken die Wahrheit sagt, kläfft die Meute der nationalsozialistischen Lakaien des Dorfes, und er brüllt in den Lärm hinein:

"S dauert halt a bissl lang, ober wos si da zsammenzieht, dös wird a Gwitter, a schwers, a ganz schwers ... Wenn dös niedergeht, wirds einschlogen, daß mancher denkt, itz kummt Sodom und Gomorra."

Ernst Ottwalt

DZZ 29.11.1934

Dank an einen Toten

Nie habe ich Deine Stimme gehört, Genosse Kirow. Heute Nacht sah ich Dich zum erstenmal in meinem Leben. Und da lagst Du tot zwischen Palmen und Chrysanthemen, umflorte Leuchter gaben mildes Licht, Trauerklänge füllten den Saal, und der Zug der Hunderttausende, die an Deiner Bahre Abschied von Dir nehmen wollten, versickerte langsam in einen nebligen Morgen. Ich sah Dein starkes und kühnes Gesicht, und noch seine steinerne Totenblässe ließ die Kraft und die Güte ahnen, die es im Leben ausgestrahlt haben mag.

Dein Name, Sergej Mironowitsch Kirow, war für mich noch vor wenigen Tagen eine Buchstabenfolge, eine Vorstellung, eine Erinnerung an Protokolle und Referate. Und nun ist dieser Name vor mir aufgestanden, und wohin ich sehe, bist Du. Kein Gefühl und keinen Gedanken gibt es in diesen seltsamen Tagen und fiebernden Nächten, der nicht mit Dir anfängt, der nicht erfüllt ist von Dir, Deiner Arbeit und Deinem Ziel, das Dich mit Millionen schaffender Menschen in aller Welt vereint.

Da steht die trauernde Stadt still. Da schlurfen und schleppen die schweren Schritte von Hunderttausenden, die Dir das Geleite gegeben haben, auf dem feuchten Pflaster. In der schneidenden Winterluft hängen verwehte Fetzen von Trauergesängen. Da flattern Fahnen und Trauerwimpel, und überall ist Dein Name, Dein Bild, Genosse Kirow. Und ich werde mitgerissen und getragen von den ungeheuren Wogen dieser ungeheuren Trauer um einen einzigen Menschen.

Was ist das für eine Trauer? Und: was ist das für ein Mensch?

Diese Trauerwellen ziehen mich nicht hinab in das schaumige Dunkel eines matten Trübsinns, wo nichts ist als das schmerzliche Erinnern an etwas, was vergangen und für immer dahin ist. Sie tragen mich hoch und sie tragen mich weiter, dorthin, wo der Tod kein Ende ist, sondern Anfang und Aufschwung. Wenn in diesen Tagen immer wieder gesagt und geschrieben wurde, daß der Schuß, der Dich niederstreckte, abgeschossen war auf unser aller Herz, so wirst Du weiter leben: denn das Proletariat der Sowjetunion lebt ja und wird das begonnene Werk des Aufbaus der klassenlosen Gesellschaft bis zum guten Ende und zum Besten der Menschheit durchführen. Denn wer kann Dich, den toten Genossen Kirow, trennen von diesem strahlenden Leben, dem die Zukunft gehört? Sohn der russischen Arbeiterklasse, Freund und Führer des Proletariats, bist Du ein unvergängliches Teil dieses Lebens.

Du kannst es nicht mehr sehen, Sergej Mironowitsch Kirow, wie die Kraft der Millionen sich an Dir und Deinem Leben neu entzündet. Kann man das Trauer nennen? Ja, wir klagen und drohen dem Klassenfeind; manche weinen vielleicht im Verborgenen um Dich und schauern zusammen im plötzlichen Gefühl einer Leere: es trauern die Genossen aus dem Politbüro, denen Du ein guter Freund und Helfer warst, die Proletarier von Baku und Leningrad, die Deine Kraft und Einsicht, Deine Klarheit und Güte oft erfahren haben. Aber die Kraft der Masse hat den Tod überwunden, und ihre Trauer ist Gelöbnis und die Zuversicht des Sieges, den kein Mord und kein Tod verhindern wird.

So fühlt man eine Trauer von besonderer Art: der Tod ist von Dir abgefallen wie etwas Zufälliges, und was übrig bleibt, ist das Leben und das Wirken des Menschen und Bolschewiken Kirow.

Ist man nicht klein vor diesem Leben? Es mag vielen nichtrussischen Gliedern der Lenin'schen Kommunistischen Weltpartei so gehen wie mir: daß plötzlich und überraschend immer wieder der gewaltige Gedanke und das überwältigende Erlebnis über sie hereinbricht, das beschlossen liegt in diesem einen einzigen Begriff "Die Partei", Die Partei Lenins und Stalins, die solche Menschen geformt hat und einzig formen kann, wie Du einer gewesen bist. Kann man aus Deiner Biographie, die nun vor uns aufgeschlagen liegt wie ein Heldenepos aus den größten Tagen der Menschheit sich die Partei wegdenken?

Man wandert die Etappen Deines Daseins nach: die Illegalität, das Schweigen und der Heroismus der Arbeit im Dunkel, Terror, Unterdrückung, Verfolgung, Gefängnis und immer wieder Arbeit für die Partei. Und immer wieder : die Partei. Mit jedem Grad ihres Wachstums bist Du gewachsen, jede neue Aufgabe - zu schwer fast für den, der sie übernommen hat - bedeutete neue Kraft und die Entfaltung all der ungeheuren Möglichkeiten, zu denen der Mensch fähig ist. Krieg und Bürgerkrieg, Hunger, Entbehrung, die Last übermenschlicher Arbeit am gigantischen sozialistischen Aufbau und endlich der Sieg des Sozialismus und die strahlende Perspektive der klassenlosen Gesellschaft - so wurde ein Führer, so wurde ein Mensch, dessen Andenken eingeschreint ist im großen Herzen der Arbeiterschaft, so wurde und wuchs er mit der Partei, durch die Partei und nicht zu trennen von ihr, ihrem Sieg, und von der Arbeiterklasse, deren Vortrupp sie ist.

Man spricht in Deutschland viel von Heldentum und Aufopferung, und sie meinen den blinden Knechtsglauben und den stumpfen Fanatismus, der im Tode den Sinn des Lebens sehen will. Man spricht dort viel von Führertum, und sie meinen den dumpfen Köhlerglauben, der im Dunkel seiner sklavischen Schwäche vor dem Trugbild eines Messias zu Kreuze kriecht. Hier war ein Held und ein Führer, ein Schüler Lenins und Stalins, hier war ein Bolschewik, hier war ein Kommunist. Hier war ein Führer der Arbeiterklasse, Blut von ihrem Blut und Geist von ihrem Geist. Er liebte das Leben und seine Klasse, und diese Liebe gab ihm Kraft, die notwendige Entwicklung der Menschheit zu sehen und zu erkennen, gab ihm den Mut und die

Größe, sich einzuordnen in den historischen Prozeß, an dessen Ende die klassenlose Gesellschaft steht mit allen den Aussichten und Möglichkeiten, die unsere arme Phantasie heute kaum zu fassen vermag.

Ist man vor diesem Leben klein? Wie groß wird man, erkennt man in ihm Vorbild und Beispiel!

Vor uns deutschen Kommunisten liegt noch der größte Teil des Weges, den die Sowjetunion bereits gegangen ist. Galgen, Sibirien und Ochrana sind überwunden, um die Überwindung von Richtblock, Konzentrationslager und Gestapo kämpfen und bluten unsere deutschen Genossen. Oft schweifen die Gedanken von dem Aufbau in unserer sozialistischen Heimat hinüber zu dem Kampf unserer deutschen Klassenbrüder.

Und hier ist einer, Sergej Mironowitsch Kirow, der als alter Bolschewik durch die gleichen Tiefen gegangen ist, und der doch kurz vor dem tragischen Ende seines Lebens die prachtvollen, kraftvollen Worte sagen konnte: "Zum Teufel nochmal! Rein menschlich gesprochen ist es eine Lust zu leben!"

Und sieht man die Trauer von hundertsiebzig Millionen befreiter Menschen, sieht man die Majestät, mit der dieses Volk einen seiner großen Söhne zu Grabe trägt, sieht man die Kraft und die Zuversicht, die aus diesem einen Tod erwachsen ist, sieht man greifbar, deutlich nahe das Ziel dieser Leiden und dieser Arbeit vor sich - was bleibt uns übrig, als aus vollem Herzen das Leben zu lieben und zu sagen: "Es ist eine Lust"!

Nie habe ich Deine Stimme gehört, Genosse Kirow. Und doch hast Du zu mir in diesen Tagen laut und eindringlich gesprochen, so daß ich es nie vergessen werde.

Was Du mir gesagt hast - ich werde mir Mühe geben, danach zu leben und zu arbeiten.

Und für alles das will ich Dir danken, Genosse Kirow.

DZZ 6.12.1934

europäische ideen –

Heft 1 Exil 1973 **DM 5,–**

T.G. Masaryk, Josef Škvorecký, Ivan Sviták, Tadeusz Nowakowski, Antonín J. Liehm, Alexander Ford, Luděk Pachman, Antonín Kratochvíl, Witold Wirpsza, Robert Havemann, Ivan Denes, Ivan Diviš, Karel Michal, Jiří Kovtun, Bedřich Utitz, Josef Jedlička, Rafael Alberti, Oskar Pastior, Alfred Kantorowicz, Peter Huchel

Heft 2 Wie viele deutsche Literaturen gibt es? **DM 5,–**

Wilhelm Girnus, Ingeborg Drewitz, Konrad Franke, Werner Neubert, Hugo Huppert, Hermann Kesten, Joachim Seyppel, André Müller, Reiner Kunze, Josef Škvorecký, Jürg Amann, Paul J. Mark, Konrad Farner, Heinz Ludwig Arnold, Jürgen Beckelmann, Kurt Morawietz, Stefan Heym, Godehard Schramm, Wolfgang Harich, Hans Arnold, Helmut Gumtau, Jürgen Rühle, Paul Schuster, Beat Brechbühl

Heft 3 Antikommunismus **DM 5,–**

Vercors, Jiří Pelikán, Josef Škvorecký, Robert Havemann, Ossip K. Flechtheim, Luděk Pachman, Alfred Kantorowicz, Rolf Schroers, Eduard Goldstücker, Ernst Topitsch, Witold Wirpsza, Johano Strasser, François Bondy, Hugo Huppert, Ivan Denes, Elfriede Tielsch, Gabriel Laub, Jean Améry, Georg Heintz, Richard Löwenthal, Wolfgang Abendroth. – Nachtrag zu Heft 2: Rudolf Hartung, Ludwig Renn, Dieter Lattmann, Manfred Wekwerth, Jörg Bernhard Bilke. – Gespräch mit Vercors

Heft 4 Literatur in der DDR **DM 5,–**

Gespräche mit Wilhelm Girnus, Stefan Heym und Reiner Kunze. Marginalien: Franz Xaver Kroetz, Gerhard Zwerenz, Hermann Kant, Jurek Becker, Peter W. Gerhard, Jörg Bernhard Bilke, Willi Kinnigkeit

Heft 5/6 Erich Mühsam zum 40. Todestag **DM 10,–**

Stefan Szende, Wilhelm Girnus, Henry Marx, Fritz Küster, Walter Huder, Günter Dallmann, Alfred Kantorowicz, Bruno Frei, Hugo Huppert, Paul Mühsam, Else Levi-Mühsam, Walter Schelenz, Hanns Martin Alster, Rudolf Rocker, Franz Horn, Lawrence Baron, Andreas W. Mytze, Gerhard Schmolze, Walter Mehring. Gespräche mit Cläre M. Jung, Ludwig Renn, Hedda Zinner, Fritz Erpenbeck, Augustin Souchy. 15 Seiten Illustrationen.

Heft 7 Schriftsteller in Berlin **DM 5,–**

Karl Ruhrberg, Ernst Jandl, Ingeborg Drewitz, Sergio Ramírez, Witold Wirpsza, Wong May, Friederike Mayröcker, A. E. Baconsky, Marin Sorescu, Oskar Pastior, Ivan Denes, Miklos Mészöly, Andreas Okopenko, Lars Gustafsson, Edoardo Sanguineti. Gespräch mit Josef Szajna. – Antikommunismus Nachtrag: Ivan Sviták, Ernest Mandel, Josef Jedlička, Wilm Schmidt-Pabst, Robert Havemann, Bruno Frei

Heft 8 Zwei deutsche Staaten – eine deutsche Kultur **DM 5,–**

Symposium der Europäischen Akademie Berlin: Dettmar Cramer, Alfred Kantorowicz, Adolf Dresen, Dieter Hildebrandt, Achim Freyer, Hans Lindemann/Kurt Müller. – Warum sterben Kulturzeitschriften? Drewitz, Zwerenz, Krüger, Schwab-Felisch, Schlesak, Schlocker, Torberg, Morawietz, Günther, H. L. Arnold, Bender, Mahr, Dallmann, Humm, Kantorowicz, Beckelmann, Schumann, Bingel, Schulze-Reimpell, Edel, Picaper, Neubert. Gespräch mit R. J. Humm.

Heft 9 Ignazio Silone zum 75. Geburtstag **DM 5,–**

François Bondy, Luce d'Eramo, Hanna Dehio, Enrico Straub, Andreas W. Mytze, Willi Schlamm, F. C. Weiskopf, Heinrich Böll, Ruth Lamberg, Leo Trotzky, Karl Retzlaw. Schweizer Militärzensur an Emil Oprecht. Briefe Silones an Klaus Mann, Marcel Fleischmann, Carl Seelig.

Heft 10/11 Bürgerkrieg oder Wiedervereinigung in Deutschland DM 10,–

Klaus Schütz, Gerhard Zwerenz, Hans Arnold, Jean Améry, Ossip K. Flechtheim, Jean-Paul Picaper, Bruno Frei, Vercors, Luděk Pachmann, Armin Mohler, Hans Dieter Jaene, Heinrich Lummer, Robert Havemann, Günter Grass, Wolfgang Strauss, Wolfgang Lüder, Walther Schmieding, Wolfgang Harich, Ingeborg Drewitz, Witold Wirpsza, Jürg Tobler, Hermann Oxfort, Peter Schütt, Alfred A. Häsler, Dettmar Cramer, Jens Hacker, Ivan Denes, Olaf von Wrangel, Hugo Huppert, Gerhard E. Gründler, Hans Habe, Gespräch mit Ernst Bloch, Augustin Souchy, Egon Merker, Jiří Pelikán, Hans Rudolf Hilty, Hermann Kesten, Heinz Brandt, Ilse Spittmann, Peter Schumann, Wilm Schmidt-Pabst. Marginalien: Havemann, Wehner, Honecker, Biermann, Mielke, Jaspers, Schroers. – Gespräch mit Julius Hay. – Erich Mühsam, Nachtrag: Wehner, Kohn, Schulze-Wilde, Juds.

Heft 12 Deutsch-deutsche Gespräche DM 5,–

Gespräche mit Peter Huchel, Reiner Kunze, Ludwig Renn, Stephan Hermlin, Rolf Schneider, Günter Grass, Rainer Kirsch. K. Corino, E. Rudolph, F. Geerk, J. P. Wallmann, Clemens Podewils. – Robert Havemann an Ernst Bloch.

Heft 13 Dramatik in der DDR DM 5,–

Gespräche mit Heiner Müller, Karl Mickel, Hartmut Lange, Manfred Wekwerth, Peter Hacks, Rainer Kerndl, Volker Braun, Rolf Schneider, Hanns Anselm Perten, Achim Freyer. Henry Glade, A. W. Mytze, Günter Grack. Heinz Klunker.

Heft 14/15 Exil in der Sowjetunion DM 10,–

Jiri Weil, Ervin Sinko, Herwarth Walden, Heinrich Vogeler, Gregor Gog, Carola Neher, Heinrich Kurella, Hans Günther, Karl Schmückle, Werner Hirsch, Albert Hotopp, Max Hoelz, Karlo Stajner, Joseph Lengyel, Alexander Granach, Lion Feuchtwanger, Victor Klein. Borys Lewytzkyj, Krystyna Kudlinska, Sina Walden, Gustav Regler, Harry Wilde, David Erlay, Maria Hertwig, Dietger Pforte, Hugo Huppert, Margarete Buber-Neumann, Rudolf Lenk, Georg Becker, Trude Richter, Karl Retzlaw, Alexander Ritter, Ursula Ahrens, Julius Hay, Fritz Erpenbeck, Richard Slansky, Gert Arntz. Briefe Heinrich Kurellas an Margret Boveri, Alexander Granachs an Lotte Lieven. Akten der Geheimen Staatspolizei u.a. Zahlreiches bisher unveröffentlichtes Material, viele Illustr., 160 S.

Heft 16 Zensur in Europa DM 5,–

Georges Schlocker, Ota Filip, Ossip K. Flechtheim, Peter Schütt, Armin Kerker, Witold Wirpsza, Bernd Kolf, Arno Reinfrank, Ludek Pachman, Kasimir G. Werner. – Bürgerkrieg oder Wiedervereinigung in Deutschland? Nachtrag: Franz Josef Strauß, Wolfgang Strauss, Henning Eichberg, Karl Retzlaw, Heinrich Stiehler. – Gespräch mit Robert Havemann und Wolf Biermann.

Heft 17 Deutsch-deutsche Gespräche 2 DM 5,–

Gespräche mit Walter Mehring, Jakob Bührer, Günter Kunert, Günter Herburger, Adolf Endler, Sarah Kirsch. Karl Corino, Bernd Kolf, A. W. Mytze, Heinz Brandt, Gerhard Zwerenz, Helmut Gumtau, Volker Braun. – Zensur in Europa, Nachtrag: Bedřich Utitz, Robert Havemann, Walter Menzl. 46 S.

Heft 18 Massenmedien in Osteuropa DM 5,–

Journalistenaussperrung in Leipzig: Hans Herbert Götz, Hans Heigert, Hans-Dieter Schulz. Der Fall Mettke. Joachim Nawrocki, Hans-Jürgen Bolle, Manfred Kötterheinrich: Gespräch mit Hanns Werner Schwarze, Reiner Brückner, Peter Pragal, Jean-Paul Picaper, Gunter Holzweißig, Hans Bohrmann. Das BRD-Bild im Neuen Deutschland. Wolf Scheller, Gerd Krystof, Hans Peter Riese. 62 S.